Das Staatsrecht in der *Rechtslehre* Kants

Inaugural - Dissertation
zur Erlangung der Doktorwürde der
Juristischen Fakultät
der Eberhard-Karls-Universität Tübingen
vorgelegt von

Christian Niebling
aus Barcelona (Spanien)

2005
Martin Meidenbauer Verlagsbuchhandlung

Dekan: Prof. Dr. Martin Nettesheim
1. Berichterstatter: Prof. Dr. Dr. Kristian Kühl
2. Berichterstatter: Prof. Dr. Fritjof Haft
Tag der mündlichen Prüfung: 21. Februar 2005

FORUM RECHTSWISSENSCHAFTEN 19

Christian Niebling

Das Staatsrecht in der *Rechtslehre* Kants

m press

Die vorliegende Arbeit wurde 2005 von der Juristischen Fakultät der Eberhard-Karls-Universität Tübingen als Dissertation angenommen.

D 21

Die Deutsche Bibliothek verzeichnet diese Publikation in der Deutschen Nationalbibliografie; detaillierte bibliografische Daten sind im Internet über http://dnb.ddb.de abrufbar.

© 2005 Martin Meidenbauer
Verlagsbuchhandlung, München

Alle Rechte vorbehalten. Dieses Werk einschließlich aller seiner Teile ist urheberrechtlich geschützt. Jede Verwertung außerhalb der Grenzen des Urhebergesetzes ohne schriftliche Zustimmung des Verlages ist unzulässig und strafbar. Das gilt insbesondere für Nachdruck, auch auszugsweise, Reproduktion, Vervielfältigung, Übersetzung, Mikroverfilmung sowie Digitalisierung oder Einspeicherung und Verarbeitung auf Tonträgern und in elektronischen Systemen aller Art.

Printed in Germany

Gedruckt auf
chlorfrei gebleichtem, säurefreiem und alterungsbeständigem Papier (ISO 9706)

ISBN 3-89975-526-X

Verlagsverzeichnis schickt gern:
Martin Meidenbauer Verlagsbuchhandlung
Erhardtstr. 8
D-80469 München

www.m-verlag.net

Vorwort

Die vorliegende Arbeit wurde im Wintersemester 2004/2005 von der Juristischen Fakultät der Eberhard-Karls-Universität Tübingen als Dissertation angenommen.

Mein Dank gilt zuvorderst meinem Doktorvater Prof. Dr. Dr. Kristian Kühl, der die Arbeit mit wertvollen Anregungen und hilfreicher Kritik begleitet hat. Für die Erstellung des Zweitgutachtens bedanke ich mich bei Prof. Dr. Fritjof Haft.

Meiner Familie danke ich dafür, dass sie mir ein sorgenfreies Studium und die Promotionszeit ermöglicht und mich auch sonst in jeder nur erdenklichen Weise gefördert hat. Bedanken möchte ich mich aber vor allem bei Lisa Grüner für ihre vielfältige Unterstützung und ständige Bestärkung.

Ingolstadt, im März 2005

Meinem verstorbenen Großvater Wilhelm Ziegler

Inhaltsverzeichnis

I. Einleitung 11

1. Rechts- und staatsphilosophische Schriften Kants 11
2. Rezeptionsgeschichte der *Rechtslehre* 12
3. Textgestalt der *Rechtslehre* 14
4. Ziel der Untersuchung 18
5. Gang der Untersuchung 20

II. Kants Hauptanliegen in der *Rechtslehre* 23

III. Kursorischer Überblick über das Verhältnis zwischen Moral, Recht und Ethik in der *Metaphysik der Sitten* 28

IV. Kursorischer Überblick über Kants Begründung des Rechtsbegriffs, des allgemeinen Rechtsprinzips, des allgemeinen Rechtsgesetzes und der Zwangsbefugnis 34

1. Einleitung 34
2. Der Rechtsbegriff 34
3. Das allgemeine Rechtsprinzip 44
4. Das allgemeine Rechtsgesetz 45
5. Die Zwangsbefugnis 47
6. Ergebnis 49

V. Kursorischer Überblick über Kants Freiheitsbegriff in der *Rechtslehre* und seine Menschen- und Grundrechtskonzeption 51

1. Kants Freiheitsbegriff in der *Rechtslehre* 51
2. Kants Menschen- und Grundrechtskonzeption 56

VI. Das Staatsrecht 62

1. Die Notwendigkeit des Staates 62
   a. Einleitung 62
   b. Die Stellung des Eigentums im Naturzustand 64
   c. Die Pflicht, den Naturzustand zu verlassen 69

aa. Kants Begriff des bürgerlichen Zustands 69
bb. Kants Argumentationsgang in den §§ 42, 44 der *Rechtslehre* ... 71
cc. Die Rolle der Freiheitsrechte bei der Begründung der Notwendigkeit des Staates 84
  d. Ergebnis 90
2. Der Staatszweck 94
3. Sozialstaatliche Aufgaben des Staates 96
  a. Einleitung 96
  b. Der Meinungsstand 96
  c. Der Staat als freiheitsfunktionaler Sozialstaat 102
  d. Ergebnis 110
4. Die dichotome Grundstruktur des kantischen Staatsrechts ... 111
5. Der Staat in der Idee 114
  a. Einleitung 114
  b. Die Gewaltenteilung 115
  c. Die gesetzgebende Gewalt 121
  d. Exkurs: Die drei Prinzipien des Rechtsstaates 122
    aa. Einleitung 122
    bb. Die Freiheit 123
    cc. Die Gleichheit 125
    dd. Die Selbständigkeit 127
  e. Die ausübende Gewalt 129
  f. Die richterliche Gewalt 132
  g. Ergebnis 133
6. Der ursprüngliche Kontrakt 135
  a. Einleitung 135
  b. Der Funktionswandel der Vertragsfigur bei Kant 136
  c. Kants Auseinandersetzung mit der rousseauschen Vertragskonzeption 142
  d. Ergebnis 148
7. Die Staatsformenlehre Kants 149
  a. Einleitung 149
  b. Die systematische Entkoppelung von Staatsformenlehre und Despotismusdoktrin 152
  c. Die repräsentative Demokratie als größtmögliche Annäherung an den Staat in der Idee 154
  d. Kants Motive für die Neukonzeption seines Staatsrechts ... 160
  e. Ergebnis 162

8. Kursorischer Überblick über die Widerstandsrechtsproblematik.. 163
   a. Einleitung 163
   b. Kants Argumentation in der *Rechtslehre* 164
   c. Das passive Widerstandsrecht 168
   d. Die Freiheit der Feder 170
   e. Kritische Würdigung der Widerstandsproblematik bei Kant...... 171

VII. Schlussbetrachtung: Staatstheorie und Geschichte 175

Literaturverzeichnis **181**

I. Einleitung

1. Rechts- und staatsphilosophische Schriften Kants

Den Grundgedanken für seine Rechts- und Staatsphilosophie formulierte Kant schon in der *Kritik der reinen Vernunft* (1. Aufl. 1781, 2. Aufl. 1787): „Eine Verfassung von der *größten menschlichen Freiheit* nach Gesetzen, welche machen, daß *jedes Freiheit mit der andern ihrer zusammen bestehen kann* ..., ist doch wenigstens eine nothwendige Idee, die man nicht bloß im ersten Entwurfe einer Staatsverfassung, sondern auch bei allen Gesetzen zum Grunde legen muss".[1]

Kant beschäftigte sich in den folgenden Jahren zunächst in kleineren Schriften mit der Rechts- und Staatsphilosophie. Aus den 80er Jahren ist hier insbesondere die *Idee zu einer allgemeinen Geschichte in weltbürgerlicher Absicht* (1784) zu nennen. Bei dieser Schrift handelt es sich zwar um eine geschichtsphilosophische Abhandlung, dennoch weist sie zugleich eine erhebliche rechtsphilosophische Bedeutung auf.

Am umfassendsten publizierte Kant zur Rechts- und Staatsphilosophie in den 90er Jahren. Die Schriften aus diesem Jahrzehnt stellen das Spätwerk des Philosophen dar. Kant war schon 69 Jahre alt, als die Schrift *Über den Gemeinspruch: Das mag in der Theorie richtig sein, taugt aber nicht für die Praxis* 1793 erschien. Deren zweiter Abschnitt handelt „[v]om Verhältnis der Theorie zur Praxis im Staatsrecht".[2] Die Schrift *Zum ewigen Frieden*, „die bis heute überhaupt bedeutendste Friedenstheorie aus philosophischer Feder"[3], wurde 1795 veröffentlicht.

Das rechtsphilosophische Hauptwerk bildet aber zweifellos der erst im Jahre 1797 erschienene erste Teil der *Metaphysik der Sitten*, die *Metaphysischen Anfangsgründe der Rechtslehre*.[4] Mit diesem setzt sich auch die vor-

---

[1] A 316; B 373. Kantische Schriften werden fortan nach *Kant's gesammelte[n] Schriften*, herausgegeben von der Preußischen (später Deutschen) Akademie der Wissenschaften, Berlin 1902 ff. in folgender Notation angegeben: auf die Bandnummer (römische Ziffern) folgt die Seitenzahl (arabische Ziffern) und ggf., mit Komma abgetrennt, die Zeilenangabe. Zitate aus der *Kritik der reinen Vernunft* werden wie üblich nach erster (= A) und zweiter (= B) Auflage gegeben. Die Schreibweise der Zitate folgt den im Literaturverzeichnis angegebenen Textausgaben. Alle Zitate, die in diesen Textausgaben nicht enthalten sind, bleiben orthographisch unverändert.
[2] VIII 289.
[3] Höffe 1999, S. 3.
[4] Der erste Teil der *Metaphysik der Sitten*, die *Metaphysischen Anfangsgründe der Rechtslehre* (im Folgenden: *Rechtslehre*), erschien im Januar 1797. Der zweite Teil, die *Metaphysi-*

liegende Arbeit vorwiegend auseinander. Ein Jahr nach der *Rechtslehre* erschien noch die Schrift *Der Streit der Fakultäten*. Bei Letzterer ist in rechtsphilosophischer Hinsicht insbesondere der zweite Abschnitt „Der Streit der philosophischen Fakultät mit der juristischen"[5] von Interesse.

2. Rezeptionsgeschichte der *Rechtslehre*

Mit seiner Rechts- und Staatsphilosophie hat Immanuel Kant nicht dieselbe Beachtung gefunden wie mit dem Großteil seines sonstigen Werks. Die Rezeptionsgeschichte[6] der *Rechtslehre* verlief recht ungewöhnlich. Die unmittelbare Wirkung nach der Veröffentlichung der *Rechtslehre* war sehr groß.[7] Allein die heute bekannte Zahl der Rezensionen lässt auf ein reges Interesse an dem lange erwarteten Werk Kants schließen. Schon nach einem Jahr war eine Neuauflage notwendig.

In der Sache selbst überwog zunächst die negative Kritik.[8] Das Unverständnis, das der *Rechtslehre* entgegengebracht wurde, steigerte sich noch in der Folgezeit. Schopenhauer[9] konnte sich die „sonderbare Verflechtung einander herbeiziehender Irrthümer", die die *Rechtslehre* seiner Meinung nach beinhaltete, nur aus Kants „Altersschwäche" erklären. Lange Zeit

---

schen Anfangsgründe der Tugendlehre, wurde erst im August desselben Jahres publiziert. Kant selbst erlebte die Zusammenfassung beider Werke zu einem Band nicht mehr.

[5] VII 77.

[6] Zur Entstehungsgeschichte der *Rechtslehre* vgl. Ludwig 1998, S. XIV ff.; Zotta 2000, S. 31 ff. m.w.N. in Lit.

[7] Kurz nach ihrem Erscheinen machte die *Rechtslehre* in Berlin „außerordentliche Sensation" (vgl. den Brief von de la Garde an Scheffner vom 28. Jan. 1797, zit. nach Ludwig 1998, S. XXII). Vgl. dazu auch Malibabo, S. 29 ff. mit mehreren Nachweisen aus der zeitgenössischen Literatur. An dieser Stelle sei aber auch kurz erwähnt, dass es bereits vor Erscheinen der *Rechtslehre* zahlreiche Versuche anderer Autoren gab, eine (Natur-)Rechtstheorie auf kantischer Grundlage, auf Grundlage seiner kritischen Hauptschriften, zu errichten (vgl. Schmitz, S. 307; Blühdorn, S. 365 ff.; Kühl 1984, S. 47 m.w.N. in Lit.; ders. 1990, S. 76; Kersting 1993, S. 151 ff.; Malibabo, S. 21 ff.).

[8] Vgl. Zotta 1994, S. 9; ders. 2000, S. 31; Ludwig 1998, S. XXIV ff. Dreier 1981, S. 286 konstatiert, dass die *Metaphysik der Sitten* „die Interpreten von Anfang an eher in Verlegenheit versetzt" habe. Vgl. auch die Besprechung in der *Jenaischen Allgemeinen Literatur-Zeitung*, Nr. 272 vom 13.11.1804, S. 297 ff. (zit. nach Ludwig 1998, S. XXVIII, Fn. 33): Hier beteuert der Rezensent, er sei „bey allem guten Willen, und bey mehrmaliger Lesung der in dieser Materie einschlagenden Stellen in der Kantischen Rechtslehre nicht im Stande gewesen, die Bündigkeit seiner Beweise einzusehen." Selbstverständlich gab es auch gute Rezensionen. Ludwig 1998, S. XXIV weist z.B. auf wohlwollende „Rezensenten aus Tübingen, Greifswald und Gotha" hin.

[9] Schopenhauer, S. 483.

wurde dann der *Rechtslehre* von den Interpreten keine größere Aufmerksamkeit mehr geschenkt.[10]
Es bedurfte mehr als 100 Jahre, bis die *Rechtslehre* erneut das Interesse der Kant-Forschung weckte. Zu Beginn des 20. Jahrhunderts wurden zwar ein paar kleinere Werke zur *Rechtslehre* veröffentlicht[11], vermehrt erschienen hierauf bezogene juristische, politikwissenschaftliche und philosophische Publikationen[12] aber erst seit Anfang der 70er und dann massiv seit den 80er Jahren des 20. Jahrhunderts.[13] Bemerkenswert an der neueren *Rechtslehre*-Rezeption ist nicht nur der rasante quantitative Zuwachs der Sekundärliteratur, sondern vor allem die beinahe einstimmig positive Würdigung, die der kantischen Rechtslehre nunmehr seitens der Interpreten zuteil wird.[14] Viele, auf unterschiedlichen rechtsphilosophischen Gebieten tätige Autoren nehmen in ihren Publikationen ausdrücklich positiv auf Kant Bezug.[15] Kersting[16] z.B. sieht in der transzendentalphilosophischen Eigentumsbegründung „eine letzte philosophische Großtat", und Maus[17] ist der Auffassung, „der Rückgriff auf Kant [stelle] überhaupt erst den Anschluss an die emphatischste Demokratietheorie der Moderne wieder her". Höffe[18] bezeichnet Kant als einen „bedeutende[n] Rechts- und Staatsphilosophen" und meint an anderer Stelle[19], „Kants Rechtsphilosophie" sei „entschieden substanzreicher" als die vieler seiner Vorgänger, wie „etwa Hobbes und Rousseau". Dies gelte selbst im Verhältnis zu den „heutigen Rechts- und Staatstheoretikern". Darüber hinaus wird der kantischen Rechtsphilosophie teilweise große Aktualität zugestanden.[20]
Die *Rechtslehre* kann also in der Tat auf eine „wechselvolle Karriere ... von anfänglich brüsker Ablehnung bis hin zur späten eindringlichen Würdigung

---

[10] Zotta 2000, S. 33.
[11] Vgl. vor allem die Werke von Buchda, Dünnhaupt, Dulckeit, Lisser und Borries.
[12] Vgl. die Literaturberichte von Flickschuh; Küsters 1988; Smid.
[13] Vgl. Kühl 1991a, S. 212 ff.; Zotta 1994, S. 10. Besonders hervorzuheben ist in diesem Zusammenhang Kerstings Werk *Wohlgeordnete Freiheit. Immanuel Kants Rechts- und Staatsphilosophie* von 1984 (2. Aufl. 1993), das mittlerweile getrost als „Meilenstein" bezeichnet werden kann (vgl. Sandermann, S. 19). Vgl. zur überaus positiven Bewertung dieses Werkes auch Gerhardt 1986, S. 80, 84.
[14] Zotta 1994, S. 11.
[15] Vgl. Brocker 1992, S. VII ff., 354 ff., 388 ff.; Kersting 1993, S. 9 ff.
[16] Kersting 1993, S. 91.
[17] Maus, S. 34 f.
[18] Höffe 1994, S. 14.
[19] Höffe 1999, S. 8 f.
[20] Vgl. etwa Kühl 1984; ders. 1998; Höffe 1999c, S. 279 ff.; Schmitz, S. 306 ff.; Dreier 1986, S. 8, 25 ff.

zurückblicken".[21] Dies heißt aber keinesfalls, dass diejenigen, die positiv auf die *Rechtslehre* Bezug nehmen, allen Ausführungen Kants huldigend beipflichten. Dies wäre auch angesichts der zahlreichen nicht nur „methodisch ... problematischen Elemente"[22] – man denke an die allgemein bekannte Diskriminierung der Frauen und der unselbständig Erwerbstätigen bei der Frage nach der „Fähigkeit der Stimmgebung"[23] – verfehlt. Auch gibt es durchaus Autoren, die Kants Spätwerk mit größter Skepsis begegnen.[24] Auf die Bedenken der Kritiker wird in der vorliegenden Arbeit eingegangen, sofern sie das kantische Staatsrecht betreffen.

3. Textgestalt der *Rechtslehre*

Die Textgestalt der *Rechtslehre* selbst ist sicherlich eine der Ursachen für die Skepsis, mit der die Schrift lange Zeit bis zu ihrer späten Anerkennung betrachtet wurde.[25] Gleich nach ihrem Erscheinen wurde ihr schlechter orthographischer Zustand kritisiert und auch der Verstoß gegen formale Editionsprinzipien moniert.[26] Kersting[27] konstatiert, dass seit „den ersten zeitgenössischen Rezensionen ... die Klage über Kants spröde, sperrige Spätschrift, über ihre kompositorische Unausgewogenheit und argumentative Inkohärenz, über Brüche in der Gedankenführung und fahrige Textgestaltung nicht abgerissen" sei. Lehmann[28] hält die *Rechtslehre* für einen „dunkle[n], schwierige[n] und an manchen Stellen verdorbene[n] Text". Nach

---

[21] Zotta 1994, S. 11.
[22] Höffe 2000, S. 209.
[23] VI 314.
[24] Vgl. etwa Deggaus Untersuchung *Die Aporien der Rechtslehre Kants*. Vgl. ferner Struck, S. 471 und Zotta 1994. In seiner im Jahre 2000 erschienenen Untersuchung *Immanuel Kant. Legitimität und Recht. Eine Kritik seiner Eigentumslehre, Staatslehre und seiner Geschichtsphilosophie* möchte Zotta „einen Kontrapunkt zu den unübersehbaren hagiographischen Tendenzen setzen, die die Beschäftigung mit der Kantischen Rechtsphilosophie im zunehmenden Maße auszeichnet" (Zotta 2000, S. 14). Er meint, die „der Apriorität verpflichtete Rechtslehre" sei „vor allem deshalb kritikwürdig, weil sie zu inakzeptablen Ergebnissen" führe. Gerade weil Kant grundsätzlich daran festhalte, „historischen und anthropologischen Erfahrungen keinerlei Relevanz bei der Suche nach Grundsätzen des Rechts zuzubilligen", fehle „es seinem Rechtskonzept an der notwendigen Sensibilität für die Beschaffenheit und angemessene Berücksichtigung der menschlichen Natur und am Gespür für die eklatanten Mängel, die seinem spezifischen Privateigentums-, Staats- und politischem Praxisverständnis sowohl in der Erfahrungswelt, aber auch schon prinzipiell beiwohnen" (Zotta 2000, S. 17).
[25] Vgl. Zotta 1994, S. 9, Fn. 5.
[26] Vgl. Zotta 2000, S. 31 m.w.N. in Lit.
[27] Kersting 1989, S. 100.
[28] Lehmann, S. 195.

Ludwig[29] „sperrt sich [der Text der *Rechtslehre*] an vielen Stellen gegen eine stimmige Interpretation". In Bezug auf das hier zu untersuchende Staatsrecht bemerkt er, „dass nach § 45 (in dem der Begriff des Staates definiert wird, und der damit das eigentliche Staatsrecht erst eröffnet) selbst bei größter Mühe kein roter Faden der Argumentation mehr aufzufinden ist".[30]

Der Jurist G. Buchda[31] formulierte in seiner Dissertation über das kantische Privatrecht von 1929 erstmals einen Textänderungsvorschlag mit der Absicht, dadurch einen in sich geschlosseneren und den Intentionen Kants entsprechenderen Text als den in der Druckschrift vorliegenden zu erhalten.[32] Der „Buchdasche Texteinschub" ist heute zum gesicherten Bestand der Kant-Philologie zu rechnen.[33] Weitere Textänderungsvorschläge folgten.[34] Die umfangreichsten Umstellungs- und Streichungsvorschläge bezüglich der Druckschrift stammen von Ludwig[35], der infolgedessen auch als Herausgeber einer völlig neu editierten *Rechtslehre* fungierte.[36] Ludwig ist der Auffassung, die eben erwähnten Mängel des Textes seien nicht etwa auf die Senilität[37] des Verfassers zurückzuführen. Vielmehr – so die ludwigsche Grundthese – sei der „Schrift von 1797 ... ein auf dem Wege zur Drucklegung verdorbenes Manuskript zugrunde [gelegen], welches sich mit-

---

[29] Ludwig 1998, S. XXVIII. Weitere Zitate zur Textgestalt der *Rechtslehre* sind bei Zotta 2000, S. 37 zu finden.
[30] Ludwig 1988, S. 75.
[31] Vgl. Buchda, S. 36 f.
[32] Vgl. hierzu auch Zotta 2000, S. 37 f.
[33] Ludwig 1998, S. XXVIII. Tenbruck, S. 216 entdeckte 20 Jahre nach Buchda die gleiche Unstimmigkeit im kantischen Text, ohne vom Werk Buchdas Kenntnis gehabt zu haben (vgl. Mautner, S. 356).
[34] Vgl. etwa Berkemann, S. 140; Brandt 1974, S. 263.
[35] Vgl. Ludwig 1982 und vor allem Ludwig 1988.
[36] 1. Aufl. 1986, 2. Aufl. 1998 (vgl. Literaturverzeichnis).
[37] Dieser Auffassung ist z.B. noch Burg 1974, S. 208. Vgl. aber Ludwig 1988, S. 3 f., 39 ff.; Kersting 1990, S. 63; v. der Pfordten 2001, S. 355; Willaschek, S. 205; Kühl 1984, S. 122; ders. 1990, S. 76; ders. 1991a, S. 213. Unruh, S. 42 bemerkt, es habe bereits in der Zeit vor der Veröffentlichung der *Rechtslehre* „Zeugnisse des körperlichen Verfalls Kants" gegeben. Ob diese „ausschlaggebend für den Inhalt [der] ‚Metaphysik der Sitten' waren", lasse sich aber „nicht erweisen." Zum Schluss stellt er zutreffend fest, dass im „neueren Schrifttum ... die Senilitäts-These überwiegend für bedeutungslos erklärt" werde. Demgemäß wird auch in vorliegender Untersuchung fortan auf ein weiteres Eingehen auf die angebliche Senilität Kants verzichtet.

tels philologischer Methoden aus dem überlieferten Text rekonstruieren" lasse.[38]

Ludwigs „Rekonstruktion"[39] hat auch erhebliche Konsequenzen für den hier vor allem interessierenden Abschnitt des Staatsrechts. Dieser scheint in der traditionellen Textfassung „kein[en] nachvollziehbar[en] sachbezogen[en] Aufbau" aufzuweisen.[40] Insbesondere aufgrund des Staatsrechts wird sich mancher Leser der *Rechtslehre* dazu veranlasst gesehen haben, eine Theorie zur Entstehung dieses Werkes zu entwickeln. Der dem eigentlichen Staatsrecht gewidmete Abschnitt (§§ 45 ff.) „liest sich gerade so, als wäre ... [er] paragraphenweise aus voneinander unabhängigen und in sich argumentativ stimmigen ‚Zetteln' zusammengesetzt".[41]

Ludwig[42] kommt bei der Rekonstruktion des Textes gemäß seinen methodologischen Vorüberlegungen hinsichtlich des Staatsrechts zum Ergebnis, dass

1. § 43 und § 44 „in der Reihenfolge vertauscht" werden müssen,

2. die „§§ 45-49, 51, 52 in der Reihenfolge, 45, 48, 46, 49, 47, 51, 52 angeordnet" werden müssen,

3. der „§ 50 in ‚Anmerkung F' umbenannt und die Anmerkungen A-F an das Ende des Staatsrechts gesetzt" werden müssen,

4. „§ 49 Abs. 3 u. 4 in ‚§ 50' umbenannt" werden muss.

Die von Ludwig vorgeschlagene Textrevision hat Zuspruch gefunden[43], und die von ihm zu verantwortende Textausgabe wird zum Teil schon selbstverständlich als Referenztext benutzt.[44] Unumstritten ist seine Textrevision aber nicht. Sowohl gegen die Methode als auch gegen das Ergebnis der ludwigschen Arbeit sind von unterschiedlicher Seite her Einwände vorge-

---

[38] Ludwig 1998, S. XXIX. Vgl. auch Ludwig 1988, S. 5: „Mit anderen Worten: Es gab eine Kantische Niederschrift der Rechtslehre, welche aus äußeren Gründen im Druck von 1797 nicht realisiert wurde, deren Form sich jedoch mit einfachen Mitteln aus jenem Text zurückgewinnen lässt." Zu Kants Mitwirkung an der Drucklegung vgl. Stark 1988, S. 7 ff.

[39] Vgl. zur Methode der „Rekonstruktion" Ludwig 1988, S. 44 ff.

[40] Ludwig 1988, S. 75.

[41] Ludwig 1988, S. 75.

[42] Ludwig 1998, S. XXXVI.

[43] Vgl. etwa Höffe 1999, S. 18; Brandt 1982, S. V; Wetzel, S. 86; Brocker 1987, S. 9, S. 184, Anm. 122; Wood, S. 20 f.

[44] Z.B. Selbach 1993, S. 60, Fn. 98; ders. 1994, S. 30, Fn. 18; Adam, S. 294.

bracht worden.[45] In letzter Zeit fokussiert sich die Diskussion vor allem auf Ludwigs Umgang mit dem für die vorliegende Arbeit weniger relevanten § 2 der *Rechtslehre*.[46] Auch Unruh setzt sich in seiner Arbeit *Die Herrschaft der Vernunft* mit dem ludwigschen Rekonstruktionsvorschlag auseinander, wobei er klarstellt, dass für seine Untersuchung „lediglich die ‚Rekonstruktion' des Textabschnittes über die Staatslehre von Bedeutung" sei.[47] Er kommt nach der Erläuterung der Vorgehensweise Ludwigs und nach einer Auseinandersetzung mit Teilen der Literatur zum Ergebnis, dass „die Forderung einer völligen Neukonzeption der Textgestalt ... der wissenschaftlichen Haltbarkeit entbehrt." Unter hauptsächlicher Bezugnahme auf Losurdo[48] führt er anschließend aus, es handle sich bei den Unklarheiten im Text der *Rechtslehre*, insbesondere bei solchen im Staatsrecht, um bewusste Manipulationen Kants, die ihn vor der preußischen Zensur bewahren sollten.[49] Die These „der Selbstbeschränkung bei Kant" soll nach Unruh „die Unklarheiten weiter Teile der Textfassung der ‚Metaphysischen Anfangsgründe der Rechtslehre' beheben helfen und dabei der Interpretation dieses Theoriestückes [des Staatsrechts] klärende Impulse geben".[50] Hierin sei nämlich „der Schlüssel zur Auflösung der von den Kant-Interpreten durchgängig bemängelten Unklarheit der Kantischen Texte zur Rechts- und Staatsphilosophie zu finden".[51] Dabei handelt es sich jedoch um eine äußerst spekulative Interpretationsbasis, die wissenschaftlich auf einem weit weniger gesicherten Fundament steht, als die von Ludwig vorgenommenen Texteingrif-

---

[45] Kersting 1989, S. 102 meint, bei der von Ludwig neu herausgegebenen, rekonstruierten Fassung der *Rechtslehre* entstehe der Verdacht, die Textmodifikationen seien interpretationsgeleitet vorgenommen worden. Klenner 1989, S. 372 ist der Auffassung, Ludwig könne nicht „mit an Sicherheit grenzender Wahrscheinlichkeit" zeigen, dass seine Textversion auch tatsächlich der Intention Kants entspreche. Außerdem moniert er die komplette Aussortierung mehrerer Druckseiten der traditionellen Fassung, weil sie nicht in die von Ludwig angenommene Textlogik passten. Weitere kritische Äußerungen finden sich bei Tuschling 1988, S. 273 ff.; Wenzel 1990, S. 232 ff.; Parma, S. 48 ff.
[46] Vgl. hierzu Saito 1996; ders. 1996a; Ludwig 1996; Zotta 2000, S. 39 m.w.N. in Lit. Zotta bemerkt an dieser Stelle zutreffend, dass diese Diskussion „aufgrund des Mangels neuer gesicherter Erkenntnisse zunehmend esoterische Momente aufweist und sich zum Teil in befremdlich anmutende, hitzige Auseinandersetzungen um einzelne Satzzeichen und Wörter ergeht."
[47] Unruh, S. 22.
[48] Vgl. Losurdo, S. 179 ff.
[49] Unruh, S. 27 ff.
[50] Unruh, S. 38 f.
[51] Unruh, S. 36.

fe, für die immerhin – so Unruh[52] selbst – eine „unzweifelhaft beeindruckende" Fülle an Indizien spricht. Unruhs Interpretationsbasis ist für die Erschließung des kantischen Staatsrechts wenig brauchbar.[53] Hier kann eine tiefergehende Erörterung der Textgrundlagenproblematik, verbunden mit einer intensiven Auseinandersetzung mit den konträren Standpunkten zu den einzelnen Textstellen, nicht geleistet werden. Jedenfalls sind aber die oben dargestellten, von Ludwig im Staatsrecht vorgenommenen Texteingriffe überzeugend und werden daher im Rahmen der vorliegenden Untersuchung berücksichtigt.[54]

4. Ziel der Untersuchung

Ziel der vorliegenden Arbeit ist es, das kantische Staatsrecht anhand der *Rechtslehre* zu erläutern und zu zeigen, dass die *Rechtslehre* ein in sich geschlossenes Staatsrechtssystem enthält, das trotz seiner knappen Darstellung von großer Stringenz und auch aus sich heraus verständlich ist.

Zum einen soll dabei der fortschrittliche Gehalt des kantischen Staatsrechts aufgezeigt werden. Zum Teil gelingt es Kant nämlich, sich deutlich vom Einfluss seiner Vorgänger zu lösen und über die bloße Integration fremder Elemente ins eigene, kritische System hinauszugehen. Zudem wird sich erweisen, dass Kant mit seinem Staatsrechtsentwurf nicht nur eine von ihm vorgefundene Verfassungswirklichkeit zu legitimieren versucht. Er belässt es allerdings auch nicht bei der Konzipierung eines Idealstaats, vielmehr ist die Darstellung der Formen der Realisierung dieses Ideals ein wesentliches Element seiner Staatsrechtskonzeption. Zum anderen soll im Rahmen dieser Untersuchung aber auch deutlich auf die Grenzen der kantischen Staatsphilosophie aufmerksam gemacht werden.

Der Verfasser möchte sich kritisch mit den Gedankengängen Kants auseinandersetzen, ohne dabei Überlegungen anzustellen und Interpretationsmöglichkeiten zu erwägen, die sich angesichts der eher sparsamen Ausführungen Kants zum Staatsrecht in der *Rechtslehre* keinesfalls mehr mit dem Primärtext in Vereinbarung bringen lassen oder ihn überstrapazieren würden.

---

[52] Unruh, S. 27.
[53] Zotta 2000, S. 39, Fn. 82.
[54] In Bezug auf das Staatsrecht wird mithin von folgender Textfolge ausgegangen: §§ 41, 42, 44, 43, 45, 48, 46, 49, 47, 51, 52, Allg. Anm. A, B, C, D, E, § 50. Ludwigs Umbenennung der Paragraphen bleibt unberücksichtigt; die Paragraphen behalten ihre Bezeichnung aus der traditionellen Textfassung.

Die vorliegende Arbeit zieht primär die *Rechtslehre* als Quelle heran. Diese bildet den „maßgeblichen Bezugstext"[55] für Kants Rechts- und Staatsphilosophie und bringt „in komprimierter Form die Kerngedanken Kantischen Staatsdenkens zum Ausdruck."[56] Ebenso wie bei Herb / Ludwig[57] gilt hier im Wesentlichen der Interpretationsansatz, dass das Staatsrecht nicht „genetisch, von früheren Schriften her" interpretiert wird. Es wird vielmehr versucht, die *Rechtslehre* „als eine in sich geschlossene Darstellung zu lesen, die keine Anleihen bei früheren Schriften zu nehmen braucht." Demgemäß greift die vorliegende Untersuchung nur dort auf die oben genannten kleineren kantischen Schriften zurück, wo es für die systematische Ergründung der Staatsrechtslehre unumgänglich ist.

Es liegt zwar aufgrund der kurzen Zeitabstände zwischen den jeweiligen Veröffentlichungen nahe, die oben genannten Schriften der 90er Jahre wie die Mehrheit der Kant-Interpreten als einen einheitlichen Entwurf zu interpretieren. Diese einheitliche Interpretation birgt jedoch das Risiko in sich, dass mitunter fundamentale Entwicklungen im kantischen Denken innerhalb der einzelnen Schriften der 90er Jahre im Verborgenen bleiben. So soll vorliegend unter anderem auch gezeigt werden, dass Kant von seiner grundsätzlichen Ablehnung der Demokratie, welche er im *Ewigen Frieden* von 1795 noch mit dem Despotismus gleichsetzte[58], in der *Rechtslehre* von 1797 schon wieder Abstand genommen hat.

Durch den Versuch des Verfassers, das Staatsrecht nur aus der *Rechtslehre* heraus und im Wesentlichen unter Außerachtlassung der übrigen Schriften zu erläutern, wird im Übrigen vielen der von einigen Kant-Interpreten immer wieder ins Feld geführten angeblichen Inkohärenzen und Widersprüchlichkeiten innerhalb der kantischen Staatsphilosophie die Grundlage entzogen.

Im Rahmen der vorliegenden Untersuchung werden auch die so genannten Vorarbeiten[59] und die Reflexionen[60] weitestgehend außer Acht gelassen. Aus der eben angesprochenen schweren Verständlichkeit des Primärtextes heraus lässt sich erklären, warum die Vorarbeiten und Reflexionen Kants zur *Rechtslehre* eine zentrale Rolle in der Sekundärliteratur spielen. Nahezu kein Interpret der *Rechtslehre* glaubt, ohne diese Vorarbeiten und Refle-

---

[55] Höffe 1999, S. 5.
[56] Unruh, S. 17.
[57] Vgl. Herb / Ludwig 1994, S. 432.
[58] Vgl. VIII 352.
[59] Vgl. XXIII 207 ff.
[60] Vgl. XIX 9 ff.

xionen auskommen zu können, wenn es darum geht, Kants rechtsphilosophisches Denken zu erläutern.[61] Es ist des Weiteren auffallend, dass zum Teil ein Schwerpunkt auf die frühe Rechtsphilosophie Kants gelegt wird[62], obwohl sich diese ausschließlich aus seinen privaten Notizen in den Vorarbeiten und Reflexionen heraus rekonstruieren lässt. Diese haben zum einen den Nachteil, dass sie größtenteils nicht datiert sind, und zum anderen geben sie keine gesicherte Erkenntnis darüber, ob Kant in den Notizen nur kurzlebige Durchgangsphasen seines Denkens festhält oder ob er schon durchdachte und gefestigte Gedanken notiert.[63] Indem vorwiegend die *Rechtslehre* herangezogen wird, ist gewährleistet, dass die Gedanken und Überlegungen, die sich zwar in den privaten Notizen finden lassen, aber von Kant später vielleicht wieder verworfen wurden, nicht in überinterpretierender und damit unfruchtbarer Weise mit jenen vermengt werden, die nach Ansicht Kants als gefestigt anzusehen sind und somit den Endpunkt einer Entwicklung darstellen. Die nach der Konsultation der *Rechtslehre* als maßgeblichem Bezugstext für Kants Rechts- und Staatsphilosophie verbleibenden Unklarheiten lassen sich ohnehin eher durch ein konsequentes Hineindenken in die Systematik der Schrift erhellen als durch die Heranziehung des Nachlasses.[64]

5. Gang der Untersuchung

Unter II. der Arbeit wird zunächst Kants Hauptanliegen in der *Rechtslehre*, nämlich die Begründung von Recht und Staat aus Begriffen a priori, erläutert.

Im weiteren Verlauf folgt die vorliegende Untersuchung im Wesentlichen dem Aufbau der *Rechtslehre*. Dieses Vorgehen trägt erheblich zum oben geschilderten Ziel bei, die Stringenz der Gedankengänge Kants im Hinblick auf das Staatsrecht aufzuzeigen. So werden kantische Standpunkte und Begriffe, die für das Staatsrecht relevant sind, an der Stelle erörtert, an der sie Kant selbst für erörterungswürdig hält.

Demgemäß wird vor der Erörterung des eigentlichen Staatsrechts unter III., IV. und V. ein kursorischer Überblick über das Verhältnis von Moral, Recht und Ethik in der *Metaphysik der Sitten*, über Kants Rechtsbegriff, über die mit dem Recht verbundene Zwangsbefugnis, über seinen Freiheitsbegriff und seine Menschen- und Grundrechtskonzeption gegeben.

---

[61] So etwa Gulyga, S. 82; Unruh, S. 20.
[62] Z.B. Ritter 1971. Vgl. hierzu die Ausführungen unter II.
[63] Ludwig 1998, S. XXVI f.
[64] Höffe 1999, S. 5.

Dabei wird weder auf alle Einzelheiten und Problemstellungen eingegangen noch findet eine tiefergehende Auseinandersetzung mit den zum Teil sehr divergierenden Literaturmeinungen statt. Es geht vielmehr darum, den Grundgehalt dieser die gesamte *Rechtslehre* prägenden Begriffe wiederzugeben. Sich einen Überblick über die eben genannten Begriffe zu verschaffen, ist eine unabdingbare Voraussetzung für das Verständnis des unter VI. abgehandelten Staatsrechts.

Im Rahmen der Erörterung des kantischen Staatsrechts wird einleitend dargelegt, wie Kant – in Auseinandersetzung mit Hobbes – die Notwendigkeit des Staates im Einzelnen begründet. Der Staat erweist sich hierbei als Institution zweiter Ordnung, die im Wesentlichen die Funktion hat, die Institutionen erster Ordnung, mithin die prinzipiell schon vor jeglicher Staatlichkeit bestehenden Rechte der Einzelnen, zu sichern. Im Anschluss daran wird der Frage nachgegangen, ob dem Staat bei Kant – trotz seiner klar auf den Rechtsschutz ausgerichteten Funktion und seiner Absage an den paternalistischen Wohlfahrtsstaat des ausgehenden 18. Jahrhunderts – dennoch auch sozialstaatliche Aufgaben zukommen bzw. zukommen können.
Sodann wird die dichotome Grundstruktur der *Rechtslehre* erläutert, die im Wesentlichen von der von Kant getroffenen Unterscheidung zwischen dem „Staat *in der Idee*"[65] einerseits und den empirischen Staatswesen andererseits bestimmt ist. Im Folgenden wird dann gezeigt, wie Kant zunächst das normative Ideal des Staates in der Idee und anschließend die Formen der Annäherung an dieses Ideal entwickelt.
Bei der Erörterung der Binnenstruktur des Staates in der Idee wird vor allem die Gewaltenteilungslehre Kants sowie seine Souveränitätskonzeption Beachtung finden. Gerade hier macht sich der Einfluss, den die rousseausche Staatskonzeption auf Kant hatte, deutlich bemerkbar.
Die der Erörterung des Staates in der Idee folgenden Ausführungen zum „*ursprüngliche*[n] *Kontrakt*"[66] zeigen sodann, dass die Vertragsfigur bei Kant im Vergleich zu seinen Vorgängern einen fundamentalen Funktionswandel durchmacht. Der Vertrag dient bei Kant nicht mehr der Legitimierung der staatlichen Herrschaft, sondern fungiert als vernunftrechtliche Organisationsnorm bzw. Verfassungsprinzip des in seiner rechtlichen Notwendigkeit vertragsunabhängig begründeten Staates. Er gibt im Prozess der Approximation eines wirklichen Staates an das normative Ideal des Staates in der Idee den Leitfaden rechtmäßiger Herrschaftsausübung.

---

[65] VI 313.
[66] VI 315.

Schließlich wird die kantische Staatsformenlehre, die sich mit den Möglichkeiten der Realisierung des Staates in der Idee auseinandersetzt, dargestellt. Es wird sich zeigen, dass Kant in der *Rechtslehre* sein negatives Urteil bezüglich der Demokratie aus dem *Ewigen Frieden* revidiert. Die repräsentative Demokratie wird in der *Rechtslehre* nunmehr als die größtmögliche Annäherung an den Staat in der Idee unter menschlichen Bedingungen angesehen.

Nach einer kursorischen Erörterung der Widerstandsproblematik bei Kant greift eine Schlussbetrachtung unter VII. nochmals die von ihm in den Blick genommene Vermittlung zwischen Staatsidee und Staatswirklichkeit auf und weist jene als Vorzug insbesondere gegenüber der rousseauschen Staatskonzeption aus.

Um den Umfang der Arbeit nicht ausufern zu lassen, werden das kantische Straf- und Begnadigungsrecht und das kantische Völker- und Weltbürgerrecht hier nicht behandelt. Diese Themen sind im Übrigen Gegenstand zahlreicher anderer Untersuchungen.[67]

---

[67] Zum Straf- und Begnadigungsrecht in der *Rechtslehre* vgl. Höffe 1999b, S. 213 ff.; zum Völkerrecht vgl. Pinzani, S. 235 ff.; zum Weltbürgerrecht vgl. Müller 1999, S. 257 ff.; jeweils m.w.N. in Lit.

II. Kants Hauptanliegen in der *Rechtslehre*

Die neuzeitliche praktische Philosophie stand angesichts des stets fortschreitenden Säkularisierungsprozesses und des Prozesses der zunehmenden Physikalisierung der Natur vor einem großen verbindlichkeitstheoretischen Problem. Wegen des Untergangs des theologischen Absolutismus einerseits und der stetig wachsenden menschlichen Selbstbehauptung andererseits bedurfte es auch neuer Geltungsgründe für Recht und Staat. Die praktische Philosophie nahm sich dieser Aufgabe an und versuchte eine neue, dem neuzeitlichen Selbstverständnis entsprechende, verbindlichkeitstheoretische Grammatik zu entwerfen.[1]

Auch Kant will Recht und Staat auf einen neuen verbindlichkeitstheoretischen Sockel stellen. Demgemäß ist das philosophische Hauptanliegen der *Rechtslehre* die Begründung von Recht und Staat aus Begriffen a priori.[2] Dies lässt sich schon aus dem Titel der Schrift *Metaphysische Anfangsgründe der Rechtslehre* entnehmen, denn unter Metaphysik versteht Kant bekanntermaßen eine säkularisierte, von der Empirie unabhängige und wissenschaftstheoretisch begründete Metaphysik.[3] Des Weiteren betont er sein Anliegen mehrmals innerhalb der *Rechtslehre*. An dieser Stelle seien nur ein paar Beispiele aus der Vorrede genannt: Dort meint er unter anderem, die *Rechtslehre* sei das, „wovon ein aus der Vernunft hervorgehendes System verlangt wird, welches man die *Metaphysik des Rechts* nennen könnte."[4] Die „*metaphysische[n] Anfangsgründe der Rechtslehre*" werden an selber Stelle als ein „*a priori* entworfene[s] System" bezeichnet.[5] Er möchte auch, dass „das, was hier Metaphysik ist, von dem, was empirische Rechtspraxis ist, ... wohl unterschieden" wird.[6] Recht und Staat lassen sich nach Kant nicht aus der Erfahrung des Menschen von sich und der Welt ableiten, denn aus empirischen Erfahrungen lassen sich seiner Auffassung nach keine immer gültigen, in jedem Fall anwendbaren Prinzipien herleiten. Kant strebt aber gerade die Allgemeingültigkeit seiner Prinzipien an. Infolgedessen kann er den Staat weder anthropologisch, als aus der natürlich-menschlichen Bedürfnishaftigkeit entstanden, noch theologisch, als

---

[1] Vgl. Kersting 2001, S. 193.
[2] Höffe 2000, S. 209.
[3] Naucke, S. 186.
[4] VI 205.
[5] VI 205.
[6] VI 206. Unter IV.2. wird auf Kants Auseinandersetzung mit der empirischen Rechtslehre genauer eingegangen.

Ergebnis einer von Gott eingestifteten Soziabilität des Menschen, noch soziologisch, als Ergebnis einer utilitär motivierten Übereinkunft der Menschen, begreifen. Seine Intention ist es vielmehr, den Staat rechtsmetaphysisch, gleichsam als unbedingte Forderung der praktischen Vernunft, mit anderen Worten als apriorische Rechtsnotwendigkeit, zu konzipieren. Damit unterscheidet er sich radikal von seinen Vorgängern.[7]

Ob Kant seiner expliziten programmatischen Absicht, Recht und Staat apriorisch zu begründen, in der *Rechtslehre* auch tatsächlich nachgekommen ist bzw. ob die *Rechtslehre* eine kritische Rechtsphilosophie beinhaltet, wurde seit ihrem Erscheinen immer wieder bezweifelt.[8] Es waren vor allem Theoretiker des Neukantianismus wie Haensel, Cohen, Lask, Stammler[9] und Radbruch, die diesbezüglich Bedenken äußerten.[10] An dieser Stelle sei aber nur kurz auf einen Autor neuerer Zeit eingegangen: In seinem 1971 erschienenen Buch *Der Rechtsgedanke Kants nach frühen Quellen* untersucht Ritter, ob Kant das „Recht ... im Sinne des Kritizismus behandelt hat".[11] Dabei versucht er, durch eine minutiöse Zusammenstellung der frühen Quellen, d.h. der Publikationen, Briefe, Notizen und Vorarbeiten bis zur Mitte der 70er Jahre[12], die Inkonsistenz der kantischen Rechtsphilosophie mit seinem kritischen Denken nachzuweisen. In seiner Untersuchung kommt er zum Ergebnis, dass die „Kontinuität" im Rechtsdenken Kants, welche sich trotz der Wendung der theoretischen Philosophie zum Kritizismus nachweisen lasse, „eine – dem spekulativen Kritizismus entsprechende – ‚kritische'" Begründung der Rechtsphilosophie seitens Kants ausschließe.[13] Da es also keinen Bruch zwischen dem kantischen Rechtsdenken aus vorkritischer Zeit und dem der nachkritischen Zeit gebe, habe Kants Entwicklung hin zum Kritizismus seine Rechtsphilosophie auch nicht beeinflusst; die Rechtsphilosophie habe vielmehr den nicht-kritischen Charakter beibehalten. Brocker[14] stellt diesbezüglich fest, dass, wenn Ritters Ergebnis tatsächlich zuträfe, „die ‚Metaphysik der Sitten' aus dem System der Transzendentalphilosophie herauszulösen und als ‚unkritisches Na-

---

[7] Ritter 1987, S. 339.
[8] Vgl. Malibabo, S. 51 ff.; Unruh, S. 41; Kühl 1991a, S. 214; vgl. auch die diesbezügliche – nunmehr schon ältere – Literaturzusammenstellung von Küsters 1988, S. 19 ff.
[9] Vgl. Stammler, S. 35 f.: „Kant ließ in seiner Metaphysik der Sitten für die Rechtslehre die kritische Methode fallen und verblieb in den Bahnen des damals herrschenden Naturrechts."
[10] Küsters 1988, S. 19 ff.
[11] Ritter 1971, S. 19.
[12] Vgl. Ritter 1971, S. 21 f.
[13] Ritter 1971, S. 339. Vgl. auch ders. 1987, S. 335.
[14] Brocker 1987, S. 18.

turrecht' zu verwerfen" wäre. Denn dann – fährt Brocker fort – wäre das „Kantische System ... in einem erheblichen Punkt gestört." Ritter ist aber hinsichtlich seines Vorgehens und des daraus folgenden Ergebnisses der zentrale Vorwurf zu machen, dass er es versäumt hat, die *Rechtslehre* selbst als Quelle für die Überprüfung seiner Thesen heranzuziehen.[15] Das von Ritter ins Feld geführte Kontinuitätsargument geht außerdem auch deshalb fehl, weil es außer Acht lässt, dass ein Gedanke Kants aus der vorkritischen Periode in der nachkritischen Periode nicht notwendigerweise einen nicht-kritischen Charakter haben muss. Er könnte sich durchaus systemgerecht, d.h. im Sinne des kantischen Kritizismus, integrieren lassen und dadurch eine vertiefte Begründung erfahren.[16] So würde er auf dem *neuen* Fundament der kritischen Philosophie – jedenfalls nach kantischen Begriffen – universelle Gültigkeit erlangen. Das Kontinuitätsargument an sich vermag nicht zu beweisen, dass sich die *Rechtslehre* nicht mit Kants Kritizismus in Einklang bringen lässt. Ritters Thesen sind letztendlich schon aus diesen Gründen nicht haltbar.[17]

Selbstverständlich finden sich außer Ritter auch in neuerer Zeit weitere Vertreter der These, Kants Rechtsphilosophie sei nicht-kritischer Natur.[18]

---

[15] Vgl. Küsters 1988, S. 41; ders. 1985, S. 212; Kersting 1983, S. 283: „Hätte Ritter seine These von der Kontinuität an Kants Alterswerk selbst im Rahmen einer sorgfältigen Argumentationsanalyse überprüft und hätte er auch dazu die Vorarbeiten zur Rechtslehre von 1797 herangezogen, dann wäre ihm nicht verborgen geblieben, dass Kant sich über den systematischen Aufbau der Rechtslehre und der logisch-argumentativen Verzahnung der drei Systemteile Menschheitsrecht – Privatrecht – öffentliches Recht ebenso wie über einige wichtige inhaltliche und methodische Elemente erst Mitte der neunziger Jahre im klaren war." Vgl. des Weiteren auch Kersting 1993, S. 134, Fn. 53.

[16] Vgl. dazu Unruh, S. 43; Dreier 1986, S. 11, Fn. 7.

[17] Vgl. Kater, S. 104. Brocker 1987, S. 18 ff. erhebt gegen die „Thesen und das Vorgehen Ritters" sowohl formale und materiale als auch systematische Einwände. Busch widerspricht in seinem 1979 erschienenen Buch *Die Entstehung der kritischen Rechtsphilosophie Kants 1762-1780* Ritters Behauptung vom durchgängig unkritischen Charakter der Rechtskonzeption Kants. Auf S. 70 ff. vertritt er der Auffassung, Kant baue seine praktische Philosophie auf einem schon in *Kritik der reinen Vernunft* vorfindbaren, kritischen Freiheitsbegriff auf (vgl. hierzu Unruh, S. 44 und die negative Rezension zu Buschs Werk bei Kersting 1983, S. 284 ff.).

[18] So etwa Ilting 1981, S. 325 ff. (vgl. hierzu die Entkräftung von Iltings Thesen bei Oberer 1983, S. 219 ff.). Aus neuester Zeit vgl. Zotta 2000, S. 134, welcher hier der Auffassung ist, Kant verletze „seine explizite programmatische Absicht, apriorische Theoriebildung zu betreiben". Vor diesem Hintergrund verliere der Entwurf Kants „an zentralen Punkten Überzeugungskraft" und überschreite nicht „das Niveau einer mehr oder weniger plausiblen Meinungsäußerung."

Allerdings lassen sich auch etliche Vertreter der Gegenposition aufzählen.[19] Tretter[20] kommt nach einer umfangreichen Untersuchung dieses Problembereichs zu folgendem Ergebnis: „Die Kantische Rechtslehre der MdS ist ein Teil der kritischen Moralphilosophie Kants; sie baut inhaltlich und systematisch auf die von Kant in der KrV in ihrem spekulativ-negativen und in der GMS und KpV in ihrem positiv-praktischen Teil entwickelten kritischen Freiheitslehre auf." Sänger[21] ist der Auffassung, die „Metaphysik des Rechts, wie sie in der Fassung von 1797 vorliegt, [sei] mit ihren apriorischen Prinzipien juridisch-praktischer Vernunft, unzweifelhaft kritisch". Höffe[22] meint, Kants politische Philosophie gehöre „zum Naturrecht im Sinne eines kritischen Vernunftrechts" und seine Rechtsphilosophie sei „keine vorkritisch-dogmatische, sondern eine kritische Philosophie". Unruh[23] stellt zu Recht fest, dass „die These von der ‚Geschlossenheit der Kantischen Philosophie' mittlerweile die dominierende Position bezeichnet." Eine weitere Auseinandersetzung mit der diesbezüglichen Literatur muss aber hier unterbleiben, um den Rahmen der vorliegenden Arbeit nicht zu sprengen.

Hier wird im Wesentlichen der Einsicht Ludwigs gefolgt, wonach sich die viel diskutierte Frage nach dem kritischen Gehalt der *Rechtslehre* letztendlich in eine Frage der Terminologie verflüchtigt. Es kommt nämlich vor allem darauf an, welches kantische Prozedere man ex post als kritisch bezeichnen will. „Wenn man jedoch berücksichtigt, dass die Rechtslehre ... zentrale Lehrstücke der Kritik der praktischen Vernunft voraussetzt und letztere die ‚Zwei-Welten-Lehre' der Kritik der reinen Vernunft – welches als das Signum ‚kritischer' Philosophie gelten kann – so ist die Frage in

---

[19] Vgl. etwa Kersting 1993, S. 90 f.; Brocker 1987, S. 23; Gerhardt / Kaulbach, S. 73 f.; Kühl 1984, S. 37, Fn. 52; Unruh, S. 46. Vgl. dazu auch die von Malibabo, S. 55 ff. gesammelten Stimmen in der Literatur. Unruh, S. 45 macht eine zwischen den zwei sich diametral gegenüberstehenden Positionen vermittelnde Ansicht aus, wonach die *Rechtslehre* „nicht auf ihre Konsistenz mit der kritischen theoretischen Philosophie hin überprüft, sondern ... als in ein kritisches Gesamtsystem eingebettet angesehen [wird], das im übrigen speziell im Hinblick auf die praktische Philosophie und damit auch die Rechtslehre konzipiert worden sei."

[20] Tretter, S. 289 f.

[21] Sänger, S. 12.

[22] Höffe 2000, S. 210 f.

[23] Unruh, S. 46. Unter Bezugnahme auf Gerhardt 1981, S. 69, 77, 92; Doublet, S. 11; Gulyga, S. 300 bemerkt er an selbiger Stelle, es dränge sich der Eindruck auf, „dass die Konsistenz der ‚Rechtslehre' mit der kritischen Philosophie Kants bei denjenigen Autoren, die diesen Aspekt nicht thematisieren, Allgemeingut ist."

einer beschränkten, jedoch relevanten Hinsicht leicht zu beantworten: Keine Kantische Rechtslehre ohne kritische Philosophie."[24] Dennoch ist hier darauf aufmerksam zu machen, dass die *Rechtslehre* auch evident „unkritische" Elemente enthält. Als Beispiel sei hier erneut die insbesondere für das Staatsrecht relevante Diskriminierung der unselbständig Erwerbstätigen und der Frauen bei der Frage nach der „Fähigkeit der Stimmgebung"[25] genannt.

Letztendlich verhält sich Kant bei der Konzipierung seiner Rechts- und Staatsphilosophie nicht wesentlich anders als bei der Konzipierung seiner theoretischen Philosophie, seiner Ethik und seiner Ästhetik.[26] Er arbeitet sich in die Tradition der Aufklärung ein, indem er versucht, die Vernunftelemente seiner Vorgänger (Grotius, Hobbes, Rousseau, Locke, aber auch Wolff und Thomasius) herauszufiltern. Schon Kants frühe Schriften und Reflexionen bezeugen den Einfluss, den insbesondere Hobbes und Rousseau auf die Entwicklung seiner Rechts- und Staatsphilosophie gehabt haben, und zeigen somit, dass sich Kant zu der von diesen beiden Autoren eröffneten Politischen Moderne bekannt hat.[27] So prägte das rousseausche „ideal des Staatsrechts" Kants Begriff vom öffentlichen Recht, während er die zentrale Einsicht der Notwendigkeit des bürgerlichen Zustands dem „Ideal des hobbes" verdankt.[28] In wesentlichen Teilen seines rechtsphilosophischen bzw. staatsrechtlichen Denkens geht er aber – wie sich insbesondere bei der Erörterung des Staatsrechts zeigen wird – weit über diese Tradition hinaus.

---

[24] Ludwig 1988, S. 82, Fn. 1. Vgl. zur Abhängigkeit der *Metaphysik der Sitten* von den Grundlegungsschriften III. und IV.
[25] VI 314. Siehe dazu VI.5.d.dd.
[26] Vgl. Höffe 1999, S. 7 f.
[27] Herb / Ludwig 1993, S. 283.
[28] XIX 99.

III. Kursorischer Überblick über das Verhältnis zwischen Moral, Recht und Ethik in der *Metaphysik der Sitten*

Obwohl man es unter der Überschrift dieses Gliederungsabschnittes durchaus erwarten könnte, geht es im Folgenden weder um das Verhältnis des positiven Rechts zum Natur- bzw. Vernunftrecht, also zum Recht, wie es nach Moral- bzw. Gerechtigkeitsprinzipien sein soll[1], noch um die Reichweite der Gehorsamspflicht gegenüber dem positiven Recht, insbesondere wenn dieses gegen Moralprinzipien verstößt.[2] Hier soll vielmehr gezeigt werden, wie die Rechtsphilosophie Kants in seine Moralphilosophie eingebettet ist.

Das diesbezüglich Wesentliche ergibt sich aus der Einleitung in die *Metaphysik der Sitten*.[3] Sowohl das Recht als auch die Ethik (Moral i.e.S.) sind Teile der Moral. Die Rechts- wie auch die Tugendgesetze sind demzufolge moralische Gesetze.[4]

Dass Kant seine Rechtsphilosophie als Teil seiner Moralphilosophie konzipiert hat, zeigt sich zum einen daran, dass er die *Rechtslehre* und die *Tugendlehre* unter dem Dach der *Metaphysik der Sitten* vereint, und zum anderen daran, dass er in der Einleitung in die *Metaphysik der Sitten* dieselbe Terminologie verwendet wie in der *Grundlegung zur Metaphysik der Sitten* und der *Kritik der praktischen Vernunft*.

Die beiden letztgenannten, Kants Moraltheorie zuzuordnenden Schriften liefern das philosophische Fundament, auf welchem das „System"[5] der *Metaphysik der Sitten* aufgebaut ist. Die *Metaphysik der Sitten* erweist sich

---

[1] Vgl. dazu Kühl 1990, S. 75 ff. und unten IV.2.

[2] Vgl. dazu die Ausführungen zum Widerstandsrecht unter VI.8.

[3] VI 214 ff. Dahlstrom, S. 55, Fn. 2 meint, dass „Kants Differenzierung des Rechts von der Ethik in der Metaphysik der Sitten alles andere als eindeutig" sei. Wood, S. 35 teilt diese Auffassung: „But the precise nature of this division remains somewhat mysterious." Hier wird dennoch versucht, die wesentlichen Grundzüge der von Kant getroffenen Unterscheidung wiederzugeben.

[4] Vgl. Ritter 1987, S. 336, Fn. 17; Steigleder, S. 130; Sandermann, S. 236; Wenzel 1997, S. 154, Fn. 14; Ludwig 1993, S. 224 ff. Vgl. auch Ludwig 1988, S. 85, Fn. 6. Ludwig weist hier darauf hin, dass der auch in der Einleitung in die *Metaphysik der Sitten* auftauchende Begriff der „Moralität" (vgl. VI 214, VI 219) Verwirrung stiften kann, da dieser sich ausschließlich auf die Ethik beziehe (vgl. zu dieser „terminologische[n] Schwierigkeit" Metzger 1912, S. 70). Strangas zieht es deswegen – entgegen der von Kant gebrauchten Terminologie – vor, „‚ethisch' als Oberbegriff für ‚moralisch' und ‚rechtlich'" zu verwenden (vgl. Strangas, S. 21, Fn. 17 und S. 27, Fn. 1).

[5] Vgl. VI 205.

insofern als geltungstheoretisch abhängig vom Inhalt jener Schriften.⁶ Sowohl die *Rechtslehre* als auch die *Tugendlehre* stützen sich auf den kategorischen Imperativ: Kant betont bei der Klärung der „Vorbegriffe zur Metaphysik der Sitten"⁷ nachdrücklich, dass der Begriff der *„Verbindlichkeit"*⁸ der *Metaphysik der Sitten* „in ihren beiden Teilen gemein" sei und „die Notwendigkeit einer freien Handlung unter einem kategorischen Imperativ der Vernunft" bezeichne.⁹ In der Anmerkung wird dieser kategorische Imperativ ausdrücklich im Singular als moralischer Imperativ allen anderen *„technisch[en]"* und insgesamt bedingt[en]" Imperativen gegenübergestellt und damit als gemeinsames Fundament beider Teile der Sittenlehre ausgewiesen.¹⁰
Der Einheitsgrund der *Metaphysik der Sitten* kann demnach in der Abhängigkeit ihrer beiden Teile (der *Rechtslehre* und der *Tugendlehre*) vom kategorischen Imperativ gesehen werden.¹¹

Der kategorische Imperativ resultiert aus keiner theoretischen Erkenntnis der menschlichen Natur, er setzt vielmehr „nur die Freiheit als *rationem essendi*, ein sich selbst gesetzgebendes bzw. auto-nomisches ‚Faktum der reinen praktischen Vernunft', voraus, dessen *ratio cognoscendi* er ist."¹²
Die Moral bzw. Sittlichkeit und somit auch das Recht als Teil derselben wird nicht aus rein deskriptiven Elementen definiert. Dadurch vermeidet die Moral- und somit auch die Rechtsphilosophie Kants im Ansatz den so genannten naturalistischen Trugschluss, dem zum Teil die traditionellen Naturrechtstheorien erliegen.¹³
Warum auch das Recht sein Fundament im kategorischen Imperativ haben muss, liegt auf der Hand. Soll das Recht seine Geltung nicht aus bloßer Positivität erfahren, so ist man genötigt, den Geltungsgrund des Rechts in der

---

[6] Vgl. Kater, S. 106; Kühl 1991, S. 142 f.; Malibabo, S. 113 f.
[7] VI 221.
[8] VI 222.
[9] Vgl. dazu Oberer 1997, S. 178: „Dass Kant ... ein klares Bewusstsein von der Funktion des Sittengesetzes für die Begründung der absoluten Rechtsgeltung hatte, zeigt sich zunächst einmal schon in der Tatsache, dass er die Vorbegriffe in der Einleitung zur MdS (einschließlich ihrer Lehre vom kategorischen Imperativ!) ausdrücklich als für beide Teile des Buchs grundlegend bestimmte."
[10] VI 222.
[11] Vgl. Ludwig 1997, S. 102; Kater, S. 107; Steigleder, S. 132 ff.; Kühl 1991, S. 141 f.; Wildt, S. 159.
[12] Dahlstrom, S. 56.
[13] Dahlstrom, S. 56. So auch Höffe 1987, S. 108. Vgl. allgemein zum „Sein-Sollens-Fehlschluss" Höffe 1987, S. 102 ff.; ders. 2001, S. 42 f.; Kelsen, S. 409 f.

Moraltheorie Kants zu suchen. Da die Moraltheorie mit dem kategorischen Imperativ die Grundlegung aller Handlungen indiziert, kann auch die Rechtsgesetzgebung nicht unter den Anforderungen des kategorischen Imperativs bleiben. Denn nur so ist es überhaupt möglich, das Recht als allgemein und unbedingt verpflichtend anzusehen.[14] Das Recht erfährt seine verbindlichkeitstheoretische Fundierung durch den Rückbezug auf den kategorischen Imperativ. Dies soll aber nicht heißen, dass das Recht mit den ethischen Gesetzen grundsätzlich zusammenfällt, sondern nur, dass die Moraltheorie den geltungstheoretischen Hintergrund für die kantische Rechtstheorie bildet.[15] Ginge das Recht nämlich völlig im Gebot des kategorischen Imperativs auf, dann wäre die *Rechtslehre* obsolet. Die gesamte praktische Philosophie wäre lediglich eine Theorie des kategorischen Imperativs.[16] Das Recht muss daher einen eigenen Geltungsbereich haben.

Rechtsgesetze bilden als moralisch-praktische Gesetze nur eine *Teilklasse* aller praktischen Gesetze überhaupt, die aus dem „oberste[n] Grundsatz der Sittenlehre"[17], dem kategorischen Imperativ, abgeleitet werden können.[18] Rechts- und Tugendgesetze haben zwar die Gebotsstruktur des kategorischen Imperativs gemeinsam, beiden ist mithin die Unbedingtheit im Gebot gemeinsam, sie unterscheiden sich aber im Grund der Befolgung des Gesetzes bzw. im Befolgungsmodus voneinander: „Alle Gesetzgebung ... kann doch in Ansehung der Triebfedern unterschieden sein. Diejenige, welche eine Handlung zur Pflicht, und diese Pflicht zugleich zur Triebfeder macht, ist *ethisch*. Diejenige aber, welche das Letztere nicht im Gesetze mit einschließt, mithin auch eine andere Triebfeder, als die Idee der Pflicht selbst, zulässt, ist *juridisch*."[19]
Die Triebfeder der „Idee der Pflicht" ist die einzige Triebfeder, welche der Befolgung der Gesetze moralischen Wert verleiht. Daher ist eine Gesetzgebung, welche auf diese Triebfeder zurückgreift, ethisch. Ethik ist mithin der Inbegriff aller Pflichten, sofern ihre Befolgung aus Pflicht gefordert wird.
Die juridische Gesetzgebung ist hingegen eine Gesetzgebung, die eine andere Triebfeder als die Idee der Pflicht – und zwar eine *äußere* – mit dem Gesetz verbindet. Sie ist demnach eine *äußere* bzw. rechtliche Gesetzge-

---

[14] Vgl. Kater, S. 107; Hössl, S. 166 f.
[15] Kater, S. 112.
[16] Kater, S. 107.
[17] VI 226.
[18] Ludwig 1988, S. 92.
[19] VI 218 f.

bung.[20] Rechtsgesetze sind im Gegensatz zu Tugendgesetzen gesinnungsunabhängig bzw. gesinnungsuninteressiert.[21] Der Grund, also das *Warum*, der Befolgung des Gesetzes ist hier irrelevant.[22] Gegenstandsbereich des Rechts ist somit nicht die Gesinnung des handelnden Subjekts, sondern die äußerliche Handlung selbst. Man kommt den Forderungen des Rechts bereits durch dessen äußerliche Befolgung nach, ohne dass es auf die der jeweiligen Handlung zugrunde liegenden Motive ankäme. Hauptsache ist, dass die Gesetze auch tatsächlich befolgt werden. Daher ist auch grundsätzlich das „Recht ... mit der Befugnis zu zwingen verbunden".[23] Dass es sich bei den Rechtsgesetzen, deren Einhaltung mittels Zwang erreicht werden kann, nicht um Willkürgesetze handelt, garantiert wiederum deren Ursprung im kategorischen Imperativ, dem obersten moralischen Grundsatz. Die Fundierung der Rechtsgesetze im kategorischen Imperativ impliziert aber *nicht* – und dies ergibt sich schon aus dem zur Gesinnungsunabhängigkeit des Rechts Gesagten –, dass ein Rechtssubjekt seine rechtlichen Forderungen an ein anderes Rechtssubjekt auf dessen Moralität und Sittlichkeit ausweiten darf.[24]

Die Frage nach dem Verhältnis von Recht und Ethik kann man also zusammengefasst wie folgt beantworten: Recht und Ethik werden in der *Metaphysik der Sitten* als zwei selbständig nebeneinander stehende Teile konzipiert, die dasselbe Sittengesetz jeweils mit einer anderen Triebfeder verbinden.[25] Das Recht ist bei Kant als Theorie des Fremdzwanges und die Ethik als Theorie des Selbstzwanges ausgestaltet.[26]

---

[20] Vgl. dazu Ludwig 1988, S. 88 ff.
[21] Kersting 1990, S. 65, 73; ders. 2001, S. 205.
[22] Vgl. Seubert, S. 76; Kühl 1991, S. 144, 146; Kanter, S. 109; Irrlitz, S. 457.
[23] VI 231. Die Zwangsbefugnis wird unter IV.5. näher erläutert.
[24] Vgl. Kühl 1991, S. 144.
[25] Vgl. in VI 220: „Rechtslehre und Tugendlehre unterscheiden sich also nicht sowohl durch ihre verschiedenen Pflichten, als vielmehr durch die Verschiedenheit der Gesetzgebung, welche die eine oder die andere Triebfeder mit dem Gesetze verbindet."
[26] Vgl. Ludwig 1997, S. 110, Fn. 18: „Dieser Zwang ist, sofern er die Triebfeder einer *äußeren* Gesetzgebung für den kategorischen Imperativ ist – d.i. zu einer *juridischen* Gesetzgebung gehört – Rechtszwang. Ist die Triebfeder das Bewusstsein des Gesetzes allein, ist er – in einer *ethischen* Gesetzgebung – Selbstzwang." Vgl. auch VI 383: „Die Tugendpflicht ist von der Rechtspflicht wesentlich darin unterschieden, dass zu dieser ein äußerer Zwang moralisch-möglich ist, jene aber auf dem freien Selbstzwange allein beruht."

Die eben vollzogene Situierung der Rechts im Verhältnis zur Ethik im Rahmen der kantischen Moralphilosophie hat drei entscheidende Konsequenzen:

1. Die eben dargestellte Eigenständigkeit des Rechts bezieht sich nur auf das Verhältnis zwischen Recht und Ethik und beinhaltet nicht gleichzeitig die Unabhängigkeit des Rechts von der Moralphilosophie. Es darf nämlich nicht aus der lediglich *verwirklichungspraktischen* Unabhängigkeit des Rechts von der Moralphilosophie auf die *verbindlichkeitstheoretische* Unabhängigkeit des Rechts von der Moralphilosophie geschlossen werden. Die vor allem von Ebbinghaus[27] in mehreren Arbeiten verfochtene Unabhängigkeitsthese macht aber genau dies. Sie geht von der vollständigen Unabhängigkeit der *Rechtslehre* „sowohl vom Lehrstück des transzendentalen Idealismus als auch von der kritischen Moralphilosophie" aus.[28]

Die Vertreter der Unabhängigkeitsthese verkennen den verbindlichkeitstheoretischen Zuschnitt der kantischen Rechtskonzeption, wenn sie in den das Recht kennzeichnenden Merkmalen der Äußerlichkeit, der Gesinnungsgleichgültigkeit und der Erzwingbarkeit ein klares Indiz seiner Geltungsunabhängigkeit von der Moralphilosophie erblicken. Wie oben gezeigt, erhebt die kantische Rechtskonzeption den Anspruch der Verbindlichkeit und der praktischen Notwendigkeit, daher wird der Rückbezug auf den kategorischen Imperativ unumgänglich.

2. Angesichts der eben herausgestellten Eigenständigkeit des Rechts im Verhältnis zur Ethik kann auch der vornehmlich von juristischen Kant-Interpreten vertretenen These vom moralteleologischen Charakter des Rechts[29] nicht gefolgt werden. Zwischen Recht und Ethik besteht kein in-

---

[27] Vgl. etwa Ebbinghaus 1968, S. 21; ders. 1988, S. 232. Vgl. aber auch Reich, S. 15 ff.; Geismann 1974, S. 3, 56 f., 60 f.
[28] Kersting 1993, S. 136. Vgl. zur kritischen Bewertung der Unabhängigkeitsthese allgemein Kersting 1993, S. 136 ff.; Tretter, S. 275 ff.; Müller 1996, S. 69 ff.; Kühl 1984, S. 63 ff.; ders. 1991, S. 143; Ludwig 1988, S. 85, Fn. 6 und S. 100, Fn. 32.
[29] Die These vom Recht als Schutzinstrument der Moral wurde zunächst von Haensel im Jahre 1926 in seiner Arbeit zu *Kants Lehre vom Widerstandsrecht* formuliert. Dieser These hingen später vor allem Rechtsphilosophen juristischer Provenienz wie z.B. Dulckeit und Larenz an. Larenz, S. 293 meint etwa, für Kant sei der „letzte Sinn des Rechts" zu gewährleisten, dass sich der „sittlich-freie Wille" eines jeden ungehindert durch die Willkür anderer entfalten könne. „Das Recht solle also dem Menschen nicht einfach nur willkürliches, sondern eben sittliches Handeln ermöglichen. Dies will Larenz schon dem Vergleich des allgemeinen Rechtsgesetzes mit dem kategorischen Imperativ entnehmen. Zum zentralen Un-

strumenteller Zusammenhang, etwa in der Art, dass das Recht lediglich notwendiges Durchsetzungsinstrument für ethische Normen wäre. Das Recht entzieht sich also jeglicher Mediatisierung und Instrumentalisierung. Es gibt keinerlei rechtstranszendenten Zweck, der vermittels des Rechts erreicht werden soll und diesem so seine Legitimation verschafft. Daher wird auch die moralteleologische Interpretation des Rechts dem verbindlichkeitstheoretischen Zuschnitt des kantischen Vernunftrechts nicht gerecht.[30]

3. Nach Kant erstreckt sich der Aufgabenbereich des Staates – so viel sei hier schon vorweggenommen – nicht auf die Wahrung einer ethischen Werteordnung, sondern wird streng auf die Wahrung der *Rechts*ordnung begrenzt, denn der „Staat ... ist die Vereinigung einer Menge von Menschen unter *Rechts*gesetzen"[31] und nicht etwa unter *ethischen* Gesetzen bzw. *Tugend*gesetzen. Der so konzipierte Staat wird also auf rechtsstaatliches Handeln im emphatischen Sinn verpflichtet. Hier zeigt sich, wie wichtig die Klärung der Frage nach dem Verhältnis zwischen Recht und Ethik in Kants *Metaphysik der Sitten* im Hinblick auf das vorliegend zu untersuchende kantische Staatsrecht ist.

Bisher wurde gezeigt, dass das Recht seinen Grund im kategorischen Imperativ hat und inwiefern es zur Ethik abgegrenzt ist. Damit ist aber lediglich die Geltungsdimension des Rechts dargelegt, nicht aber das, was das Recht als solches ausmacht. Dem soll nunmehr im Folgenden im Rahmen der Erläuterung des kantischen Rechtsbegriffs nachgegangen werden.

---

terschied zwischen dem allgemeinen Rechtsgesetz und dem kategorischen Imperativ vgl. die Ausführungen zum allgemeinen Rechtsgesetz unter IV.4.

[30] Vgl. dazu Kersting 2001, S. 216; ders. 1993, S. 142 ff., S. 206, Fn. 207; ders. 1990, S. 73; Kühl 1991, S. 144; ders. 1991a, S. 215 f.; ders. 1984, S. 51 ff., 85 ff.; Funke, S. 11; Unruh, S. 53; Stratenwerth, S. 496 ff. Bei Müller 1996, S. 17 ff. findet sich eine tiefgehende Auseinandersetzung mit der moralteleologischen Rechtsauffassung.

[31] Vgl. VI 313 (Hervorhebung von C.N.).

IV. Kursorischer Überblick über Kants Begründung des Rechtsbegriffs, des allgemeinen Rechtsprinzips, des allgemeinen Rechtsgesetzes und der Zwangsbefugnis

1. Einleitung

Mit der Einleitung in die *Rechtslehre* (§§ A ff.) beginnt Kants eigentliche Rechtsphilosophie. Sie ist einer der dichtesten Abschnitte der *Rechtslehre*. Hier bestimmt Kant in gedrängter Form den Gegenstand seiner Rechtsphilosophie: In den §§ A und B entwickelt er seinen Rechtsbegriff, in § C formuliert er das dazugehörige allgemeine Rechtsprinzip und das allgemeine Rechtsgesetz. Die Zwangsbefugnis rechtfertigt er in den §§ C, D und E.

2. Der Rechtsbegriff

Unter § A der Einleitung in die *Rechtslehre* definiert Kant zunächst den Begriff der „*Rechtslehre (Ius)*" als den „Inbegriff der Gesetze, für die eine äußere Gesetzgebung möglich ist"[1]. Unter dem Begriff der „*Rechtslehre*" versteht Kant also nicht, wie man leicht meinen könnte, eine umfassende Untersuchung bzw. Wissenschaft des Rechts oder eine Rechtstheorie. Der Begriff nimmt bei Kant vielmehr direkten Bezug auf den Inhalt einer Untersuchung des Rechts, mithin auf das Recht selbst – wie der lateinische Zusatz „*Ius*" unmissverständlich deutlich macht.[2] Kant verwendet den Begriff „*Rechtslehre*" statt *Recht*, um durch den Zusatz „*-lehre*" seinen systematischen Anspruch hervorzuheben.[3] Außerdem ist der weniger missverständliche Begriff des „Rechts" in der Einleitung in die *Rechtslehre* schon besetzt: Kant gebraucht ihn in § B bei der Beantwortung der Frage: „Was ist Recht?"[4] im „moralische[n]"[5] Sinn von „Recht ... [und] Unrecht (*iustum et iniustum*)".[6]

---

[1] VI 229.
[2] Vgl. hierzu Höffe 1999a, S. 41 f. und, ihm folgend, Harzer, S. 88, Fn. 194.
[3] Höffe 1999a, S. 42.
[4] VI 229.
[5] VI 230, 7.
[6] VI 229. Vgl. aber Höffe 1999a, S. 42, der zu Recht bemerkt, dass die Erläuterung der Begriffe von „Recht" und „Unrecht" mit „*iustum et iniustum*" von den vorhergehenden „Vorbegriffe[n]" (VI 221 ff.) abweicht. Darin werden die lateinischen Ausdrücke „*iustum*" und „*iniustum*" nämlich mit „*gerecht*" und „*ungerecht*" (VI 224, 8) übersetzt, während „*Recht* oder *Unrecht*" mit „*rectum aut minus rectum*" (VI 223, 35) übersetzt wird. Vgl. hierzu auch Wood, S. 36, Fn. 7.

Kant sucht dem ersten Absatz des § B zufolge „das allgemeine Kriterium, woran man überhaupt ... Recht sowohl als Unrecht ... erkennen" kann.[7] Dabei setzt er Recht keineswegs mit Gesetzlichkeit, also mit positivem Recht, gleich.[8] Er unterscheidet vielmehr strikt zwischen dem positiven und dem überpositiven, natürlichen Recht, wobei er keinem von beiden die alleinige Existenzberechtigung zuspricht. Allerdings räumt er dem überpositiven, natürlichen Recht die Vorrangstellung ein.[9] Brandt[10] spricht diesbezüglich richtigerweise von einer „notwendige[n] methexis des statutarischen Rechts am Vernunftrecht". Die positive Gesetzgebung hat sich demnach am natürlichen Recht zu orientieren, nicht umgekehrt. Das natürliche Recht soll „zu einer möglichen positiven Gesetzgebung die Grundlage" liefern, denn eine „bloß empirische Rechtslehre ist (wie der hölzerne Kopf in Phädrus' Fabel) ein Kopf der schön sein mag, nur schade! dass er kein Gehirn hat."[11] Der „empirische[n] Rechtslehre"[12] stellt Kant die säkularisierte, metaphysische, also wissenschaftstheoretisch begründete, nichtempirische bzw. „natürlich[e] Rechtslehre"[13] gegenüber. Seinem oben bereits erläuterten Begriff der Rechtslehre entsprechend, ist mit der „natürlichen Rechtslehre" nicht die Wissenschaft, sondern – wie der lateinische Zusatz „*Ius naturae*"[14] zeigt – das Naturrecht selbst gemeint. Analog dazu ist bei Kant mit „empirische[r] Rechtslehre"[15] nicht eine positivistische Rechtstheorie, sondern das positive Recht selbst gemeint.[16] Mit der Anspielung auf Phädrus' Fabel wendet sich Kant also in erster Linie gegen das positive Recht selbst, sofern es keinen vernunftrechtlichen Ursprung hat, und nur sekundär gegen

---

[7] VI 229. Vgl. zum Folgenden Höffe 1999a, S. 42 f. und Kühl 1990, S. 75 ff. Die Frage nach dem *gerechten Recht* beschäftigt die Rechtsphilosophie seit der Antike. Diese Thematik wird meist als Frage nach dem Verhältnis von Recht und Moral formuliert und spezifiziert. Die Frage nach dem *gerechten Recht* gilt auch als Grundfrage der so genannten *Rechtsethik* (vgl. etwa v. der Pfordten 1996, S. 202 und Höffe 1999a, S. 41). Letztere ist aber – wie Kühl 2002, S. 469 f. zutreffend feststellt – nur eine neue Bezeichnung für die schon seit langem etablierte Rechtsphilosophie, die als Grundlagenfach intern von Rechtswissenschaftlern betrieben wird, die nach normativen Vorgaben für das jeweils positiv geltende staatliche Recht suchen." Vgl. dazu Kühl 2002, S. 469 ff. m.w.N. in Lit.

[8] Vgl. schon die „Allgemeine Einteilung der Rechte" (VI 237): Dort wird das „Naturrecht", welches „auf lauter Prinzipien a priori beruht", vom „*positive[n]* (statutarische[n]) Recht", welches „aus dem Willen eines Gesetzgebers hervorgeht", unterschieden.

[9] Vgl. Höffe 2001a, S. 120 f. Eingehend zu dieser Vorrangstellung Kühl 1990, S. 85 ff.
[10] Brandt 1997, S. 233.
[11] VI 230.
[12] VI 230.
[13] VI 229.
[14] VI 229.
[15] VI 230.
[16] Höffe 2001a, S. 121 f.; ders. 1999, S. 42 f.

eine positivistische Rechtstheorie, die das Recht von allen moralischen Ansprüchen freihält.
Kant zweifelt hier keineswegs an der grundsätzlichen Berechtigung des positiven Rechts. Er hält das empirische, statutarische bzw. positive Recht sogar für unbedingt notwendig. Es heißt bei ihm ja auch, dass eine „*bloß empirische Rechtslehre*"[17] hirnlos sei. Das positive Recht muss sich als solches nämlich auf seinen vernunftrechtlichen Ursprung zurückbeziehen. Erfüllt es diese Voraussetzung im Gegensatz zum „bloß" positiven Recht, so kann man die unbedingte Notwendigkeit seiner Existenz nicht mehr bestreiten.[18] Brandt[19] versteht deshalb „die Dialektik des hölzernen Kopfes" auch richtig: „Der Kopf braucht ein Gehirn, aber umgekehrt ist auch das Gehirn ohne Kopf zu nichts tauglich." Man kann es aber auch mit den Worten von Zaczyk[20] so ausdrücken: „Eine bloß empirische Rechtslehre hat kein Gehirn; aber, so muss man ergänzen, ein nur aus reinen Prinzipien bestehendes Recht hätte nicht Hand und Fuß."

Dem zweiten Absatz des § B zufolge setzt sich der „moralische Begriff" des Rechts aus zwei völlig verschiedenen Momenten zusammen: erstens aus der „Verbindlichkeit" und zweitens aus den Anwendungsbedingungen.[21]
Am Moment der „Verbindlichkeit" zeigt sich zum einen, dass Kants Moraltheorie den geltungstheoretischen Hintergrund für seine Rechtstheorie bildet, und zum anderen, dass sein Rechtsbegriff einen metaphysischen Charakter aufweist: Definiert als „Notwendigkeit einer freien Handlung unter einem kategorischen Imperativ der Vernunft"[22], „ist die Verbindlichkeit ein *moralischer* und wegen seiner Unabhängigkeit von empirisch bedingten Antriebskräften *metaphysischer* Begriff."[23] Da dies aber aus den Grundlegungsschriften bekannt ist und zudem in der Einleitung in die *Metaphysik*

---

[17] VI 230 (Hervorhebung von C.N.).
[18] Kühl 1990, S. 85 meint deshalb zutreffend, dass Kant „dem positiven Recht einen nicht unbedeutenden, ja sogar unersetzbaren Platz neben dem Naturrecht" einräume. Zum Problem der Geltung des vom Naturrecht divergierenden positiven Rechts vgl. die Ausführungen zur Widerstandsrechtsproblematik bei Kant unter VI.8.; Kühl 1990, S. 88 ff.; Kersting 1993, S. 502 ff.; Vosgerau, S. 238 ff.
[19] Brandt 1997, S. 233.
[20] Zaczyk, S. 523. Dieser macht Naucke (vgl. Naucke, S. 185 ff.) in Fn. 44 zu Recht den Vorwurf, dass er in seiner Interpretation der hier relevanten Textstelle das positive Recht stärker miteinbeziehen hätte müssen.
[21] VI 230. Vgl. Höffe 1999a, S. 46 f.
[22] VI 222.
[23] Höffe 1999a, S. 47 (Hervorhebungen von C.N.).

der Sitten nochmals zusammengefasst wurde[24], widmet sich Kant in § B vorwiegend dem zweiten, nicht mehr den geltungstheoretischen Hintergrund betreffenden, deskriptiven Element des Rechtsbegriffs, nämlich den Anwendungsbedingungen.[25]
Weil das Recht – und dies ist wiederum der eingangs wiedergegebenen Rechtslehredefinition zu entnehmen – der Inbegriff gerade einer *äußeren Gesetzgebung*[26] ist, findet es gemäß § B der Einleitung in die *Rechtslehre* nur unter folgenden drei Voraussetzungen Anwendung[27]:

1. Ein „äußere[s] ... Verhältnis"[28] zwischen mehreren zurechnungsfähigen, zurechenbar und wechselseitig handelnden Personen[29] ist betroffen.[30]

2. Das „Verhältnis der Willkür auf ... die *Willkür* des Anderen", also die *Handlungs*freiheit der wechselseitig agierenden Personen, und nicht „das Verhältnis der Willkür auf den *Wunsch* (folglich auch auf das bloße Bedürfnis) des Anderen" ist betroffen.[31] Denn der bloße Wunsch als innerer Akt des Gemüts stellt keine äußere (rechtserhebliche) Handlung in Bezug auf eine andere Person dar.[32] Nur durch das intersubjektive Handeln der Personen in der gemeinsamen *Außen*welt entsteht die unvermeidliche Sozialbeziehung, deren koexistenzbedingte (Rechts-)Probleme der Lösung durch das Recht bedürfen.
Kant klammert die Wünsche bzw. die Bedürfnisse und somit auch deren Erfüllung, das Glück, aus dem Anwendungsbereich des Rechts aus, woran sich deutlich zeigt, dass er das Recht nicht als Mittel der allgemeinen

---

[24] Vgl. die oben unter III. gemachten Ausführungen.
[25] Höffe 2001a, S. 126; ders. 1999a, S. 47.
[26] Der Begriff der *äußeren (juridischen) Gesetzgebung* ist aus der Einleitung in die *Metaphysik der Sitten* bekannt. Damit ist eine Gesetzgebung gemeint, die eine andere Triebfeder als die Idee der Pflicht selbst, nämlich eine *äußere*, mit dem Gesetz verbindet (vgl. o. III.).
[27] Ludwig 1988, S. 92, Fn. 20 meint, die „Folgerungen im Rahmen der Einleitung" seien „bloße Explikationen des durch den kategorischen Imperativ und die Restriktion auf äußerlich beurteil- und bewirkbare Handlungen bestimmten Rechtsbegriffes." Die Einleitung sei demnach „durchweg ‚analytisch'". Höffe 1999a, S. 47 hingegen ist der Auffassung, dass die „Konstruktion der notwendigen und zureichenden Bedingungen für die Anwendbarkeit einer äußeren Gesetzgebung ... für Kant ... keine analytische, sondern eine synthetische Leistung" sei.
[28] VI 230.
[29] Vgl. die Definitionen von „*Person*" in VI 223 und von „*Zurechnung*" in VI 227.
[30] Vgl. Höffe 1999a, S. 49 f.; Tretter, S. 241 f.
[31] VI 230.
[32] Vgl. Ludwig 1988, S. 93.

Glücksbeförderung konzipiert hat.[33] Damit trägt er der strikt eleutherologischen, d.h. anti-eudaimonistischen Ausrichtung seiner das Recht umfassenden Moraltheorie Rechnung.[34]
Indem er die allgemeine Beförderung des Glücks und die Sorge um das Wohl der Mitmenschen – „Handlungen der Wohltätigkeit oder Hartherzigkeit"[35] – dem Auftrag des Rechts entzieht, wendet er sich zugleich gegen jeglichen benevolenten Paternalismus bzw. gegen sämtliche utilitaristischen Rechtstheorien, die vor allem im englischen Sprachraum, aber der Sache nach auch von Pufendorf und Wolff vertreten wurden.[36] Diese verwischen nach Kants Meinung, indem sie die officia humanitatis in den Anwendungsbereich des Rechts stellen, den Unterschied zwischen den Rechtspflichten und den Tugendpflichten (hier den Tugendpflichten der Wohltätigkeit), d.h. – allgemeiner formuliert – den Unterschied zwischen Recht und Ethik.[37]
Ob nun die schon dem Rechtsbegriff inhärente Utilitarismuskritik bei Kant die Konzeption eines Staates verhindert, der auch Aufgaben eines Sozialstaates wahrnimmt, wird weiter unten ausführlicher erörtert.[38]

3. Bei der Beurteilung des „wechselseitigen Verhältnis[ses] der Willkür" bleiben die Motive und Absichten der intersubjektiv agierenden Personen bzw. die „Zweck[e]", die jeweils von diesen verfolgt werden, außer Betracht.[39] Demgemäß meint Kant: „[E]s wird nicht gefragt, ob jemand bei der Ware, die er zu seinem eigenen Handel von mir kauft, auch seinen Vorteil finden möge, oder nicht, sondern nur nach der *Form* im Verhältnis der beiderseitigen Willkür, sofern sie bloß als *frei* betrachtet wird, und ob die Handlung Eines von beiden sich mit der Freiheit des Anderen nach einem allgemeinen Gesetze zusammen vereinigen lasse."[40]

Da nun der Rechtsbegriff näher spezifiziert ist, erhält man die Antwort auf die Frage der Überschrift von § B: „Was ist Recht?"[41], man erfährt also schließlich, was das Recht als solches ausmacht. Kant kommt zu der viel

---

[33] Vgl. Höffe 1999a, S. 51.
[34] Ludwig 1997, S. 111.
[35] VI 230.
[36] Vgl. Höffe 1999a, S. 51; Ludwig 1997, S. 111, Fn. 21.
[37] Vgl. dazu oben III.
[38] Vgl. unten VI.3.
[39] VI 230. Vgl. Tretter, S. 243.
[40] VI 230.
[41] VI 229.

zitierten Formel: „Das Recht ist also der Inbegriff der Bedingungen, unter denen die Willkür des einen mit der Willkür des anderen nach einem allgemeinen Gesetze der Freiheit zusammen vereinigt werden kann."[42]
Wie Höffe[43] zu Recht ausführt, leitet Kant hier das Recht „nicht aus dem Prinzip der personalen Moral, der inneren Freiheit oder Autonomie des Willens ab, sondern aus der gegen die Differenz von personaler und sozialer (‚rechtlicher') Moral noch indifferenten reinen praktischen Vernunft mit ihrem Kriterium der allgemeinen Gesetzlichkeit." Kants Rechtsbegriff bezieht sich also im Gegensatz zur Tugendlehre nicht auf die innere Einstellung (Gesinnung), sondern ausschließlich auf die äußere Freiheit[44] im Zusammenleben der Individuen.[45] Die rechtliche Qualität einer äußeren Handlung lässt sich folglich allein durch das formale Verhältnis des in ihr geäußerten Willkürgebrauchs zu der dadurch eingeschränkten äußeren Handlungsfreiheit aller anderen bestimmen.[46] Das Recht soll dabei als „Prinzip der widerspruchsfreien Vereinigung des äußeren Willkürgebrauchs einer Pluralität freier Willkürwesen"[47] das Zusammenleben von Individuen vor aller Erfahrung möglich machen.[48] Es soll die Freiheitssphären der einzelnen Individuen in eine Art *praktische Konkordanz* bringen, so dass sie ihre verhältnismäßig größte Wirksamkeit beibehalten. Das Recht kann demnach niemals isoliert für sich betrachtet werden, sondern darf immer nur in Rückkoppelung an die übergeordnete Priorität verhältnismäßig größter allgemeiner Freiheit gesehen und ausgefüllt werden. Es existiert mithin ein *Primat der Freiheit*, dem das Recht als ausschließliches Instrument der Freiheitssicherung zu dienen hat.[49]

Der Rechtsbegriff setzt bei Kant neben der Freiheit nur noch das *noumenale* Wesen des Menschen „als von physischen Bestimmungen unabhängiger Persönlichkeit"[50] voraus. Im Gegensatz zu allen tradierten Naturrechtslehren vermeidet er also jeden Bezug auf die leibliche Natur des Menschen, auf seine natürlichen Interessen, aber auch auf seine Gotteskindschaft.[51]

---

[42] VI 230.
[43] Höffe 1999a, S. 52. Vgl. auch Höffe 2000, S. 217.
[44] Zum Begriff der äußeren Freiheit s. unten V.1.
[45] Höffe 2000, S. 212.
[46] Vgl. Tretter, S. 243.
[47] Tretter, S. 244 f.
[48] Höffe 2000, S. 213.
[49] Vgl. Lorz, S. 136 f. Zur hier angesprochenen „praktischen Konkordanz" vgl. etwa Hesse, Rn. 72, 317 ff. m.w.N. in Lit.
[50] VI 239.
[51] Ritter 1987, S. 336.

Kant lässt mithin bei der Konzeption des Rechtsbegriffs nicht nur alle religiösen und theologischen Annahmen, sondern auch die im Anschluss an Hobbes diskutierten Fragen nach dem Grund und der Art der Beziehung der Menschen untereinander völlig außer Acht. Es kommt bei ihm also nicht darauf an, ob die Beziehung friedlicher oder aggressiver Natur ist und worin die Gründe der möglichen Aggressivität liegen. Bei der kantischen Rechtsbegründung bleiben vielmehr sämtliche anthropologischen bzw. geschichtsphilosophischen Fragen außer Betracht.[52] Deshalb ist es auch präziser, bei Kant von Vernunftrecht anstatt von Naturrecht zu sprechen: Das Naturrechtsdenken basiert grundsätzlich auf der Annahme, dass es überpositive Rechtsgrundsätze gibt, die unabhängig von jeder geltenden Rechtsordnung allgemein gültig und unbedingt verpflichtend sind.[53] Die Gesamtheit dieser Rechtsgrundsätze nannten die Griechen das *von Natur aus Rechte bzw. Gerechte* (physei / physikon dikaion). Im Lateinischen wurde dann vom *Naturrecht* (ius naturae), unter dem Einfluss des Christentums später auch vom *göttlichen Recht* (ius divinum) und seit der europäischen Aufklärung außerdem vom *Vernunftrecht* gesprochen. Unabhängig davon, ob die Naturrechtler der letzen Jahrhunderte sich nun auf eine vorgegebene Weltordnung (kosmologisches Naturrecht), auf göttliche Gebote (theologisches Naturrecht), auf das Wesen des Menschen (anthropologisches Naturrecht) oder aber auf die Vernunft (rationales Naturrecht bzw. Vernunftrecht) berufen haben, ging es bei ihnen letztlich immer um den Gegensatz zwischen dem positiven Recht und dem wie auch immer begründeten Naturrecht.[54] Während schon im 17. und 18. Jahrhundert allgemein unter Naturrecht das nichtempirische Gegenstück zur empirischen Rechtsphilosophie verstanden wurde, hat erst Kant einen wirklich präzisen und voraussetzungsarmen Rechtsbegriff statuiert.[55] Die Konzeptionen des kosmologischen, theologischen und anthropologischen Naturrechts spielen hierbei keine Rolle mehr.[56] Das Naturrecht wird bei Kant demnach zu einer komplett offenbarungsfreien und bloß auf Vernunft basierenden Disziplin. Da aber der Begriff des Naturrechts – wie eben gezeigt – sehr weit gefasst werden kann, ist es in Bezug auf Kant angemessener, von Vernunftrecht zu sprechen.[57]

---

[52] Höffe 2000, S. 213.
[53] Höffe 1988, S. 25.
[54] Höffe 2001, S. 40.
[55] Höffe 2001, S. 44.
[56] Höffe 2001a, S. 120; vgl. auch Irrlitz, S. 460.
[57] Vosgerau, S. 234. Auch Kühl 1990, S. 75 hält *Vernunftrecht* für die „treffendere Bezeichnung"; er weist jedoch zutreffend darauf hin, dass „*Kant* selbst noch den Begriff ‚Naturrecht' zur Kennzeichnung seiner eigenen ‚Rechtslehre' innerhalb der ‚Metaphysik der Sit-

Den kantischen Rechtsbegriff aufgrund seiner Formalität für eine *Leerformel* zu halten, ist ebenso verfehlt, wie dem kategorischen Imperativ Leerheit vorzuwerfen.[58] Formalität darf hier nicht mit Leerheit verwechselt werden. Ebenso wenig wie der kategorische Imperativ als angeblicher imperativus tautologicus jede Maxime in sich aufzunehmen vermag, sowenig kann man mit dem kantischen Rechtsbegriff jedwede Rechtsordnung legitimieren. Mit Hilfe des Rechtsbegriffs kann man Recht von Unrecht a priori unterscheiden, und zwar unabhängig von der jeweiligen positivrechtlichen Situation, in der man sich gerade befindet.[59]

Kants formaler Rechtsbegriff erlangt aus den eben genannten Gründen apriorische bzw. universelle Gültigkeit. Dies gilt aber nur für den *Grundbegriff* des Rechts. Bei der *Anwendung* dieses Rechtsbegriffes, also bei der Formulierung von Einzelsätzen des Vernunftrechtssystems, werden – vor allem im Rahmen des Privatrechts – grundlegende empirische Elemente (z.B. Leib, Leben, Mann, Frau, Kind, eigentumsfähige Gegenstände, Verträge, Geld, Begrenztheit des Lebensraums etc.) verwendet. Diese empirischen Elemente übernehmen aber keine Begründungsfunktion. Sie spezifizieren lediglich den Anwendungsbereich des Rechts und beeinträchtigen daher nicht seinen hinsichtlich der moralischen Verbindlichkeit metaphysischen Charakter.[60]

---

ten" verwendet. Höffe 1990, S. 124 f. hingegen hält den Begriff *Naturrecht* für treffender als den Begriff des *Vernunftrechts*. Zwar sei nach seiner Auffassung das kantische Naturrecht ein Vernunftrecht, dennoch bringe der Wortteil *Natur* besser zur Geltung, dass zur Rechtsethik auch eine (rechts-) anthropologische, mithin eine empirische Komponente gehöre. Zu den empirischen Elementen im kantischen Rechtsbegriff s.u. in diesem Gliederungsabschnitt.

[58] Deggau, S. 51 ist der Auffassung, die Formulierung des Rechtsbegriffs sei derart abstrakt gehalten, dass nur noch ein Rechtsformalismus ohne Praxisbezug und ohne Geltungsanspruch übrig bliebe. So auch Tuschling 1978, S. 315, Anm. 81. Lisser, S. 15 meint, es sei Kant nicht gelungen, „eine Definition des Rechts zu finden, die über eine leere Tautologie hinausgekommen wäre." Metzger 1917, S. 83 kommt zum Schluss, das allgemeine Rechtsgesetz (vgl. dazu die Ausführungen unter IV.4.) teile mit dem kategorischen Imperativ den Fehler, dass es inhaltlich nichts besage. Gegen den seit Hegel (vgl. Hegel, *Über die wissenschaftlichen Behandlungsarten des Naturrechts, seine Stelle in der praktischen Philosophie und sein Verhältnis zu den positiven Rechtswissenschaften*, TW II, 444, 460 f., 464; ders., *Phänomenologie des Geistes*, TW III, 448; ders., *Grundlinien der Philosophie des Rechts*, TW VII, 252 f.) immer wieder formulierten Einwand der Inhaltsleere von Kants kategorischem Imperativ bzw. Rechtsbegriff vgl. Kersting 1993, S. 99 ff.; Höffe 1999, S. 9; Dreier 1986, S. 22 f.; ders. 1986, S. 302 ff.

[59] Vgl. Schmitz, S. 307.

[60] Vgl. Höffe 2000, S. 211 f.; Höffe 1999a, S. 49.

Kant sieht, dass der Begriff des Rechts „ein reiner, jedoch auf die Praxis ... gestellter Begriff ist".[61] Die Philosophie alleine ist nicht in der Lage, ein vollständiges System des Rechts zu entwerfen, daher ist bei Kant auch nur von „*metaphysische[n] Anfangsgründen der Rechtslehre*" die Rede.[62] Dabei sollte das „Recht, was zum *a priori* entworfenen System gehört, in den Text" kommen, die Anwendung der „Rechte ..., welche auf besondere Erfahrungsfälle bezogen werden", hingegen in die „Anmerkungen".[63] Der hier formulierten Absicht, Apriorisches und Empirisches in der *Metaphysik der Sitten* äußerlich zu trennen, ist Kant aber nicht ganz konsequent gefolgt.[64]

Die *Rechtslehre* hat jedenfalls nicht den Anspruch, „ein ausgeführtes System aller für einen Rechts-Staat erforderlichen Rechtsregeln zu bieten. Systematische Vollständigkeit beansprucht sie nur bezüglich der Prinzipien".[65] Kant weiß also auch, dass die Philosophie auf die Bestimmung der grundlegenden Begriffe und Prinzipien des Rechts beschränkt ist und befindet sich damit im Gegensatz zu einem rigorosen Rationalismus, der das gesamte positive Recht aus Vernunftgründen ableiten will.[66] Sänger[67] führt deshalb zutreffend aus, dass der „Geschlossenheit der apriorischen Rahmenkonstruktion ... so die Offenheit eines inhaltlich unabschließbaren Rechtssystems gegenüber[stehe]". Kants Vernunftrecht setzt also einerseits streng bei der *noumenalen* Natur des Rechtssubjekts, d.h. bei seiner Freiheit, an, ist aber andererseits auch in der Lage, auf die *Phänomenalität* des Rechtssubjekts einzugehen und in seinen eigenen praktischen Begriff im engeren Sinn empirische Elemente zu integrieren.[68]

Höffe[69] ist der Auffassung, Kant entgehe deswegen mit seinem Rechtsbegriff nicht nur dem naturalistischen[70], sondern auch dem normativistischen Trugschluss, der die Sittlichkeit allein aus normativen Überlegungen ableiten will. Er macht Kant aber den Vorwurf, er hätte hier deutlicher darstellen müssen, dass eine philosophische Rechtslehre ohne die Verwendung

---

[61] VI 205.
[62] VI 205.
[63] VI 205 f.
[64] Ritter 1987, S. 337; Brandt 1974, S. 202; Kaehler, S. 106. Ludwig 1988, S. 84, Fn. 5 meint, dass Kant seinem Ansinnen „weitestgehend" nachkomme.
[65] Kühl 1984, S. 76.
[66] Höffe 2001a, S. 22.
[67] Sänger, S. 247.
[68] Vgl. Hoffmann, S. 462.
[69] Höffe 2000, S. 211 f.
[70] Zum naturalistischen Trugschluss siehe oben III.

von allgemeinsten empirischen Elementen nicht auskommt. Äußerste Vorsicht ist jedoch geboten, wenn man, wie Höffe[71] im vierten Kapitel seines Werkes *Kategorische Rechtsprinzipien*, „Kants Selbstverständnis modifiziert"[72] und eine Abwertung des metaphysischen Anspruchs bei gleichzeitiger Aufwertung der anthropologischen Momente vornimmt. Er meint, Kant unterschätze den Naturrechtscharakter im Naturrecht und überschätze den metaphysischen Charakter seiner Rechtsethik.[73] Höffe möchte die *Metaphysik* im Titel der *Metaphysik der Sitten* als eine genuin *praktische* begreifen, die der üblichen Kritik am überzogenen Erkenntnisanspruch der *theoretischen* Metaphysik entkommt. So kommt er auf den Begriff einer „Metaphysik ohne Metaphysik" bzw. einer „praktischen Metaphysik, die auf eine theoretische verzichtet."[74] Ludwig[75] wendet sich dezidiert gegen ein solches Vorgehen. Einen wesentlichen Kritikgrund erblickt er in den „Schwierigkeiten, die sich ergeben, wenn man die ‚metaphysische' Last der Kantischen Rechtsphilosophie durch leichtere anthropologische Voraussetzungen substituieren will".[76] Es sei „zumindest der Begriff der Verbindlichkeit, der mit Kant aus einer – immer schon als wesentlich-empirisch vorzustellenden – Anthropologie nicht zu gewinnen" sei. Bei Höffe sei „zwar die Rede von Geboten und Verboten, von der Befugnis und von der Legitimität des Zwanges", dennoch sei „schwer zu erkennen, wie – angesichts der schwachen metaphysischen Voraussetzungen – die dabei stets vorausgesetzte eigentliche *Verbindlichkeit* rechtlicher wie ethischer Vorschriften zustandekommt." Ludwig macht demnach Höffe den Vorwurf, dass durch seine Interpretation der verbindlichkeitstheoretische Hintergrund des kantischen Rechtsbegriffs nicht genügend Beachtung finde und somit nicht eindeutig ersichtlich sei, warum Rechtsgesetze tatsächlich verbindlich, also tatsächlich einzuhalten seien. Auf ein weiteres Eingehen auf diese Frage muss hier verzichtet werden, um den Rahmen der vorliegenden Untersuchung nicht zu sprengen.

---

[71] Höffe 1990, S. 90 ff.
[72] Höffe 1990, S. 309.
[73] Höffe 1990, S. 125.
[74] Höffe 1990, S. 99.
[75] Ludwig 1997, S. 116 ff. Auch Wenzel 1997, S. 150 ff. weist auf einige kritische Aspekte bei Höffe hin. Vgl. Höffes „Erwiderung" in Höffe 1997, S. 354 ff.
[76] Ludwig 1997, S. 121. Klemme, S. 183, Fn. 7 stimmt der hier kurz skizzierten ludwigschen Kritik zu.

3. Das allgemeine Rechtsprinzip

An die Formulierung des allgemeinen Rechtsbegriffs schließt sich in § C unmittelbar die Erläuterung des Rechtsprinzips an: „Eine jede Handlung ist *recht*, die oder nach deren Maxime die Freiheit der Willkür eines jeden mit jedermanns Freiheit nach einem allgemeinen Gesetze zusammen bestehen kann."[77]
Hier geht es inhaltlich um dasselbe wie beim Rechtsbegriff, nämlich um die Verträglichkeit der Freiheit des einen mit der Freiheit aller anderen; es verschiebt sich lediglich der Fokus auf das handelnde Subjekt. Das Rechtsprinzip steckt den Rahmen für die Gesamtheit der Handlungen ab, zu denen man subjektiv nach dem (objektiven) Recht im Sinne des oben abgehandelten Rechtsbegriffs befugt ist. Dem handelnden Subjekt wird hier mit dem Prinzip ein *Maßstab* zur Hand gegeben, nach dem es überprüfen kann, ob seine jeweilige Handlung recht oder unrecht ist.[78] Dabei ist alles erlaubt, was mit dem Rechtsprinzip in Einklang zu bringen ist: „Wenn also meine Handlung, oder überhaupt mein Zustand, mit der Freiheit von jedermann nach einem allgemeinen Gesetze zusammen bestehen kann, so tut der mir Unrecht, der mich daran hindert; denn dieses Hindernis (dieser Widerstand) kann mit der Freiheit nach allgemeinen Gesetzen nicht bestehen."[79]

Aus dem Rechtsprinzip folgt nach Kant ferner, „dass nicht verlangt werden kann, dass dieses Prinzip aller Maximen wiederum meine Maxime sei, d.i. dass ich es *mir zur Maxime* meiner Handlung *mache*; denn ein jeder kann frei sein, obgleich seine Freiheit mir gänzlich indifferent wäre, oder ich im Herzen derselben gerne Abbruch tun möchte, wenn ich nur durch meine *äußere Handlung* ihr nicht Eintrag tue."[80] Die Motive für rechtskonformes Verhalten sind, wie oben bereits ausgeführt, irrelevant.[81] Hierin steckt zugleich der konkludente Ausschluss jedes Gesinnungsrechts.[82] Verlangt bzw. äußerlich erzwungen[83] werden kann nur, dass freiheitskompatibel

---

[77] VI 230.
[78] Höffe 1999a, S. 54.
[79] VI 230 f.
[80] VI 231.
[81] Die Frage beispielsweise, ob man im Rahmen einer Geschäftsbeziehung nicht betrügt, weil man andernfalls die Achtung seiner Geschäftspartner verlieren und überdies vielleicht bestraft werden würde, oder ob man aus moralischen Erwägungen heraus von einem betrügerischen Verhalten absieht, ist für das Recht irrelevant.
[82] Höffe 1999a, S. 54; ders. 2000, S. 214 f.
[83] Zur Zwangsbefugnis vgl. IV.5.

nach einem allgemeinen Gesetz gehandelt wird, ohne dass dafür auf die Maximen des Handelnden Einfluss genommen werden müsste bzw. dürfte. Das Wort „Maxime"[84] im Einschub der Formulierung des allgemeinen Rechtsprinzips bezieht sich daher auch nicht auf die *Person des Handelnden*, sondern speziell auf die äußere Handlung. Es geht mithin um eine Maxime der *Handlung*, nicht um eine Maxime des *Handelnden*.[85]

4. Das allgemeine Rechtsgesetz

Im Anschluss an die Erläuterung des allgemeinen Rechtsprinzips formuliert Kant in § C der Einleitung in die *Rechtslehre* folgendes allgemeine Rechtsgesetz: „Handle äußerlich so, dass der freie Gebrauch deiner Willkür mit der Freiheit von jedermann nach einem allgemeinen Gesetze zusammen bestehen" kann.[86] Inhaltlich geht es hier, wie auch schon beim Begriff und beim Prinzip des Rechts, um die Verträglichkeit der Freiheit des einen mit der Freiheit aller anderen.

Das allgemeine Rechtsgesetz hat die Struktur eines Imperativs. Höffe[87] spricht deshalb beim allgemeinen Rechtsgesetz von einem „kategorischen Rechtsimperativ". Ludwig[88] sieht im allgemeinen Rechtsgesetz einen „Imperativ des Rechts", Kaulbach[89] hingegen nimmt nur eine „strukturelle Analogie zum kategorischen Imperativ" an. Ilting[90] wiederum geht davon aus, dass die „Struktur" des allgemeinen Rechtsgesetzes und des kategorischen Imperativs „ganz genau dieselbe ist." Unabhängig davon, wie man letztendlich das allgemeine Rechtsgesetz bezeichnen oder seine Struktur klassifizieren will, stellt sich nun die Frage, worin sich das allgemeine Rechtsgesetz vom kategorischen Imperativ inhaltlich unterscheidet.

Wie der kategorische Imperativ durch Aussonderung aller nicht-universalisierbaren Maximen die innere Freiheit mit sich in Einklang bringt und als Konsistenzprinzip der Innenwelt fungiert, so bringt das allgemeine Rechtsgesetz durch die Verhinderung des nicht-universalisierbaren Gebrauchs der Handlungsfreiheit die Handlungsfreiheit des handelnden Rechtssubjekts mit der aller anderen in Einklang und fungiert als Konsis-

---

[84] VI 230.
[85] Ludwig 1988, S. 95.
[86] VI 231.
[87] Höffe 1999a, S. 55. Kant selbst verwendet diesen Begriff nicht; es handelt sich um einen „Neologismus" Höffes (vgl. Wenzel 1997, S. 175). Höffe weiß im Übrigen auch selbst, dass dieser Begriff nirgendwo in Kants Werk zu finden ist (vgl. Höffe 1990, S. 126).
[88] Ludwig 1988, S. 96. So auch Oberer 1997, S. 177.
[89] Kaulbach, S. 50.
[90] Ilting 1970, S. 64.

tenzprinzip der Außenwelt.[91] Der kategorische Imperativ verlangt allgemein, dass der Einzelne nach *Maximen* handelt, die ein allgemeines Gesetz abgeben können, d.h. dass er gemäß einer *inneren* Einstellung (Gesinnung) handelt, die universalisierbar ist. Das Rechtsgesetz verlangt hingegen nur, dass *äußerlich* freiheitskompatibel nach einem allgemeinen Gesetz gehandelt wird, ohne dass es dabei auf die diesbezügliche *innere* Einstellung (Gesinnung) ankäme. Die Gesinnung des Handelnden ist – wie oben bereits erläutert – nicht Gegenstand der juridischen bzw. äußeren Gesetzgebung. Infolgedessen dürfen an sie *rechtlich* auch keine Anforderungen gestellt werden.[92]

Der zentrale Unterschied zwischen Rechtsgesetz und kategorischem Imperativ – dieser verdeutlicht im Übrigen nochmals den Unterschied zwischen Recht und Ethik bei Kant – besteht folglich darin, dass sich der kategorische Imperativ stets an den Handelnden als Autor seiner Handlungs*prinzipien* wendet. Das Rechtsgesetz betrachtet den Handelnden hingegen nur als Autor seiner *Handlungen*.[93] Es ist mithin eine auf Gesetze, die bloß die äußere Kompatibilität der Willküren sicherstellen, eingeschränkte Formel des kategorischen Imperativs.[94]

Kersting[95] vertritt in seinem Werk *Wohlgeordnete Freiheit* die Auffassung, dass das Rechtsgesetz „entgegen seiner Formulierung überhaupt kein Imperativ" ist. Ludwig[96] wendet sich mit guten Argumenten gegen diese Ansicht. Hier sei nur noch angemerkt, dass sich Kersting mit seiner Deutung auf unerklärliche Weise auch selbst widerspricht, denn nur wenige Seiten später stellt er richtigerweise fest: „Das Rechtsgesetz ist ... eine auf die Begründung von Pflichten, denen Zwangsbefugnisse korrespondieren, spezialisierte Version des kategorischen Imperativs."[97]

Wie Kant die Zwangsbefugnis legitimiert, wird unter dem nächsten Gliederungspunkt dargelegt.

---

[91] Kersting 2001, S. 206.
[92] Vgl. Ludwig 1988, S. 95.
[93] Ludwig 1988, S. 96.
[94] Vgl. Ludwig 1988, S. 99.
[95] Kersting 1993, S. 103. Vgl. auch Scholz, S. 38 ff.
[96] Ludwig 1988, S. 96, Fn. 26.
[97] Kersting 1993, S. 128. Vgl. dazu auch Kersting 1997, S. 28 f.; ders. 2001, S. 205; Hössl, S. 167; König, S. 236. Metzger 1917, S. 83 ist der Meinung, das „kantische Rechtsprinzip" sei „offensichtlich eine unmittelbare Anwendung der ersten Formel des kategorischen Imperativs auf die ‚äußere', d.h. soziale Lebenssphäre".

5. Die Zwangsbefugnis

Seit Thomasius besteht kein Zweifel mehr an der Verknüpfung des Rechts mit der Zwangsbefugnis.[98] Kant widmet sich der Begründung der Zwangsbefugnis vor allem im zweiten Absatz von § C und in den §§ D und E der Einleitung in die *Rechtslehre*. Dort geht es um die für Recht und Staat essentielle Grundfrage nach der moralischen Legitimität von Zwang. Dabei spezifiziert Kant den Begriff des Zwangs nicht näher. Er widmet sich vielmehr der grundsätzlicheren und daher vorrangig zu behandelnden Frage, ob überhaupt und gegebenenfalls wann die Anwendung von Zwang moralisch erlaubt ist.[99]

Es soll nun kurz Kants Argumentation nachvollzogen werden: Die Freiheit der Menschen ist nach dem allgemein verbindlichen Rechtsgesetz „in ihrer Idee"[100] auf die Bedingungen, „unter denen die Willkür des einen mit der Willkür des anderen nach einem allgemeinen Gesetze zusammen vereinigt werden kann"[101], eingeschränkt. Diese Eingeschränktheit der Freiheit stellt schon den unmittelbaren Ableitungsgrund für den Zwang dar: Jede zwangsweise Hinderung einer nicht nach einem allgemeinen Gesetz freiheitskompatiblen Handlung eines anderen stellt konsequenterweise keine Hinderung bzw. Einschränkung seiner ihm durch das Recht verbürgten Freiheit dar, denn seine Freiheit ist von vornherein nur auf solche Handlungen beschränkt, die freiheitskompatibel nach einem allgemeinen Gesetz sind. Die zwangsweise Hinderung ist somit also selbst freiheitskompatibel nach einem allgemeinen Gesetz, mithin „*recht*"[102] im Sinne des Rechtsprinzips.[103]

Gemäß § D ist die Verhinderung eines Hindernisses der Freiheit (d.h. einer nicht nach einem allgemeinen Gesetz freiheitskompatiblen, also unrechten Handlung) eine Beförderung der Freiheit und somit selbst freiheitskompa-

---

[98] Höffe 1999a, S. 55.
[99] Vgl. dazu Höffe 1999a, S. 56, der zutreffend anmerkt, dass Kant zum Teil entweder ein enger, auf physische Gewalt eingeschränkter Zwangsbegriff zugeschrieben oder „im Gegenteil" ein zu vager Gewaltbegriff vorgeworfen wird, weil er „das weite Spektrum der möglichen Zwangsbegriffe nicht vorstellt".
[100] Vgl. den letzten Absatz von § C (VI 231).
[101] Vgl. den letzten Absatz von § B (VI 230).
[102] Vgl. den ersten Absatz von § C (VI 230).
[103] Vgl. dazu Ludwig 1988, S. 97, der allerdings durchschimmern lässt, dass er von einem *physischen* Zwangsbegriff ausgeht (vgl. auch S. 99). Kant macht zur Beschaffenheit des Zwangs aber keinerlei Aussage (s.o.).

tibel nach einem allgemeinen Gesetz, also „recht".[104] Das Ergebnis von § C und D ist mithin dasselbe.[105]
Da sich die moralische Legitimität des Zwangs – wie eben gezeigt – schon aus § C ergibt, ist die Ableitung des Zwangs in § D letztlich obsolet. Die Konstruktion des rechtmäßigen Zwanges erfährt dort keine Neuerung.[106] Ludwig[107] bemerkt hinsichtlich der Ableitung des Zwangs in § D zutreffend, „die Verhinderung eines Hindernisses der Freiheit" sei „nur dann eine Beförderung derselben, wenn sie nicht selbst ein – anderes – Hindernis darstellt." Denn das Ergebnis „einer nicht näher spezifizierten Verhinderung eines Hindernisses" könne hinsichtlich „der Realisierung der Freiheit katastrophale Folgen haben". Daher sei „die implizite Unterstellung" für die Ableitung des Zwangs in § D, „dass die Hinderung des Hindernisses selbst schon keines ist". Höffe[108] macht bei seinen Erläuterungen zur Ableitung der Zwangsbefugnis in § D genau diese Unterstellung, wenn er meint, der Zwang sei bei Kant ohnehin nur „so weit legitim, wie er sich gegen Unrecht wendet." An anderer Stelle führt er aus, dass jeder über die Unrechtsabwehr hinausgehende Zwang selbst Unrecht sei. Kant öffne mit „seiner grundsätzlichen Rechtfertigung des Zwangscharakters im Recht ... nicht jeder Art und jedem Ausmaß von Zwang Tür und Tor."[109]

Als Ergebnis bleibt hier festzuhalten, dass etwas rechtlich Erlaubtes auch zwangsweise durchgesetzt werden darf, womit aber keineswegs bestritten ist, „es sei wünschbar, dass Recht ohne Zwang befolgt werde."[110] Die Zwangsbefugnis stellt „das rechtsphilosophische Gegenstück zur moralischen Nötigung des kategorischen Imperativs"[111] dar und ist im Begriff des Rechtsprinzips in § C der Einleitung in die *Rechtslehre* enthalten. Sie folgt demnach ohne jede Zusatzannahme direkt aus der Aufgabe des Rechts, die

---

[104] Vgl. § D (VI 231).
[105] Vgl. Ludwig 1988, S. 97 f.: „Gab sich der § C damit zufrieden, dass meine Freiheit ‚in der Idee eingeschränkt sei und von anderen auch tätlich eingeschränkt werden dürfe', letzteres also bloß nicht unrecht ist (vgl. § C Abs. 2), so geht § D scheinbar noch weiter, indem er den Zwang als eine Beförderung der Freiheit und somit als ‚recht' ableitet. Da aber ‚recht' und ‚unrecht' ein kontradiktorisches Adjektiv- bzw. Adverbienpaar darstellt, ist das Resultat in § C und § D dasselbe." Vgl. auch Ludwig 1997, S. 124.
[106] Ludwig 1988, S. 97. Ludwig 1999a, S. 55 ff. widmet sich dennoch vorwiegend der Ableitung der Zwangsbefugnis in § D.
[107] Ludwig 1988, S. 98, Fn. 29.
[108] Höffe 1999a, S. 56 f.
[109] Höffe 2000, S. 218. So auch Tretter, S. 252.
[110] Gerhardt 1981, S. 73.
[111] Kersting 2001, S. 207.

Koexistenz äußerer Freiheit widerspruchsfrei zu ermöglichen."[112] Das Rechtsgesetz kann deshalb auch als allgemeines Zwangsprinzip im Sinne eines „mit jedermanns Freiheit nach allgemeinen Gesetzen zusammenstimmenden durchgängigen wechselseitigen Zwanges vorgestellt werden."[113] Das Recht ist mithin „als sich selbst tragender Zwangsmechanismus eines wechselseitigen Sich-in-die-Schranken-Verweisens konstruierbar, als Zustand einer gleichverteilten Ausgrenzungskompetenz, mit der sich die einzelnen Freiheitsparzellen gegeneinander abschotten."[114]
Dabei besteht das Recht nicht „aus zwei Stücken", aus „der Verbindlichkeit nach einem Gesetze" und der „Befugnis ... zu zwingen", sondern „Recht und Befugnis zu zwingen bedeuten ... einerlei."[115]

6. Ergebnis

Die Einleitung in die *Rechtslehre* kann man nur dann angemessen beurteilen, wenn man sich stets die verhältnismäßig geringe Argumentationslast, die sie zu tragen hat, vor Augen hält. Kant fasst hier seine Gedanken dicht gedrängt zusammen, und dies kann er auch aus gutem Grund tun: Die Frage nach der *Verbindlichkeit* des Rechts wird durch bloße Subsumtion des Rechts unter dem allgemeinen Moralgesetz (kategorischer Imperativ), welches bereits in den Grundlegungsschriften eine ausführliche Begründung erfahren hat, gelöst. Diesbezüglich haben die §§ A-E der Einleitung in die *Rechtslehre* nur eine explikative Bedeutung.[116] Ohne die Überlegungen aus den Grundlegungsschriften bzw. ohne die in der Einleitung in die *Metaphysik der Sitten* komprimiert zusammengefassten Überlegungen „hängt der Verbindlichkeitsanspruch des Rechts im Leeren."[117] Aus der isolierten Betrachtung der §§ A-E lässt sich das verbindlichkeitstheoretische Problem nicht lösen, denn es sind dort keine Argumente Kants für eine solche Lö-

---

[112] Ritter 1987, S. 338 ist hier unerklärlicherweise der Auffassung, dass „das Recht der physischen Durchsetzbarkeit" deshalb bedürfe, weil die Menschen „eine[n] Hang zum ‚Bösen'" hätten. Dem ist dezidiert zu widersprechen. Kant legitimiert hier den Zwang, ohne auf die Anthropologie des Menschen zu rekurrieren.
[113] Vgl. § E (VI 232).
[114] Kersting 1994, S. 185.
[115] VI 232. Vgl. auch Höffe 1999a, S. 57. Zu § E vgl. insbesondere Tretter, S. 254 ff., der auf den dort auftretenden Begriff des „strikte[n] Recht[s]" und seine Funktion eingeht. Vgl. des Weiteren Ludwig 1988, S. 98: „§ C und D hatten erwiesen, dass das Recht die Zwangsbefugnis *enthält*, § E betont mittels der Entgegensetzung von Recht und Ethik, dass es *nicht darüber hinausreichen kann.*" Zur Billigkeit (VI 234 f.) und zum Notrecht (VI 235 f.) vgl. Höffe 1999a, S. 57 ff.; Dahlstrom, S. 67 ff.
[116] Vgl. dazu Ludwig 1997, S. 108 ff.
[117] Ludwig 1997, S. 109.

sung vorfindbar. Demnach bildet die *Rechtslehre* genauso wenig den eigentlichen Ausgangspunkt für die Rechtsreflexion wie die *Tugendlehre* für die Ethik im weiten Sinne: Es ist stets die Grundeinsicht der kritischen Moral vorauszusetzen, „dass es ‚praktische Notwendigkeiten' gibt, in deren Befolgung sich Freiheit und sittlicher Wert des Menschen erweisen, und dass die Freiheit eines Vernunftwesens somit immer schon ‚in der Idee' durch das Sittengesetz, den ‚kategorischen Imperativ' eingeschränkt ist. Ausschließlich die Frage, in welchem Maße und in welcher Form diese *ideelle* Einschränkung der Freiheit zu einer *äußeren* ... Einschränkung durch *fremden* Zwang werden kann (und – wenn mehrere Menschen unvermeidbar aufeinandertreffen – *muss*)", ist Gegenstand der *Rechtslehre*.[118]

Im Hinblick auf das kantische Staatsrecht, dem zentralen Untersuchungsgegenstand der vorliegenden Arbeit, bleibt in Bezug auf das Recht und die Zwangsbefugnis als Ergebnis Folgendes festzuhalten: Kant konzipiert in den §§ A ff. einen rein formalen und daher universellen Rechtsbegriff (gemeint ist hier der Grundbegriff des Rechts) und legitimiert die Möglichkeit des Zwangs. Dabei nimmt er weder Rücksicht auf einen wirklichen oder idealen Gesellschaftskonsens noch auf die historische und kulturelle Entwicklung einer Gesellschaft noch auf das Verhältnis von Recht und Staat.[119] Der Staat als Institution spielt weder für die Begründung des Rechtsbegriffs noch für den Aufweis der Identität von Recht und Zwang eine Rolle. Kant macht in den §§ A-E der Einleitung nirgendwo von Naturzustandsvorstellungen Gebrauch.[120]

Dennoch – dies sei hier schon vorweggenommen – drängen die grundsätzlich vorstaatlich bzw. staatsunabhängig begründbaren Rechte der Einzelnen auf die Positivierung durch einen Staat. Das (Natur- bzw. Vernunft-)Recht allein reicht zur Regelung der Rechtsverhältnisse unter den Individuen nicht aus. Es bedarf eines Staates, der dem Recht zu seiner Verwirklichung verhilft, denn ohne Staat lassen sich subjektive Rechtsbehauptungen und gewaltsame Rechtsdurchsetzungen nicht mit Sicherheit ausschließen.[121]

---

[118] Ludwig 1997, S. 109. Gegenstand der *Tugendlehre* ist konsequenterweise dasjenige, „wozu der Mensch sich *selbst* zwingen kann und muss, damit sein Tun auch *sittlichen Wert* erhalte" (Ludwig 1997, S. 109 f.).
[119] Vgl. Ritter 1987, S. 336.
[120] Vgl. Ludwig 1988, S. 101 f.; Herb / Ludwig 1993, S. 287 f.
[121] Vgl. dazu Kühl 1990, S. 86 und die Ausführungen unter VI.1.

V. Kursorischer Überblick über Kants Freiheitsbegriff in der *Rechtslehre* und seine Menschen- und Grundrechtskonzeption

1. Kants Freiheitsbegriff in der *Rechtslehre*

Die Freiheit nimmt in Kants Werk insgesamt einen bedeutenden Platz ein.[1] Kant unterscheidet eine Vielzahl von Begriffen der Freiheit, die aufgrund ihres Gegenstandsbereichs, ihrer Stoßrichtung oder ihrer Ausformulierung eine unterschiedliche Bedeutung haben. Zwischen ihnen besteht aber dennoch ein Interdependenzverhältnis, wobei ihr gemeinsames Merkmal „die Bedeutung der Freiheit als Sicherungsmedium der menschlichen Autonomie" ist.[2] Dies hat zur Folge, dass auch die Struktur der verschiedenen Freiheitsbegriffe stets dieselbe ist: Bei Kant meint Freiheit in ihrer negativen Bedeutung immer Unabhängigkeit von heteronomen determinierenden Ursachen, in ihrer positiven Bedeutung Selbstbestimmung und Autonomie.[3] Für die *Metaphysik der Sitten* sind die beiden von Kant für die praktische Philosophie[4] entwickelten Freiheitsbegriffe von vorrangiger Bedeutung: der die *innere* Freiheit betreffende *moralische* Freiheitsbegriff und der die *äußere* Freiheit betreffende *juridische* Freiheitsbegriff.[5] Für die *Rechtslehre* kommt ausschließlich der *juridische* Freiheitsbegriff zum Tragen. Deshalb soll es im Folgenden auch nur um diesen gehen.

Um die Systematik seiner Freiheitskonzeption auf der Grundlage des eben erwähnten Autonomiegedankens zu komplettieren, gestaltet Kant in der *Rechtslehre* die Freiheit des Menschen „im äußeren Gebrauche" aus.[6] Die Freiheit wird in diesem Zusammenhang nicht in ihrer intrasubjektiven, sondern in ihrer intersubjektiven Dimension betrachtet.[7] Die Gefahr für die menschliche Autonomie rührt hier – anders als im Bereich der moralischen Freiheit – nicht von den eigenen Trieben, Neigungen oder Affekten her. Im Bereich der äußeren Handlungen droht dem autonomen Individuum viel-

---

[1] Dietze, S. 13.
[2] Unruh, S. 117.
[3] König, S. 229.
[4] Vgl. Unruh, S. 119 ff. zum Freiheitsbegriff in der theoretischen Philosophie Kants.
[5] Vgl. zu dieser Unterteilung Unruh, S. 117 ff.; s. insbesondere seine schematische Übersicht über die verschiedenen Freiheitskonzeptionen auf S. 118.
[6] VI 214.
[7] König, S. 229.

mehr heteronome Bestimmung, also Fremdbestimmung, durch andere Individuen.[8] Konfligierend wird die Freiheit ausschließlich in ihren Äußerungen, mithin in tatsächlich ausgeübten Handlungen. Nur als äußere Freiheit trifft sie in ihren Handlungen auf die sich äußernde Freiheit anderer.[9] Die äußere Freiheit steht deshalb konsequenterweise im Zentrum des kantischen Rechtsdenkens.[10] Die innere Freiheit hingegen ist im Rahmen der *Metaphysik der Sitten* lediglich Gegenstand der *Tugendlehre*.[11]

Die §§ A-E der Einleitung in die *Rechtslehre* haben bisher nur eine formale Bedingung äußerer Gesetzgebung entwickelt: Die Gesetze müssen derart beschaffen sein, dass sie die Kompatibilität von jedermanns Freiheit mit der aller anderen herstellen. Eine inhaltliche Bestimmung des Begriffs der äußeren Freiheit selbst und der daraus folgenden subjektiven Rechte wurde darin aber noch nicht vorgenommen. Tatsächlich findet sich keine explizite *Definition* der äußeren Freiheit im gesamten kantischen Werk.[12] Dennoch bleibt jene inhaltlich nicht unbestimmt bzw. unbestimmbar. Der Begriff gewinnt nämlich durch die Ausformulierung einzelner subjektiver Rechte an inhaltlicher Kontur.
Bei Kant ist die äußere Freiheit eines Subjekts letztlich nichts anderes als die Gesamtheit seiner subjektiven Rechte.[13] Teilweise werden diese subjektiven Rechte von Kant im Rahmen des Privatrechts, dem ersten Hauptteil der *Rechtslehre*, bestimmt. Er bietet dort jedoch keineswegs ein vollständiges System subjektiver Rechte; schließlich ist bei ihm auch nur von den „*metaphysische[n] Anfangsgründe[n] der Rechtslehre*" die Rede.[14]
In der *Rechtslehre* unterscheidet Kant das „*angeborene*" vom „*erworbene[n]* Recht"; Ersteres wird von ihm auch als *inneres Mein und Dein* und Letzteres als *äußeres Mein und Dein* bezeichnet.[15] Die Unterscheidung zwischen einem inneren und einem äußeren Mein und Dein übernimmt Kant von Achenwall.[16] Das innere Mein und Dein, also das angeborene Recht, verschafft dabei jemanden die Qualität, die ihn erst zu einem

---

[8] Vgl. Unruh, S. 125.
[9] Bartuschat 1999, S. 17.
[10] Kühl 1984, S. 85; Lorz, S. 136.
[11] Vgl. hierzu die Einleitung I und XV der *Tugendlehre* (VI 379 ff.). Siehe auch Malibabo, S. 108; Ludwig 1988, S. 101; Klemme, S. 181.
[12] Dietze, S. 23.
[13] Vgl. Herb / Ludwig 1993, S. 288.
[14] VI 205.
[15] Vgl. die „Allgemeine Einteilung der Rechte" (VI 237); Ludwig 1988, S. 101 f.
[16] Vgl. Langer, S. 141; Brocker 1987, S. 67.

Rechtssubjekt macht. Infolgedessen ist das innere Mein und Dein auch die unabdingbare Voraussetzung einer jeden Erwerbung bzw. Veräußerung eines Gegenstandes, also die notwendige Voraussetzung des äußeren Mein und Dein schlechthin. Es kann im Gegensatz zum äußeren Mein und Dein weder erworben noch veräußert werden.[17]

Nach Kant kann das angeborene Recht, mithin das jemand als Rechtssubjekt qualifizierende innere Mein und Dein, „nur ein einziges"[18] sein: „*Freiheit* (Unabhängigkeit von eines Anderen nötigender Willkür), sofern sie mit jedes Anderen Freiheit nach einem allgemeinen Gesetz zusammen bestehen kann, ist dieses einzige, ursprüngliche, jedem Menschen, kraft seiner Menschheit, zustehende Recht." Alle anderen subjektiven Rechte des *inneren Mein und Dein* – Kant nennt unter anderem die „angeborene *Gleichheit*, d.i. die Unabhängigkeit, nicht zu mehrerem von Anderen verbunden zu werden, als wozu man sie wechselseitig auch verbinden kann", und die Selbständigkeit („die Qualität des Menschen sein *eigener Herr* (*sui iuris*) zu sein") – sind im Begriff der angeborenen Freiheit enthalten.[19] Das angeborene Recht ist, wie auch das erworbene Recht, der Sache nach zwar dem kantischen Privatrecht zuzuordnen, wird aber von Kant aus systematischen Erwägungen heraus „in die Prolegomenen geworfen"[20] und dort trotz seiner fundamentalen Bedeutung nur knapp erläutert. Das erworbene Recht, das äußere Mein und Dein, wird hingegen im Privatrecht ausführlich dargestellt.[21]

In ihrer *negativen* Bedeutung lässt sich die juridische Freiheit mithin als Unabhängigkeit des Individuums von der nötigenden Willkür aller anderen Individuen fassen. Dabei ist die Unabhängigkeit nicht naturaler, sondern rein rechtlicher Art.[22] Die juridische Freiheit besteht also nicht darin, etwas faktisch tun oder lassen zu *können*, sondern „*allein* in der durch reine praktische Vernunft in ihrem rechtlichen Gebrauche begründeten Befugnis, in

---

[17] Vgl. zum Folgenden Tretter, S. 246 ff.
[18] VI 237.
[19] VI 237 f. Vgl. zur hier angesprochenen „angeborene[n] *Gleichheit*" Lorz, S. 127. Vgl. zur Gleichheit und Selbständigkeit auch Kersting 1993, S. 207 f., 382.
[20] VI 238, 24.
[21] Vgl. Ritter 1987, S. 338. Ludwig 1988, S. 103 ff. unterteilt seine Erläuterung des kantischen Privatrechts angesichts der Zugehörigkeit des angeboren Rechts zum Privatrecht konsequenterweise in „*a) Das Privatrecht in Ansehung des inneren Mein und Dein*" und „*b) Das Privatrecht in Ansehung des äußeren Mein und Dein*".
[22] Vgl. Tretter, S. 247.

seinem äußeren Willkürgebrauch etwas tun oder lassen zu *dürfen*."[23] Bei der juridischen Freiheit geht es mithin nicht um die *tatsächliche* Möglichkeit zu handeln, sondern ausschließlich um die *rechtliche* Befugnis dazu. Mit der juridischen Freiheit ist also die Befugnis des Menschen angesprochen, sich unabhängig von irgendwelchen Nötigungen anderer eigene Zwecke zu setzen und deren Verwirklichung anzustreben. Da es aber nicht auszuschließen ist, dass durch die eigene Zweckverfolgung andere Rechtssubjekte in ihrem Freiheitsgebrauch über Gebühr eingeschränkt werden, muss die äußere Freiheit notwendigerweise begrenzt gedacht werden.[24] Angeboren ist deshalb keine unbeschränkte Freiheit, sondern nur eine solche Freiheit, die sich mit der Freiheit eines jeden anderen nach einem allgemeinen Gesetz verträgt.[25]

In ihrer *positiven* Bedeutung lässt sich die juridische Freiheit als Recht zur Vornahme solcher Handlungen fassen, die nach einem allgemeinen Gesetz mit der Freiheit aller anderen vereinbar sind.[26] Das dem Menschen kraft seiner Menschheit zukommende ursprüngliche Recht ist „das Recht auf jenes Höchstmaß an Handlungsfreiheit, sofern es zugleich mit der Handlungsfreiheit jedes anderen nach einem allgemeinen Gesetz vereinbar ist".[27] Im Gegensatz zur traditionellen Naturrechtslehre fasst Kant das einzige angeborene Recht nicht als allgemeines Recht auf Glückseligkeit, dessen Inhalt zu bestimmen sich auch andere – etwa eine Staatsobrigkeit – anmaßen könnten.[28] Er fasst es vielmehr als ein Recht auf absolute und nur koexistenzbedingte Handlungsfreiheit. Als *absolut*, wenn auch nur im Rahmen der Vereinbarkeit von jedermanns Freiheit mit der Freiheit aller anderen, ist das Recht auf Handlungsfreiheit deshalb zu bezeichnen, weil es sich weder an irgendeinem übergeordneten, sittlichen oder gar höchsten Rechtsgut orientiert, noch dazu dient, einen wie auch immer gearteten Zweck zu erfül-

---

[23] Vgl. Tretter, S. 248.
[24] Kühl 1998, S. 273.
[25] Deswegen ist es auch richtig, dass der „Freiheitsgebrauch, den der einzelne gemäß seinem natürlichen Freiheitsrecht machen darf, ... bei Kant gleichsam *per definitionem* mit dem entsprechend beschränkten Freiheitsgebrauch aller anderen kompatibel" ist. Hobbes hingegen geht im Gegensatz zu Kant nicht von einem formalen Rechtsbegriff, sondern „von einem – mittels der Selbsterhaltung – material definierten Rechtsbegriff" aus. Dabei gewährt „das hobbessche Naturrecht auf Selbsterhaltung dem einzelnen in der Konsequenz freier Mittelwahl ein unbegrenztes Recht ..., welches *e definitione* mit dem entsprechenden Recht jedes anderen kollidiert" (Herb / Ludwig 1993, S. 301).
[26] Unruh, S. 126.
[27] Höffe 1979, S. 27.
[28] Langer, S. 142.

len.[29] Die Wahrnehmung des Freiheitsrechts ist vielmehr gänzlich auflagenfrei. Wie Kersting[30] zutreffend anmerkt, ist die rechtliche Freiheit Kants „wesentlich ‚Freiheit von ...' – nämlich von nötigender, Handlungen aufzwingender fremder Willkür – und nicht ‚Freiheit zu ... , (beispielsweise zur Pflichterfüllung, zur sittlichen Verantwortlichkeit etc.)." Gerade an dieser Stelle erweist sich die Auffassung, nach der in der praktischen Philosophie Kants zwischen der Sittlichkeit und dem Recht ein teleologischer Zusammenhang bestehen soll, als verfehlt.[31] Kant vertritt keinen materialethisch bestimmten und wertgebundenen, sondern einen formalgesetzlich eingegrenzten und wertneutralen Freiheitsbegriff.[32]

An dieser Stelle sei darauf hingewiesen, dass das Bundesverfassungsgericht bei der Interpretation des Art. 2 Abs. 1 GG auch einen solchen Freiheitsbegriff zugrunde legt. Im Elfes-Urteil[33] lehnt es die so genannte Persönlichkeitskerntheorie ab, die besagt, dass der Schutzbereich dieses Grundrechts nur „die engere persönliche Lebenssphäre des Einzelnen"[34] bzw. nur den „Kernbezirk des Persönlichen"[35] erfasst. An die Entstehungsgeschichte und die Entwurfsfassung „Jeder kann tun und lassen was er will"[36] anknüpfend, verstehen das Bundesverfassungsgericht und die herrschende Meinung in der Literatur Art. 2 Abs. 1 GG vielmehr als Gewährleistung der allgemeinen menschlichen Handlungsfreiheit. Der Schutzbereich des Art. 2 Abs. 1 GG umfasst danach nicht einen bestimmten, engeren Lebensbereich, sondern grundsätzlich jegliches menschliche Verhalten. Es ist zugleich ein Grundrecht, nur aufgrund formell und materiell verfassungsgemäßen Vorschriften mit einem Nachteil belastet zu werden.[37]
Demnach hat sich das Bundesverfassungsgericht für die wertfreie Interpretation des Freiheitsartikels entschlossen; es tritt bei der Auslegung des Art.

---

[29] Kersting 1993, S. 206 bestätigt dies: „Das uns kraft unserer Menschheit zustehende ursprüngliche Recht ... weist weder auf ein gleichsam hinter dem gesetzlich bestimmten und selbstverantwortlich ausgestalteten Freiheitsbereich gelegenes Rechtsgut von vermeintlich größerer sittlicher Dignität hin, noch gibt es dem Recht auf Handlungsfreiheit unter Koexistenzbedingungen eine ihm von seiner rechtsgesetzlichen Abkunft nicht mitgeteilte höhere Sinnbestimmung." Vgl. auch Brandt 2002, S. 36 f.
[30] Kersting 1993, S. 206, Fn. 207.
[31] Vgl. oben III.
[32] Vgl. Kersting 1993, S. 206, Fn. 207.
[33] BVerfGE 6, 32, 36 ff.
[34] Hesse, Rn. 425.
[35] Peters, S. 49.
[36] BVerfGE 6, 36.
[37] Vgl. Pieroth / Schlink, Rn. 401; Hesse, Rn. 426 jeweils m.w.N. in Lit. u. Rspr.

2 Abs. 1 GG für einen formalgesetzlich eingegrenzten und wertneutralen Freiheitsbegriff ein.[38]

2. Kants Menschen- und Grundrechtskonzeption

Das eben zur juridischen Freiheit in Bezug auf das angeborene Recht, dem inneren Mein und Dein, Gesagte bildet im Rahmen der *Metaphysik der Sitten* zugleich den Hauptansatzpunkt für die kantische Menschen- und Grundrechtskonzeption. In der oben genannten Freiheitsrechtsformulierung hat Kant in prägnanter Form alle für seine Menschenrechtskonzeption wesentlichen Elemente zusammengefasst: das Verhältnis der Handlungsfreiheit eines Individuums zu der aller anderen (dies wurde oben ausführlich erörtert), die Einzigkeit des Menschenrechts und seine Verankerung in der Idee der Menschheit.[39]

Den Geltungsgrund für das Menschenrecht sucht man in der *Metaphysik der Sitten* vergebens. Der der Menschenrechtsformulierung zugrunde liegende Begriff der *Menschheit* wird an keiner Stelle der *Metaphysik der Sitten* eigenständig entwickelt; er wird dort vielmehr schon vorausgesetzt[40] und weist daher systematisch aus der *Metaphysik der Sitten* hinaus.[41] Aus der *Kritik der praktischen Vernunft*, welche gemäß der Vorrede systematische Voraussetzung der *Metaphysik der Sitten* ist[42], ergibt sich aber alles Notwendige für die Rekonstruktion der Verbindlichkeit des Menschenrechts: Der Mensch ist als Person „Subjekt des moralischen Gesetzes", „Zweck an sich selbst" und deshalb auch „keiner Absicht zu unterwerfen, die nicht nach einem Gesetze, welches aus dem Willen des leidenden Subjekts selbst entspringen könnte, möglich ist"; er ist „also ... niemals bloß als Mittel, sondern zugleich selbst als Zweck zu gebrauchen."[43]

Kants Menschheitsbegriff ist nicht der Anthropologie, sondern der praktischen Philosophie zugehörig.[44] Wie sich bei Kant das allgemeine Rechtsgesetz aus jeder empirisch-anthropologischen Verankerung löst und „auf lau-

---

[38] Kersting 1993, S. 206, Fn. 207.
[39] König, S. 229. Vgl. die von Ju, S. 51 ff. gesammelten Textstellen zum Menschenrecht im übrigen Werk Kants.
[40] Vgl. etwa VI 270, 21; VI 276, 31; VI 295, 12.
[41] Ludwig 1988, S. 103.
[42] Vgl. oben III.
[43] V 87. Vgl. zudem Ludwig 1988, S. 103 f.
[44] Kersting 2001, S. 214; ders. 1993, S. 202 f.

ter Prinzipien *a priori*"[45] stützt, so ist auch das Menschenrecht bei ihm „anthropologiefrei"[46] konzipiert. Der Menschheitsbegriff ist in einem *normativen* Sinne zu verstehen. Er steht für „die *prinzipielle* Kompetenz eines jeden Menschen, praktisch reflektieren, in dieser Reflexion Handlungsziele und Handlungsnormen setzen, d.h. sie hinsichtlich ihrer moralischen *Geltung* thematisieren zu können und schließlich auch gemäß den selbst gesetzten, in ihrer Geltung reflektierten Zielen handeln zu können."[47] Dabei zielt das Menschenrecht vor allem auf die Abwehr von Fremdbestimmung und erklärt den Menschen für unverfügbar.[48] In der Menschenrechtsformulierung drückt sich der fundamentale Anspruch aus, auch in der äußeren Sphäre des Rechts jeden Menschen als autonomes Subjekt anzuerkennen und als solches in seiner Würde als Person zu respektieren.[49]

Kant benennt keine Bedingungen der Verwirklichung menschenrechtlicher Freiheit. Sie kommt jedem Menschen unabhängig von den jeweils vorzufindenden Rechtsverhältnissen zu.[50] Insbesondere zieht er mit seiner Menschenrechtsformulierung auch keine Lehre aus der Geschichte. Sie stellt keine Reaktion auf historisch bekannte Gefährdungen der Freiheit dar. Nur so kann er das fundamentale Menschenrecht als das dem objektiven Rechtsgesetz korrespondierende subjektive Recht a priori konzipieren.[51]

Kant formuliert weder einen Menschenrechtskatalog noch findet sich bei ihm eine in Einzelheiten ausdefinierte Grund- und Menschenrechtssystematik. Er spricht von der grundlegenden rechtlichen Freiheit eines jeden Menschen vielmehr nur im Singular und betont ausdrücklich, dass dieses angeborene Recht „nur ein einziges" sei.[52]
Kant befindet sich mit der Behauptung der Einzigkeit des Menschenrechts im direkten Gegensatz zur naturrechtlichen Menschenrechtstheorie des

---

[45] VI 237.
[46] Kersting 1993, S. 202. Vgl. auch ders. 2001, S. 214.
[47] Göller, S. 129.
[48] Kersting 2001, S. 214.
[49] Luf 1999, S. 28 f. Zur systematischen Fundierung der von Kant vornehmlich im moralphilosophischen Kontext behandelten Menschenwürde im Bereich der *Rechtslehre* vgl. König, S. 247 ff. und Luf 1998, S. 307 ff.
[50] Vgl. Unruh, S. 89; Römpp, S. 467.
[51] Dabei meint die hier angesprochene Korrespondenz zwischen allgemeinem Rechtsgesetz und Menschenrecht nicht zugleich, dass das Menschenrecht von Kant aus dem allgemeinen Rechtsgesetz abgeleitet wird. Nach Kant stehen nämlich beide systematisch auf gleicher Ebene (vgl. Ludwig 1988, S. 104).
[52] VI 337.

18. Jahrhunderts. Schon bei Wolff[53], vor allem aber auch bei späteren deutschen Naturrechtlern finden sich Menschenrechtskataloge.[54] Die Menschenrechtserklärungen von Virginia (1776) und der Französischen Revolution (1789) verkündeten ebenfalls derartige Kataloge.[55] Dennoch ist es – anders als Kersting[56] meint – nicht so, dass Kant als Erster die These von der Einzigkeit des Menschenrechts aufstellt: Naturrechtler wie Schmid[57] und Schaumann[58] haben schon vor Erscheinen der *Rechtslehre* diese These vertreten.

Der Formulierung einer Vielzahl von Menschenrechten haftet immer ein Element der Willkürlichkeit an und birgt somit die Gefahr einer uferlosen Ausweitung in sich. Kant erstrebt das genaue Gegenteil davon, nämlich ein transzendental verankertes Menschenrecht.[59] Jede Erweiterung des angeborenen Rechts, die über eine Herausstellung seiner analytischen Bestandteile der Gleichheit und der Selbständigkeit hinausginge, würde zwangsläufig darauf hinauslaufen, dass materiale Elemente (Bedürfnisse, Zwecke, Interessen etc.) berücksichtigt werden müssten. Dies wiederum würde den von Kant erstrebten transzendentalen Status des einzigen Menschenrechts gefährden.[60]

Dennoch stellt sich hier die Frage nach der Möglichkeit bzw. Zulässigkeit, aus dem von Kant postulierten Menschenrecht im Wege der Konkretisierung inhaltlich näher bestimmte Freiheitsverbürgungen abzuleiten und diese in ein Grund- und Menschenrechtssystem auszudifferenzieren.[61] Dabei kann es freilich nicht darum gehen, aus dem Freiheitsprinzip einen starren, überzeitlichen Menschenrechtskatalog deduzieren zu wollen. Dies würde nämlich zwingend zu einer „rationalistisch-eudämonistischen Verkürzung des notwendigerweise formalen Freiheitsprinzips" führen.[62] Auf der anderen Seite muss das transzendentale Freiheitsrecht – um den Verlust der eigentlichen Dimension des Menschenrechtsgedankens zu verhindern – auf

---

[53] Bachmann, S. 107 nennt Wolff den „eigentlichen Begründer des modernen Kataloges der Menschenrechte".
[54] König, S. 244.
[55] Vgl. dazu Kersting 1993, S. 209 f.; Höffe 1999c, S. 288.
[56] Kersting 1993, S. 209: „Mit der Verengung des Bereichs des natürlichen Menschenrechts auf die rechtsgesetzlich bestimmte äußere Freiheit steht Kant in der Geschichte des Menschenrechtsgedankens wohl einzig da."
[57] Schmid, S. 59: „Das reine formale Recht (sc. Menschenrecht) ist wesentlich Eines".
[58] Schaumann, S. 161 geht auch „nur von einem Urrechte" aus.
[59] Vgl. dazu König, S. 244 f.
[60] Vgl. König, S. 234; Kersting 1993, S. 208 f.; Ludwig 1988, S. 104.
[61] Vgl. dazu Luf 1999, S. 29 ff.
[62] Luf 1999, S. 29.

Situationen anwendbar sein, in denen die Freiheit des Einzelnen existenziell bedroht ist. Das „einzige, ursprüngliche, jedem Menschen, kraft seiner Menschheit, zustehende Recht"[63] muss auf die jeweiligen geschichtlichen Bedingungen bezogen werden, wenn es inhaltlich nicht leer laufen soll. Nur in der geschichtlichen Auseinandersetzung kann es inhaltliche Bestimmtheit und positiv-rechtliche Wirklichkeit erlangen.[64] Daher ist die Ausdifferenzierung des einzigen Menschenrechts in einzelne, inhaltlich näher bestimmte Freiheitsrechte eine zwar von Kant selbst nicht ausdrücklich, jedenfalls nicht ausreichend reflektierte, aber dennoch systematisch zwingende Vorgehensweise, um Freiheit rechtlich zu verwirklichen. Bei dieser Ausdifferenzierung muss das einzige Menschenrecht stets oberster kritischer Maßstab bleiben.[65] Allerdings kommt man nicht umhin, auch empirisch-anthropologische Faktoren zu berücksichtigen, wie die Leiblichkeit des Menschen, seine körperliche Unversehrtheit, elementare Interessen- und Bedürfnisstrukturen etc. Die Berücksichtigung dieser Faktoren macht die geschichtliche Applikation des Freiheitsprinzips erst möglich und ist somit zugleich conditio sine qua non gelingender Freiheitsverwirklichung.

Ziel einer solchen Ausdifferenzierung ist aber nicht, im Sinne einer materialen Werteethik eine objektive Werteordnung der Grund- und Menschenrechte zu entwickeln. Da die einzelnen Freiheitsrechte aufgrund der Formalität des Freiheitsprinzips keinesfalls in einem endgültigen Katalog zusammengefasst werden dürfen, können diese – wie Luf[66] richtigerweise ausführt – „immer nur Perspektiven der Freiheit erfassen." Sie versuchen, unter Einbeziehung materialer Elemente jene Güter zu schützen, die für die autonome Lebensgestaltung eines jeden Individuums von wesentlicher Bedeutung sind. Gerade in dieser geschichtlichen Unabschließbarkeit zeigt sich die Bedeutung der Formalität des transzendentalen Freiheitsprinzips. Die kritische Rückbindung der Freiheitsrechte an dieses Prinzip verhindert, dass die zwingend notwendige Positivierung dieser Rechte zu einem ufer- bzw. kriterienlosen Grundrechtspositivismus verkommt, dass „grundrechtliche Garantien zu juristischen Allerweltsverbürgungen degenerieren."[67]

---

[63] VI 237.
[64] Vgl. dazu Luf 1999, S. 33 f.; König, S. 285 f.
[65] Zur Maßstabsfunktion des einzigen Menschenrechts vgl. Höffe 1979, S. 28; ders. 1979b, S. 123 f.; ders. 1999b, S. 288 f.; ders. 2000, S. 218; König, S. 246 f., 270 ff.; Luf 1999, S. 29 ff.
[66] Luf 1999, S. 33.
[67] Luf 1999, S. 39.

Bedauerlicherweise schenkt Kant in der *Rechtslehre* der fundamentalen Bedeutung, die institutionalisierte Schutzrechte als Realisierungsbedingung gleicher Freiheit gegenüber staatlichem Machtmissbrauch haben, kaum Aufmerksamkeit.[68] Dennoch gibt er einige – wenn auch nur verstreute – Hinweise auf Menschen- bzw. angeborene Rechte.[69] So treffen, wie Luf[70] richtigerweise bemerkt, insbesondere seine Ausführungen zum Begriff der Publizität und zur Meinungs-, Gewissens- und Religionsfreiheit „die grundrechtlichen Anliegen, der Gesetzgebung zum Zwecke der Ermöglichung und Gewährleistung gleicher Freiheit als Schranke zu dienen, im Kern." Kant zählt zudem auch einige mit der menschenrechtlichen Freiheit und Gleichheit grundsätzlich unvereinbare Erscheinungen auf, wie Sklaverei, Leibeigenschaft, Adelsprivilegien.[71] Höffe[72] konstatiert zu Recht, dass Kant durch die Anerkennung beispielsweise eines Ehe-, Eltern- und Hausherrenrechts auch in der *Rechtslehre* „jene konkretere Ebene [betritt], die einen Plural von Menschenrechten eröffnet, der wiederum Kants These, das angeborene Recht sei nur ein einziges ..., relativiert."

---

[68] Luf 1999, S. 35.

[69] Belege von Stellen, in denen Kant von Menschenrechten oder angeborenen Rechten im Plural spricht, finden sich bei König, S. 270, Fn. 139.

[70] Luf 1999, S. 37. Zu den kantischen Ausführungen zur Meinungs-, Presse- und Religionsfreiheit etc. vgl. Lorz, S. 307 ff.; Unruh, S. 130 ff.; König, S. 286 f. Vgl. des Weiteren die in der vorliegenden Untersuchung gemachten Ausführungen zur „*Freiheit der Feder*" (VIII 304) unter VI.8.d.

[71] In VI 283 lehnt Kant die Leibeigenschaft ab, in VI 329, VI 369 f. die Adelsprivilegien. König, S. 285, Fn. 162 bemerkt zu Recht, man könne an der Tatsache, dass Kant aus dem Gleichheitsrecht nicht die Folgerung der Gleichberechtigung der Frauen zieht, erkennen, wie sehr er zum Teil in seiner historischen Situation verhaftet war.

[72] Höffe 1999c, S. 289.

Letzten Endes ist es aber als Schwäche der *Rechtslehre* zu werten, nicht dem unbestreitbar hohen Wert, den Grund- und Menschenrechte für die Verwirklichung von Freiheit haben, in vollem Umfang gerecht geworden zu sein. Grund- und Menschenrechte verdienen mehr als nur in den Prolegomena beiläufig erwähnt zu werden.[73] In der *Rechtslehre* findet selbst ein so elementares Recht wie das auf Leib und Leben keine unmittelbare Behandlung.[74] Es wäre zwar absurd, Kant zu unterstellen, er würde diesem keine Bedeutung beimessen, dennoch ist ihm der Vorwurf zu machen, dass er diese Bedeutung nicht deutlich herausgestellt hat.[75]

---

[73] Vgl. Höffe 1999c, S. 289.
[74] Vgl. dazu Kühl 1984, S. 127, Fn. 2.
[75] Vgl. König, S. 285 f.; Ritter 1976, S. 517 ff.; Höffe 1999c, S. 289. Zotta 2000, S. 78 hingegen meint, dass im Rahmen der konsequent rechtslogischen Argumentation der *Metaphysik der Sitten* kein „Recht auf Leben im Sinne eines Rechtsanspruchs auf Subsistenzmittel ... verankert werden" könne.

VI. Das Staatsrecht

1. Die Notwendigkeit des Staates

a. Einleitung

Kant begründet die Notwendigkeit des Staates in Übereinstimmung mit seinen Vorgängern anhand des Naturzustandstheorems. Im Allgemeinen versteht man unter dem Naturzustandstheorem ein rechtstheoretisches Konstrukt, das aus der Analyse eines vorstaatlichen (Natur-)Zustands heraus die Einsicht in die Notwendigkeit der Errichtung eines Staatswesens gewinnt.[1] Dabei wird dem Naturzustand stets der bürgerliche Zustand bzw. der Staat gegenübergestellt.[2] Der Naturzustand bezeichnet einen Zustand menschlichen Zusammenlebens ohne jegliche staatliche Organisation, mithin ohne gesetzgebende und gesetzesdurchsetzende Obrigkeit.[3]

Für die vorkantischen Vernunftrechtstheoretiker der Neuzeit war das Naturzustandstheorem im Allgemeinen lediglich eine gedankliche und somit theoretisch-philosophische Fiktion, welche die rationale Fundierung des Staates ermöglichen sollte.[4] Da dem Naturzustandstheorem keine praktisch-historische Realität beigemessen wurde, blieb auch regelmäßig die Frage offen, auf welche Weise oder durch welchen Gründungsakt der Staat als Institution tatsächlich entstanden war. Während Locke mit Nachdruck betonte, dass der von ihm beschriebene Naturzustand ein realer Zustand gewesen sei[5], hatte der Naturzustand bei Rousseau nur eine heuristische Funktion. Bei Hobbes fungierte der Naturzustand ebenfalls als heuristische

---

[1] Vgl. Kersting 1993, S. 325. Die Spuren des Naturzustandstheorems lassen sich von den Anfängen der Staatsphilosophie bis in die Gegenwart verfolgen. Eine angemessene Darstellung auch nur der Grundzüge dieser Entwicklung ist aber im Rahmen der vorliegenden Untersuchung nicht möglich. Hier muss die Feststellung genügen, dass das Naturzustandstheorem in der politischen Philosophie der Neuzeit, vor allem im 17. und 18. Jahrhundert, von größter Bedeutung war. Umfangreiche Literaturnachweise zu diesem Thema finden sich bei Unruh, S. 86, Fn. 5, 6. Zum Naturzustandstheorem in der neuzeitlichen Naturrechtsphilosophie vgl. Medick, S. 30 ff.

[2] Der systematisch keine größere Rolle spielende Unterschied zwischen dem Begriff *Staat* und dem Begriff des *bürgerlichen Zustands* wird von Kant erst in § 43 (VI 311) genannt: Der „Zustand der Einzelnen im Volke in Verhältnis untereinander heißt der *bürgerliche* (*status civilis*), und das Ganze derselben in Beziehung auf seine eigenen Glieder der *Staat* (*civitas*)".

[3] Vgl. Geismann 1982, S. 162.

[4] Vgl. Druwe, S. 395; Adam, S. 165 f.; Unruh, S. 86.

[5] Locke, § 15.

Hypothese, auch wenn er es für möglich hielt, dass ein solcher Zustand im zeitgenössischen Nordamerika tatsächlich existierte.[6]

Kant richtet sein Augenmerk bei den Ausführungen zum Naturzustandstheorem nur auf die rechtlich-praktische Notwendigkeit des Übergangs vom Naturzustand in den bürgerlichen Zustand, wobei auch bei ihm die Frage nach einem möglichen historischen Ort des Naturzustandes gänzlich außer Betracht bleibt.[7] Das kantische Naturzustandsmodell darf daher keinesfalls als eine Beschreibung der tatsächlichen Staatsgenese begriffen werden.[8] Der aus der Tradition übernommene Begriff des Naturzustandes meint kein wirkliches oder hypothetisch zu präsumierendes historisches Faktum. Er ist vielmehr auch bei Kant lediglich ein Denkmodell, „eine heuristische Forme[l] zur Übersetzung von Forderungen der praktischen Vernunft in die Realität des (immer schon vorgefundenen) Staates."[9]

Die Naturzustandslehre ist – dies wird von den Kant-Interpreten stets betont – ein tragender Baustein der kantischen Staatsrechtslehre.[10] Kant verdankt nach eigener Einschätzung dem „Ideal des hobbes" die entscheidende Einsicht in die Notwendigkeit des bürgerlichen Zustands.[11] Hobbes habe als Erster beweisen können, dass es nicht willkürlich sei, aus dem Naturzustand herauszugehen. In der Hauptsache wird die Notwendigkeit des Staates von Kant im Übergangsbereich zwischen dem Privatrecht und dem öffentlichen Recht in den §§ 41-44 der *Rechtslehre* angesprochen. Bei ihrer Erläuterung wird sich zeigen, auf welche Art und Weise die naturzustandstheoretischen Überlegungen von Hobbes in die kantische Begründung der Exeundum-Forderung Einzug gehalten haben.

---

[6] Vgl. May, S. 43 f.; Unruh, S. 86 f.; Fetscher 1998, S. XXII.
[7] Ludwig 1988, S. 155.
[8] Vgl. Tretter, S. 259; Steigleder, S. 198; Unruh, S. 87; Zotta 2000, S. 83, Fn. 4. An dieser Stelle sei noch angemerkt, dass die empirische Entstehung der Staaten und auch der Völkerbünde von Kant insbesondere in seinen Schriften *Mutmaßlicher Anfang der Menschheitsgeschichte* und *Über den Gemeinspruch: Das mag in der Theorie richtig sein, taugt aber nicht für die Praxis* behandelt wird. Dort zeigt sich, dass für Kant im Wesentlichen Not und Gewalt die Gründe der tatsächlichen Entstehung der Staaten sind. Vgl. dazu auch Sassenbach, S. 118.
[9] Ritter 1987, S. 339.
[10] Vgl. etwa Geismann 1982, S. 161 ff.
[11] Vgl. XIX 99 f.

b. Die Stellung des Eigentums im Naturzustand

Bekanntlich wird das öffentliche Recht bei Kant, anders als bei Hobbes und Rousseau, erst nach dem Privatrecht entwickelt. Hauptgegenstand des Privatrechts sind demgemäß die Rechte und Pflichten der Rechtssubjekte unter Absehung der „rechtlichen Form ihres Beisammenseins (Verfassung)"[12]. Nachdem das Recht des inneren Mein und Dein – wie oben bereits erwähnt – nur kurz in den „Prolegomenen" abgehandelt wurde[13], erfolgt eine ausführliche Darstellung des erworbenen Rechts, des äußeren Mein und Dein. Dabei etabliert Kant drei Gruppen von Rechten des äußeren Mein und Dein: dingliche, persönliche und auf dingliche Art persönliche subjektive Rechte. Sie werden bei ihm *vorstaatlich* auf ein Postulat der praktischen Vernunft gegründet. Dieses Postulat besagt, dass es „möglich [ist], einen jeden äußeren Gegenstand meiner Willkür als das Meine zu haben".[14] Danach kann man eine Sache nicht nur physisch besitzen, sondern auch rechtlich – selbst ohne Detention – zu Eigen haben.

Auf eine detaillierte Darstellung der Erwerbsproblematik, insbesondere auf eine Diskussion der Okkupations- und Arbeitstheorie, kann vorliegend verzichtet werden. Von vorrangigem Interesse ist im Hinblick auf die Begründung der Notwendigkeit des Staates vielmehr die Frage, welche Stellung das äußere Mein und Dein im Naturzustand konkret innehat bzw. wie dieses im Gegensatz zu jenem im bürgerlichen Zustand genau beschaffen ist. Aufschluss hierüber geben die §§ 8 und 9 der *Rechtslehre*. Diese sprechen damit ein zentrales Element der Naturzustandsproblematik an und stellen somit einen Vorgriff auf das öffentliche Recht dar.[15]

In § 8 erläutert Kant die schon in der Überschrift formulierte These, dass etwas „Äußeres als das seine zu haben ... nur ... im bürgerlichen Zustand möglich" ist.[16] Es bedarf nämlich einer reziproken Anerkennung des äußeren Mein und Dein, da es nicht generell auszuschließen ist, dass jemand das Eigentum an einer Sache, bezüglich der ein anderer sein Eigentum behauptet, für sich beansprucht.[17] Daher kann es grundsätzlich zu einem Konflikt

---

[12] VI 306.
[13] Vgl. VI 237 f.
[14] VI 246. Vgl. dazu VI 246 f., VI 252 ff., VI 263. Vgl. des Weiteren Ritter 1987, S. 338 und Oberer 1997, S. 186 f.
[15] Vgl. Hespe 1998, S. 305.
[16] VI 255.
[17] Vgl. Fulda 1999, S. 113.

kommen, in dem des einen Willkür durch die des anderen vernichtet wird. Dieser Zustand widerspricht aber – wie Kühl[18] zu Recht hervorhebt – „der *Grundvoraussetzung allen Rechts*: ‚der Freiheit nach allgemeinen Gesetzen'." Diesem Widerspruch kann man nur entgehen, wenn jedem das Seine gegen andere gesichert wird.[19] Hierfür bedarf es einer zentralen Institution, die potentielle Streitigkeiten bezüglich des Eigentums klären kann. Denn „der einseitige Wille in Ansehung eines äußeren, mithin zufälligen, Besitzes [kann] nicht zum Zwangsgesetz für jedermann dienen, weil das der Freiheit nach allgemeinen Gesetzen Abbruch tun würde."[20] Nur ein für jeden verbindlicher, also ein „kollektiv-allgemeiner (gemeinsamer) und machthabender Wille" allein kann „jedermann jene Sicherheit leisten ... . – Der Zustand aber unter einer allgemeinen äußeren (d.i. öffentlichen), mit Macht begleiteten Gesetzgebung, ist der bürgerliche. Also kann es nur im bürgerlichen Zustande ein äußeres Mein und Dein geben."[21]

Wenn Kant hier – missverständlicherweise – sagt, nur im bürgerlichen Zustand könne es „ein äußeres Mein und Dein geben", dann will er damit nicht die grundsätzliche Möglichkeit eines äußeren Mein und Dein schon im Naturzustand verneinen.[22] Denn dass es ein äußeres Mein und Dein als solches schon im Naturzustand gibt, wurde von ihm bereits in den vorhergehenden Paragraphen dargelegt. Er meint hier vielmehr, es könne das äußere Mein und Dein nur im bürgerlichen Zustand *garantiert* werden. „Alle Garantie setzt also das Seine von jemandem (dem es gesichert wird) schon voraus."[23] Es kann nur etwas gesichert werden, wenn es schon besteht, bevor es gesichert werden soll; Nichtexistentes ist nicht sicherbar. Demgemäß kann der bürgerliche Zustand logisch auch nur unter der Voraussetzung gedacht werden, dass es schon im Naturzustand legitime Rechtsansprüche gibt.

Ludwig[24] ist nun der Auffassung, es sei „nicht erst das Problem der physischen Sicherstellung des äußeren Mein und Dein, welches die allgemeine, mit Macht begleitete Gesetzgebung notwendig macht." Vielmehr setze „die rechtlich-begriffliche Möglichkeit – d.i. Verträglichkeit mit der angeborenen Freiheit eines jeden – ... den ‚allgemeinen (gemeinsamen) Willen' als *gesetzgebenden* ... voraus". Dem ist aber entgegenzuhalten, dass es nicht

---

[18] Kühl 1984, S. 162.
[19] Vgl. Kühl 1984, S. 162.
[20] VI 256.
[21] VI 256.
[22] Vgl. zum Folgenden Kater, S. 120 f.
[23] VI 256.
[24] Ludwig 1988, S. 116. Vgl. auch Herb / Ludwig 1993, S. 291, Fn. 18.

bloß eines allgemeinen gesetzgebenden Willens, sondern auch eines „machthabende[n] Wille[ns]" bedarf, der „jene Sicherheit leisten kann", also auch zwingen darf: „denn bürgerliche Verfassung ist allein der rechtliche Zustand, durch welchen jedem das Seine nur gesichert, eigentlich aber nicht ausgemacht und bestimmt wird."[25] Es geht Kant demnach auch um die physische Sicherstellung des äußeren Mein und Dein. Notwendig macht den allgemeinen Willen im Naturzustand also nicht nur allein die Rechtsunsicherheit, die bezüglich der einzelnen Eigentumstitel herrscht, mithin die Unsicherheit darüber, wer an welchem Gegenstand das Eigentum hat, sondern auch die physische Sicherstellung des äußeren Mein und Dein.

In § 9 erfährt man von Kant, wie das äußere Mein und Dein im Naturzustand im Gegensatz zu dem im bürgerlichen Zustand beschaffen ist. Der Besitz im Naturzustand ist vom Besitz im bürgerlichen Zustand bloß hinsichtlich der Modalität seiner Garantie unterschieden: Im Naturzustand gibt es „doch ein wirkliches, aber nur *provisorisches* äußeres Mein und Dein"[26]. D.h., dass ein „Besitz in Erwartung und Vorbereitung eines ... [bürgerlichen] Zustandes ... ein *provisorisch-rechtlicher* Besitz [ist], wogegen derjenige, der in einem solchen *wirklichen* Zustande angetroffen wird, ein *peremtorischer* Besitz sein würde. ... Mit einem Worte: die Art, etwas Äußeres als das Seine *im Naturzustande* zu haben, ist ein physischer Besitz, der die rechtliche *Präsumtion* für sich hat, ihn durch die Vereinigung mit dem Willen Aller in einer öffentlichen Gesetzgebung, zu einem rechtlichen zu machen, und gilt in der Erwartung *komparativ* für einen rechtlichen."[27]
Der Naturzustand weist in den §§ 8 f. schon aufgrund der Frage, wie das äußere Mein und Dein peremtorisch werden kann bzw. wie Rechtsansprüche garantiert werden können, über sich hinaus.[28] Jede Erwerbung steht grundsätzlich unter der Bedingung der Übereinstimmung mit dem vereinigten Willen. Der Besitz ist demzufolge immer nur vorläufig und vorbehaltlich einer positivrechtlichen Regelung als rechtlicher anzusehen. Dennoch ist der Besitz im status naturalis mit sämtlichen Rechtswirkungen ausgestattet. Jede Erwerbung ist – trotz ihrer provisorischen Modalität – eine Rechtshandlung mit verpflichtender Wirkung und nicht bloß eine von rechtlichen Implikationen freie tatsächliche Handlung.[29]

---

[25] VI 256.
[26] Vgl. schon die Überschrift des § 9 (VI 256).
[27] VI 257.
[28] Vgl. Kater, S. 121.
[29] Kersting 1991, S. 130.

Kant statuiert zur Sicherung des äußeren Mein und Dein am Ende des § 8 unter Bezugnahme auf das oben bereits erwähnte rechtliche Postulat der praktischen Vernunft folgendes Recht: „Wenn es rechtlich möglich sein muss, einen äußeren Gegenstand als das Seine zu haben: so muss es auch dem Subjekt erlaubt sein, jeden Anderen, mit dem es zum Streit des Mein und Dein über ein solches Objekt kommt, zu *nötigen*, mit ihm zusammen in eine bürgerliche Verfassung zu treten."[30] In § 9 formuliert er, wie schon am Ende des § 8, ein „Recht, jedermann ... zu nötigen, mit uns in eine Verfassung zusammenzutreten, worin jenes [äußere Mein und Dein] gesichert werden kann."[31] Er knüpft es aber – anders als in § 8 – nicht mehr an die Voraussetzung, dass es tatsächlich zu einem das Eigentum betreffenden Streit kommt. In § 9 wird dieses Nötigungsrecht unabhängig davon gewährt. Wir dürfen nämlich bereits „jedermann, mit dem wir irgend auf eine Art in Verkehr kommen *könnten*", nötigen, „mit uns in eine Verfassung zusammenzutreten".[32] Durch das so formulierte Nötigungsrecht ist es uns grundsätzlich erlaubt, alle Menschen zum Zusammenschluss zu einer bürgerlichen Verfassung zu zwingen, schließlich könnten wir – wenigstens theoretisch – mit jedem beliebigen Menschen auf Erden „irgend auf eine Art in Verkehr kommen." Es handelt sich hierbei mithin um ein uneingeschränktes bzw. umfassendes Nötigungsrecht.

Schon die bloße Möglichkeit von Rechtsstreitigkeiten, die das Eigentum betreffen und die nicht von einem einseitigen bzw. privaten Willen allgemein verbindlich entschieden werden können, gibt also jedem das Recht, alle anderen zum Eintritt in den status civilis zu zwingen. Ob daneben auch die in Ermangelung eines „kollektiv-allgemein[en] ... und machthabend[en] Wille[ns]"[33] im Naturzustand grundsätzlich bestehende Gefahr bzw. Unsicherheit für die individuellen Freiheitsrechte jedem die Befugnis erteilt, die anderen zum Übergang zu zwingen, wird von Kant in den §§ 8 f. nicht näher thematisiert. Kant bemüht bei der Etablierung dieses Zwangsrechts offenbar nur eigentumstheoretische Erwägungen.

Dies ist – jedenfalls in systematischer Hinsicht – konsequent, da er im Privatrecht ausschließlich das äußere Mein und Dein behandelt. Das Recht des inneren Mein und Dein, d.h. das einzige dem Menschen angeborene Recht, wird ohnehin nur kurz in den „Prolegomenen" erwähnt.[34] Von ihm wird aber im weiteren Verlauf der Argumentation kein systematischer Gebrauch

---

[30] VI 256.
[31] VI 256.
[32] VI 256 (Hervorhebung von C.N.).
[33] VI 256.
[34] Vgl. VI 237 f.

mehr gemacht. Demzufolge spielt das innere Mein und Dein bei der Konzeption des Nötigungsrechts in den §§ 8 f. auch keine Rolle. Wäre es Kant aber an dieser Stelle um die Legitimierung konkreter Freiheitsrechte und nicht bloß um die Eigentumsproblematik gegangen, so hätte er mit Sicherheit auch ein Nötigungsrecht zur Sicherung dieser Freiheitsrechte gewährt. Da sich Kant im Privatrecht der *Rechtslehre* aber vorwiegend der Eigentumsproblematik widmet, bleibt ein Nötigungsrecht aus anderen als aus eigentumstheoretischen Gründen außer Betracht.

An dieser Stelle deutet sich schon ein zentrales Problem der kantischen Begründung der Exeundum-Pflicht an. Das Problem nämlich, ob ausschließlich das Sacheigentum den Übergang zum status civilis erfordert oder aber ob dieser Übergang nicht auch von jedem anderen vernunftrechtlich legitimierten Freiheitsrecht erfordert wird. Dieser Problematik soll aber erst später genauer nachgegangen werden.[35]

Herb / Ludwig[36] behaupten nun, Kant erreiche „in der Metaphysik der Sitten bereits mit der Privatrechtsargumentation das Beweisziel der *exeundum*-Forderung – noch bevor er das Naturzustandsmodell und damit die Dichotomie von Naturzustand und bürgerlichem Zustand als argumentatives Grundmuster zur Begründung des ‚Übergangs' bemüht." Daher sei die „spezifische Notwendigkeit eines allgemeinen machthabenden Willens ... im Prinzip gesichert, ehe das Hobbessche Erbe zum Zuge kommt."

Dem ist dezidiert zu widersprechen. Mit dem eben erläuterten Nötigungsrecht ist nämlich der unter dem nächsten Gliederungspunkt genauer zu durchleuchtende „Übergang von dem Mein und Dein im Naturzustande zu dem im rechtlichen Zustande überhaupt"[37] lediglich indiziert. Von einer Pflicht, den Naturzustand zu verlassen, ist aber an keiner Stelle der §§ 8 f. die Rede. Erst in § 42 wird der Übergang nicht mehr – wie noch in den §§ 8 f. – als bloße Erlaubnis formuliert, sondern unter ein Sollen gestellt, mithin zu einem Gebot deklariert.[38] Die Behauptung, dass man zum bürgerlichen Zustand übergehen *muss*, kann nicht schon mit der Einsicht gerechtfertigt werden, dass man andere in diesen Zustand hineinzwingen *darf*. Die

---

[35] Vgl. unten VI.1.c.cc.
[36] Herb / Ludwig 1993, S. 294 f., vgl. auch schon S. 292 f.: „Den Nachweis der rechtlichen Notwendigkeit der bürgerlichen Verfassung hat er ohne einen solchen Verweis [auf den Begriff des Naturzustandes], allein vermittels einer Analyse der Möglichkeit des rechtlichen Bezugs freier Wesen auf äußere Gegenstände der Willkür, geleistet. ... In den Paragraphen des Privatrechts ist die Notwendigkeit des bürgerlichen Zustands das Resultat der Analyse des *meum vel tuum externum*".
[37] VI 305.
[38] Vgl. Kater, S. 121.

§§ 8 und 9 deklarieren demzufolge noch nicht die Pflicht, den Naturzustand zu verlassen, um in einen bürgerlichen zu treten.[39]

Als Zwischenergebnis bleibt festzuhalten, dass das von Kant begründete Privatrecht in Bezug auf das Eigentum schon vor der Begründung der Notwendigkeit eines Staates (§§ 41 ff.) seine – wenn auch nur provisorische – Wirksamkeit entfaltet. Dies impliziert automatisch einen Bedeutungsverlust des Staates, denn das Eigentum (wie im Übrigen auch der Vertrag, die Ehe, die Familie und die Hausgemeinschaft[40]) ist eine schon vorstaatlich gültige, mithin eine dem Staat vorgegebene und vorgeordnete Rechtsinstitution.[41]

c. *Die Pflicht, den Naturzustand zu verlassen*

aa. Kants Begriff des bürgerlichen Zustands

Wie eingangs bereits erwähnt, finden sich die zentralen Ausführungen zur Auseinandersetzung mit dem Naturzustandstheorem in den §§ 41 ff. der *Rechtslehre*. Kant unterscheidet in § 41 – wie auch schon in den eben erläuterten §§ 8 und 9 – zwischen dem Naturzustand, welcher ein „nichtrechtlicher" Zustand ist, weil es in ihm keine distributive (austeilende) Gerechtigkeit gibt, einerseits und dem bürgerlichen Zustand andererseits.[42] Kant stellt dem Naturzustand also nicht – wie vor ihm Achenwall – den gesellschaftlichen Zustand gegenüber, „denn es kann auch im Naturzustande rechtmäßige Gesellschaften (z.B. eheliche, väterliche, häusliche überhaupt und beliebige mehr) geben".[43] Die analytische Unterscheidung zwi-

---

[39] Vgl. dazu Fulda 1999, S. 114, Fn. 4; ders. 1997, S. 285.
[40] An dieser Stelle sei darauf hingewiesen, dass die im Abschnitt über das auf dingliche Art persönliche Recht behandelten Gesellschaftsformen – im Unterschied zum Eigentum – durch den Übergang vom status naturalis in den status civilis nicht verändert werden. Es besteht keine geltungstheoretische Abhängigkeit der Ehe, der Elternschaft und der Hausherrenverhältnisse vom Eintritt in den bürgerlichen Zustand. Sie entfalten bereits im Naturzustand vollrechtliche Wirkung. Durch den Übertritt vom Naturzustand in den bürgerlichen Zustand ändert sich bei der häuslichen Gesellschaft – dies ist der Oberbegriff für die eben genannten Verhältnisse – hinsichtlich der Rechtsmodalität nichts. Vgl. dazu Brandt 1974, S. 195, 198; Unruh, S. 100.
[41] Vgl. Höffe 2000, S. 225. Der Frage, inwieweit der Staat auf die ihm vorgegebene Eigentumsordnung Einfluss nehmen kann, wird unten unter VI.3. genauer nachgegangen.
[42] VI 306.
[43] VI 306. Unruh, S. 100 bemerkt, dass sich die explizite Bezugnahme Kants auf den Göttinger Juristen Gottfried Achenwall in § 41 aus der Tatsache erklärt, dass dessen 1750 erschienenes und danach vielfach aufgelegtes Kompendium, die *Elementa iuris naturae*, den Vorlesungen Kants zum Naturrecht zugrunde lag.

schen status naturalis und status civilis erscheint als vollkommene Disjunktion, die sich nach Kant zudem mit der Unterscheidung zwischen Privatrecht und öffentlichem Recht deckt.[44]

Der bürgerliche Zustand ist ein rechtlicher Zustand, verstanden als ein „Verhältnis der Menschen untereinander, welches die Bedingungen enthält, unter denen allein jeder seines Rechts *teilhaftig* werden kann".[45] Er ist ein Zustand der öffentlichen, d.h. nicht privaten, sondern allgemeinen und überindividuellen Bestimmung und Absicherung der Rechte eines jeden Individuums und lässt sich somit zusammengefasst als ein Zustand der Rechtssicherheit charakterisieren.[46] Die Rechtssicherheit wird dabei von der öffentlichen Gerechtigkeit – als Ausfluss des allgemein gesetzgebenden Willens – gewährleistet. Sie teilt sich in „die *beschützende (iustitia tutatrix)*, die *wechselseitig erwerbende (iustitia commutativa)* und die *austeilende Gerechtigkeit (iustitia distributiva)*"[47] auf. Letztere ist von zentraler Bedeutung, da gerade ihr Fehlen den Naturzustand per definitionem zum nicht-rechtlichen Zustand macht. Sie bezeichnet bei Kant die verbindliche Festlegung und Durchsetzung dessen, was als peremtorisches Recht im status civilis gelten soll.[48]

Im bürgerlichen Zustand wechselt – wie oben gezeigt – das äußere Mein und Dein seine Modalität; aus dem provisorischen Mein und Dein wird ein peremtorisches. Das Eigentum erwächst so im bürgerlichen Zustand zum gesicherten (Voll-)Recht. Dabei ist „die Materie des Privatrechts" im status naturalis „ebendieselbe"[49] wie im status civilis, so dass sich beim Übergang zwar die Modalität des äußeren Mein und Dein ändert, nicht aber – jedenfalls dem Grundsatz nach – sein quantitativer Bestand. Der Frage, ob und gegebenenfalls wie der Staat in diese Eigentumsordnung eingreifen darf, mithin der Frage nach einer sozialstaatlichen Öffnung der kantischen

---

[44] So zutreffend Herb / Ludwig 1993, S. 297. Sich diesbezüglich selbst widersprechend behaupten sie im Folgenden (S. 312) aber, die strikte Dichotomie von Naturzustand und bürgerlichem Zustand verschwinde bei Kant mit der „Konstruktion eines kontinuierlichen Übergangs" vom Naturzustand in den bürgerlichen Zustand. So werde „die scheinbare theoretische Kluft zwischen den beiden Zuständen praktisch relativiert." Für die Annahme einer „Konstruktion eines kontinuierlichen Übergangs" fehlt aber jeglicher Anhaltspunkt im kantischen Text; eine solche Interpretation ist daher abzulehnen. Vgl. dazu auch Fulda 1997, S. 273, Fn. 6.
[45] VI 305 f.
[46] Vgl. Kühl 1984, S. 162; Tretter, S. 259.
[47] VI 306.
[48] Vgl. Unruh, S. 100 f.
[49] VI 306.

Staatsrechtslehre, wird weiter unten nachgegangen.[50] Zunächst soll nun Kants Argumentation in den §§ 42, 44 näher erläutert werden.

bb. Kants Argumentationsgang in den §§ 42, 44 der *Rechtslehre*

In Kants Argumentationsgang in den §§ 42, 44 spiegelt sich – wenigstens ansatzweise – die hobbessche Naturzustandstheorie wieder. Diese weist einen Wechsel zwischen empirisch-anthropologischen Annahmen und rein rechtslogischen Argumenten auf. Der „Universalität des Opferseins"[51] im status naturalis, die Hobbes in seinem späteren Hauptwerk *Leviathan* mittels anthropologischer Bestimmungen ausführlich schildert, um die Naturzustandsbewohner mit der grundlegenden Alternative zwischen Unsicherheit oder Sicherheit, Krieg oder Frieden, Tod oder Leben zu konfrontieren, steht eine rein rechtslogische Argumentation bezüglich der inneren Widersprüchlichkeit des status naturalis im ersten Teil seines Werkes *De cive* gegenüber. Dort tritt die juridische Analyse der Selbstwidersprüchlichkeit des Naturzustands gegenüber der anthropologisch begründeten Konfliktdimension deutlich in den Vordergrund.[52]

„[D]er Stand der Natur: ein Ideal des hobbes. Es wird hier das recht im Stande der Natur und nicht das *factum* erwogen. Es wird bewiesen, daß es nicht willkührlich sey, aus dem Stande der Natur herauszugehen, sondern nothwendig nach den Regeln des Rechts."[53] Diesem Zitat zufolge sieht Kant die Stärke der hobbesschen Theorie gerade in der rein juridischen Begründung der Exeundum-Forderung. Hobbes hat nach Einschätzung Kants eine Begründung „nach den Regeln des Rechts" geliefert. Danach macht allein das „recht im Stande der Natur", also das Recht unter den Anwendungsbedingungen des Naturzustands, und nicht irgend ein „*factum*" den Eintritt in den status civilis notwendig.

Das Hauptargument in der hobbesschen Begründung der Exeundum-Pflicht erblickt Kant darin, dass sie den Widerspruch zum Recht aufzeigt, den die im Naturzustand allein gegebene private Jurisdiktion erzeugt. In der Schrift *Die Religion innerhalb der Grenzen der bloßen Vernunft* von 1793 führt er dazu aus: „Hobbes' Satz: *status hominum naturalis est bellum omnium in omnes*, hat weiter keinen Fehler, als dass es heißen sollte: *est status belli* etc. Denn wenn man gleich nicht einräumt, dass zwischen Menschen, die

---

[50] S. unter VI.3.
[51] Höffe 1987, S. 338.
[52] Vgl. May, S. 14. Vgl. zum Naturzustand bei Hobbes auch Münkler, S. 94 ff.
[53] Vgl. XIX 99 f.

nicht unter äußeren und öffentlichen Gesetzen stehen, jederzeit wirkliche *Feindseligkeiten* herrschen: so ist doch der *Zustand* derselben (*status juridicus*), d.i. das Verhältnis, in und durch welches sie der Rechte (des Erwerbs oder der Erhaltung derselben) fähig sind, ein solcher Zustand, in welchem ein jeder selbst Richter über das sein will, was ihm gegen andere recht sei, aber auch für dieses keine Sicherheit von anderen hat, oder ihnen gibt, als jedes seine eigene Gewalt; welches ein Kriegszustand ist, in dem jedermann wider jedermann beständig gerüstet sein muss. Der zweite Satz desselben: *exeundum esse e statu naturali*, ist eine Folge aus dem ersteren: denn dieser Zustand ist eine kontinuierliche Läsion der Rechte aller anderen durch die Anmaßung, in seiner eigenen Sache Richter zu sein, und anderen Menschen keine Sicherheit wegen des Ihrigen zu lassen, als bloß seine eigene Willkür."[54]

Abgesehen von der anfänglichen Belehrung, deren Hobbes gar nicht bedurft hätte[55], trifft Kant damit den Kern der hobbesschen Begründung der Exeundum-Pflicht.[56]

Kant übernimmt diese Begründung in die *Rechtslehre*. Dabei wird die Rechtspflicht, vom Naturzustand in den rechtlichen Zustand überzutreten, von ihm in den §§ 42, 44 mehrmals aufgegriffen und mit scheinbar unterschiedlichen Argumenten hergeleitet. Eine genaue Analyse erweist aber, dass Kant dafür keineswegs mehrere verschiedene, sondern lediglich ein einziges, allerdings mehrfach präzisiertes Argument liefert.[57] Dieses folgt einer rein juridischen Logik: Es ist allein das spezifisch rechtliche Defizit des Naturzustands, welches es für alle zur rechtlichen Pflicht macht, in den status civilis zu treten. Dieses Defizit ist der im Naturzustand allein mögliche Modus privater Jurisdiktion. Gerade der Modus privater Jurisdiktion macht – bedingt durch das Zusammenleben der Menschen in einem begrenzten Raum – das Entstehen von Rechtskonflikten generell möglich.[58]

Schon die bloße Möglichkeit des Konflikts stellt eine permanente Bedrohung für die äußere Freiheit des Menschen insgesamt dar, da auch nicht grundsätzlich ausgeschlossen werden kann, dass es zur Anwendung von

---

[54] VI 97.
[55] Schon in seinem Werk *De Cive* bringt Hobbes die von Kant vermisste Präzisierung: „in statu naturae, hoc est, in statu *belli*" (Hobbes, *De Cive*, I 15). Vgl. im *Leviathan*: „[D]as Wesen des Krieges [besteht] nicht in tatsächlichen Kampfhandlungen, sondern in der bekannten Bereitschaft dazu während der ganzen Zeit, in der man sich des Gegenteils nicht sicher sein kann. Jede andere Zeit ist *Frieden*" (Hobbes, *Leviathan*, XIII 8).
[56] Vgl. Geismann 1997, S. 253; Hespe 1998, S. 315.
[57] Vgl. Hespe 1998, S. 315, 317 f.
[58] Vgl. Tretter, S. 260 f.

Gewalt zur Lösung des Konflikts kommt.⁵⁹ Aus der grundsätzlichen Möglichkeit des Rechtskonflikts und der damit einhergehenden Gefahr für die äußere Freiheit der Individuen resultiert nun die rechtsimmanente Pflicht, in den rechtlichen Zustand zu treten. Denn im status naturalis kann das Recht als solches nicht zu seiner Verwirklichung gelangen. Kant begründet die Notwendigkeit einer souveränen staatlichen Gewalt letztlich durch den Aufweis eines sonst gegebenen Widerspruchs zum Recht. Vor diesem Hintergrund wird auch verständlich, was Kant meint, wenn er im ersten Absatz des § 42 sagt, dass sich der Grund der Exeundum-Pflicht „analytisch aus dem Begriffe des *Rechts*" entwickeln lasse.⁶⁰ Wie Kant nun dieses Argument im Detail entwickelt, soll im Folgenden aufgezeigt werden.

Nach den definitorischen Bestimmungen in § 41 formuliert Kant gleich zu Beginn des § 42 die Rechtspflicht, den Naturzustand zu verlassen: „Aus dem Privatrecht im natürlichen Zustande geht nun das Postulat des öffentlichen Rechts hervor: du sollst, im Verhältnisse eines unvermeidlichen Nebeneinanderseins, mit allen Anderen, aus jenem heraus, in einen rechtlichen Zustand, d.i. den einer austeilenden Gerechtigkeit, übergehen."⁶¹
Kant setzt hier ein „unvermeidlich[es] Nebeneinandersein" voraus. Die Gestalt der Erde macht ein solches Nebeneinandersein zwingend: Die „Natur" hat die Menschen „alle zusammen (vermöge der Kugelgestalt ihres Aufenthalts, als *globus terraqueus*) in bestimmte Grenzen eingeschlossen"⁶², so dass sie sich – wie Kant in der Schrift *Zum ewigen Frieden* feststellt – auf „der Oberfläche der Erde, auf der als Kugelfläche sie sich nicht ins Unendliche zerstreuen können, ... doch nebeneinander dulden müssen".⁶³
Dass es im status naturalis notwendigerweise Berührungspunkte bzw. soziale Verhältnisse zwischen den Einzelnen gibt, ist eine Voraussetzung der juridischen Problemstellung selbst und muss als solche nicht erst noch erwiesen werden. Kant thematisiert hier den Status der Naturzustandsbewohner unter den Bedingungen ihrer natürlichen Sozialität. Wenn es keine, wie auch immer gearteten, sozialen Verhältnisse zwischen den einzelnen Naturzustandsbewohnern geben würde, könnte es auch niemals zu Rechts-

---

[59] Vgl. Höffe 1979a, S. 209.
[60] VI 307. Vgl. hierzu Kühl 1984, S. 163 f.; Tretter, S. 260.
[61] VI 307.
[62] VI 352.
[63] VIII 358.

problemen zwischen diesen kommen.[64] Man würde dem Naturzustand mithin sein problemkonstitutives Potential nehmen, wenn man den Naturzustandsbewohner als eine nicht in Kontakt zu anderen stehende, isolierte Existenz begreifen würde. Die Annahme einer derart isolierten Existenz der Naturzustandsbewohner führt somit nicht zu einem adäquateren, *wahren* Naturzustandsbegriff, sondern zeugt entweder von der Verkennung der rechtstheoretischen Fundierungsfunktion des Naturzustandsmodells oder vom Bestreben, die Naturzustandsproblematik um eine entwicklungsgeschichtliche oder geschichtsphilosophische Fragestellung zu erweitern.

Bei der Begründung des Postulats greift Kant zunächst auf die These Hobbes' zurück, nach der es unter den Gegebenheiten des Naturzustands für das Individuum keine Sicherheit im Hinblick auf das Verhalten der jeweils anderen Individuen gibt.[65]
Nach der Naturzustandsanalyse von Hobbes kann vom Menschen die freiwillige Einschränkung der eigenen Freiheit auf die in den *leges naturales* formulierten Bedingungen kollektiver Selbsterhaltung vernünftigerweise nicht verlangt werden, da sie mit dem subjektiven Selbsterhaltungsrecht, mit der Intention der natürlichen Gesetze selbst und der Vernunft im Widerspruch steht. Es besteht daher für den Einzelnen keine Pflicht, seine eigene Freiheit im Sinne der natürlichen Gesetze einzuschränken, wenn es nicht gleichzeitig eine „Sicherheitsgarantie"[66] dafür gibt, dass auch jeder andere seine Freiheit in diesem Sinne einschränkt. Andernfalls wäre er der Willkür aller anderen hilflos ausgesetzt. Die erforderliche Garantie der Reziprozität der Freiheitseinschränkung kann im Naturzustand nicht gegeben werden; sie ist nach Hobbes nur außerhalb des Naturzustands zu erhalten. Im Naturzustand darf sich jeder „rechtmäßig zur Sicherung gegen alle anderen Menschen auf seine eigene Kraft und Geschicklichkeit verlassen – ungeachtet der natürlichen Gesetze".[67]
Kant argumentiert in dieselbe Richtung, wenn er meint, niemand sei „verbunden, sich des Eingriffs in den Besitz des Anderen zu enthalten, wenn dieser ihm nicht gleichmäßig auch Sicherheit gibt, er werde ebendieselbe Enthaltsamkeit gegen ihn beobachten."[68] Auch nach Kants Auffassung

---

[64] Vgl. Herb / Ludwig 1993, S. 296. Diese geben dazu ein treffendes Beispiel: „Die Einsamkeit Robinsons vor dem Eintreffen Freitags mag ein schwerwiegendes menschliches Problem sein: *Rechts*probleme entstehen erst bei einem gemeinsamen Inselurlaub."
[65] Vgl. zum Folgenden Herb / Ludwig 1993, S. 298 f.; May, S. 57 ff.
[66] Hobbes, *Leviathan*, XVII 2.
[67] Hobbes, *Leviathan*, XVII 2.
[68] VI 307.

kann unter den Bedingungen ungesicherter Reziprozität also eine „Enthaltsamkeit" im Hinblick auf den Besitz anderer Individuen vernünftigerweise nicht verlangt werden. Denn die „Neigung der Menschen überhaupt, über andere den Meister zu spielen (die Überlegenheit des Rechts anderer nicht zu achten, wenn sie sich, der Macht oder List nach, diesen überlegen fühlen)", vereitelt, dass sich die Menschen im Naturzustand uneingeschränkt rechtmäßig verhalten. Wegen dieser in der menschlichen Natur angelegten Neigung, die jeder „in sich selbst hinreichend wahrnehmen kann", ist es auch „nicht nötig, die wirkliche Feindschaft abzuwarten"; der Mensch ist vielmehr „zu einem Zwange gegen den befugt, der ihm schon seiner Natur nach damit droht."
Kant bedient sich hier zur Begründung des Postulats also einer empirisch-anthropologischen Argumentation.[69] Dass dieser Rückgriff auf die Anthropologie die Begründung des Postulats natürlich nicht trägt, wird sich im Folgenden zeigen.[70]

Im zweiten Absatz des § 42 folgt Kant weiterhin dem hobbesschen Argumentationsprogramm: Für Kant – genauso wie zuvor für Hobbes – liegt es in der Logik des Naturzustands, dass die dort befindlichen Individuen „*einander* ... gar nicht unrecht [tun], wenn sie sich untereinander befehden; denn was dem Einen gilt, das gilt auch wechselseitig dem Anderen, gleich als durch eine Übereinkunft".[71] Kant verzichtet hier allerdings auf Hobbes' aufwendige und für seine gesamte Theorie zentrale Begründung der Unmöglichkeit des Unrechttuns im Naturzustand, mithin auf die hobbessche Definition des Unrechtsbegriffs von der Idee vertraglicher Autorisation her. Er begreift vielmehr den Naturzustand und den Willen, „in einem Zustande zu sein und bleiben zu wollen, der kein rechtlicher ist, d.i. in dem Niemand des Seinen wider Gewalttätigkeit sicher ist"[72], als einen Widerspruch zur Idee des Rechts.[73] Wer den Vorsatz hat, im Naturzustand bleiben zu wollen, unterlässt zugleich das, was man zur Beseitigung der Rechtsunsicherheit tun kann. Diese Unterlassung perpetuiert bzw. verstärkt wegen der Gefahr der Ausbreitung von Fehden die Rechtsunsicherheit. Die Rechtsunsicherheit wiederum betrifft nicht nur einzelne Rechte der Individuen, sondern das Recht schlechthin. Das Recht an sich ist also durch die Unterlassung

---

[69] Herb / Ludwig 1993, S. 298; Unruh, S. 94 f.; Bartuschat 1998, S. 27 f.
[70] Vgl. Unruh, S. 92 f. allgemein zur Anthropologie in anderen Schriften Kants, insbesondere in der *Anthropologie in pragmatischer Hinsicht* von 1798.
[71] VI 307.
[72] VI 307 f.
[73] Vgl. Herb / Ludwig 1993, S. 299.

gefährdet, und zwar unabhängig davon, ob sich die Fehden realiter ausbreiten oder nicht. Wer das Recht aber gefährdet, hindert andere daran, dass deren Zustand mit der Freiheit von jedermann nach einem allgemeinen Gesetz zusammen bestehen kann, und begeht somit schon formaliter, also unabhängig von irgendwelchen Handlungen, Unrecht im Sinne des § C. Durch dieses Unrecht wird nicht nur jemand in seinem Recht verletzt, sondern das Recht selbst wird in seiner Verbindlichkeit geschädigt bzw. zerstört. Es ist damit das größte erdenkliche Unrecht. Wer an der Schädigung bzw. Zerstörung des Rechts selbst mitwirkt, tut „im höchsten Grade ... unrecht".[74]

Kant kommt bei diesen Ausführungen gänzlich ohne empirische Annahmen über das menschliche Verhalten aus.[75] Die im Naturzustand allein gegebene Privatvernunft ist also als solche, noch vor und unabhängig von einer konkreten Gefahr für vitale Interessen des Einzelnen, ein Widerspruch zur Rechtsvernunft. Somit stellt der „Naturzustand ... als solcher ein Hindernis der Freiheit" dar und ist in der Tat – wie Herb / Ludwig[76] treffend formulieren – „ein Skandalon der praktischen Vernunft".

Mit der eben aufgezeigten vernunftrechtlichen Steigerung des hobbesschen Unrechtsarguments verleiht Kant seiner Argumentation eine über Hobbes hinausgehende Dynamik. Zugleich deutet sich mit ihr schon ein Wechsel der Argumentationsperspektive an. Es wäre angesichts der methodischen Bedeutung des Naturzustandstheorems für die Ableitung der Notwendigkeit des Staats ohnehin befremdlich, wenn Kant die oben genannten empirisch-anthropologischen Annahmen als das Fundament dieser Ableitung begreifen würde. Schließlich besitzt nach der kantischen transzendentallogischen Methode der apriorischen Erkenntnisgewinnung, welche auch für die *Rechtslehre* absolut verbindlich ist, die bloß empirische Argumentation keine legitimierende Kraft.[77] Wenn es Kant also bei der oben aufgezeigten rein empirischen Argumentation belassen würde, wäre auch ein Verstoß gegen seine eigenen Prinzipien metaphysischer Erkenntnis gegeben. Der Naturzustand könnte dann nicht als apriorische Vernunftidee aufgefasst werden.[78]

---

[74] Vgl. VI 307 f.; Fulda 1997, S. 279.
[75] Hespe 1998, S. 316.
[76] Herb / Ludwig 1993, S. 299.
[77] Vgl. May, S. 59; Unruh, S. 94.
[78] Kersting 1993, S. 330.

In § 44 widmet sich Kant aus diesen Gründen der rein rechtslogischen Problemstellung des Naturzustands.[79] Dies führt dazu, dass die zunächst noch anthropologisch begründete Konfliktdimension gänzlich hinter die juridische zurücktritt. Die im ersten Absatz des § 44 vorzufindende Argumentation Kants ist daher als eine gewisse Zurücknahme der anthropologisch motivierten Argumentation in § 42 und somit als eine Fortsetzung der Beweisführung bezüglich der Exeundum-Pflicht zu werten. Er betont dort nämlich explizit, dass das Ergebnis seiner Naturzustandsanalyse vollkommen unabhängig ist von einer empirisch-anthropologischen Argumentation: „Es ist nicht etwa die Erfahrung, durch die wir von der Maxime der Gewalttätigkeit der Menschen belehrt werden, und ihrer Bösartigkeit, sich, ehe eine äußere machthabende Gesetzgebung erscheint, einander zu befehden, also nicht etwa ein Faktum, welches den öffentlich gesetzlichen Zwang notwendig macht, sondern, sie mögen auch so gutartig und rechtsliebend gedacht werden, wie man will, so liegt es doch *a priori* in der Vernunftidee eines solchen (nicht-rechtlichen) Zustandes, dass, bevor ein öffentlich gesetzlicher Zustand errichtet worden, vereinzelte Menschen, Völker und Staaten, niemals vor Gewalttätigkeit gegeneinander sicher sein können, und zwar aus jedes seinem eigenen Rechte zu tun, *was ihm recht und gut dünkt*, und hierin von der Meinung des Anderen nicht abzuhängen".[80]

Kant befreit hier seine Naturzustandskonzeption von jeder anthropologischen Prämisse und verbaut damit zugleich – wie Kersting[81] zutreffend ausführt – „jeder Interpretation den Weg, die in den Fundamenten der Anthropologie nach geschichtlich-gesellschaftlichen Spuren sucht." Selbst wenn man von einer „gutartig[en]" und „rechtsliebend[en]" Natur des Menschen ausgeht und somit im Vergleich zu § 42 – dort war von einer „Neigung der Menschen ..., über andere den Meister zu spielen"[82] die Rede – die anthropologischen Prämissen auswechselt, so ändert sich dadurch nichts an der grundsätzlich negativen Beurteilung des Naturzustandes. Denn es ist die spezifische *Natur des Zustands* mit seiner kontradiktorischen Struktur wechselseitiger Rechtsansprüche, die dem Naturzustand seine ursprüngliche Negativität verleiht, und nicht etwa die wie auch immer geartete *Natur des Menschen*.[83] Kant muss für seine Naturzustandsanalyse daher nicht auf eine pessimistische Anthropologie und somit auf ein präjudizierendes em-

---

[79] Vgl. zum Folgenden Herb / Ludwig 1993, S. 299 f.
[80] VI 312.
[81] Kersting 1993, S. 330; s. auch ders. 1994, S. 187 ff.
[82] VI 307.
[83] Herb / Ludwig 1993, S. 300; May, S. 61 f.

pirisches Element zurückgreifen.[84] In begründungstheoretischer Hinsicht kommt es demnach weder auf die in § 42 dargelegten noch auf sonstige anthropologische Annahmen an.[85]
Dies wird von Saage, der sich in seiner Arbeit *Eigentum, Staat und Gesellschaft bei Immanuel Kant* mit der kantischen Argumentation des § 44 nicht näher auseinandersetzt, verkannt. Saage vertritt die Auffassung, Kant gehe „von der Triebstruktur des zum Menschen schlechthin hypostasierten Besitzbürgers [aus], die einen latenten oder aktuellen Kampf eines jeden gegen jeden provoziert."[86] Auch Zotta[87] vertritt vor dem Hintergrund der saageschen Arbeit – wenn auch in einer dezent modifizierten Weise – die Auffassung, dass „die negative Anthropologie Kants" in der *Rechtslehre* nicht unerheblich sei. So seien bei Kant die Naturzustandsbewohner durch die „Eigentumsstruktur" der Gesellschaft „in ihrem Wesen bereits prä-, letztlich sogar deformierte Subjekte." Die Menschen hätten „[i]n der Form ihrer einzig möglichen Existenzweise als Privateigentümer ... die negative Anthropologie verinnerlicht". Es bedürfe daher auch „nicht mehr des ausdrücklichen Rekurses auf eine vorgegebene negative Triebstruktur des Menschen: der Mensch ist nach Kant nicht notwendig böse, aber notwendig Privateigentümer, was keinen Unterschied etabliert in Bezug auf das äußere Verhalten: der virulente Kriegszustand wird zum Klima, das solche Existenzen unausweichlich evozieren." Es bestehe also „eine tiefe innere Strukturanalogie zwischen dem Eigentümer und dem boshaften Triebwesen".
Zotta und Saage verkennen, dass Kant in der *Rechtslehre* auf ein Begründungsschema rekurriert, das Erkenntnisse über die Natur des Menschen explizit als irrelevant für die Begründung der Exeundum-Forderung bezeichnet und somit Ausdruck reiner, d.h. voraussetzungsloser Vernunftüberlegungen ist.
Es ist in der Tat nicht auszuschließen, dass die notwendig als Privateigentümer auftretenden Naturzustandsbewohner – wie Zotta[88] meint – durch die „Eigentumsstruktur ... deformierte Subjekte" sind, die sich „böse" verhalten. Auch Kant hat – wie sich ohne weiteres aus der Argumentation in § 42

---

[84] Vgl. Kühl 1984, S. 162 ff.; Unruh, S. 95; Sassenbach, S. 80 f., Fn. 50; Herb / Ludwig 1993, S. 299 ff.; Höffe 1979a, S. 210; ders. 1990, S. 120 ff.; Cavallar, S. 62 ff.; Tretter, S. 262 f.; Kersting 1994, S. 189; Steigleder, S. 199; May, S. 61.
[85] Vgl. Unruh, S. 95. Auch Hespe 1998, S. 316 meint, es handle sich bei diesen Ausführungen „nur um plausibilisierende Erläuterungen, die das Argument selbst nicht tragen."
[86] Saage 1994, S. 73. Vgl. auch ders. 1997, S. 17 f. Zur Kritik an der Auffassung Saages vgl. Kersting 1983, S. 292.
[87] Zotta 1994, S. 21 f. Vgl. auch ders. 2000, S. 85 ff.
[88] Zotta 1994, S. 21 f.

schließen lässt – grundsätzlich ein pessimistisches Menschenbild.[89] Doch kommt es bei ihm in begründungstheoretischer Hinsicht darauf gerade nicht an. Er legt seiner Naturzustandsbeschreibung in § 44 weder eine bestimmte „Triebstruktur"[90] noch eine „negative Anthropologie"[91] des Menschen zugrunde. Gerade im ersten Absatz des § 44 zeigt Kant, dass es allein die durch den Modus privater Rechtsbestimmung und Rechtsdurchsetzung bestimmte spezifische Natur des Zustands ist, die den Naturzustand zum nicht-rechtlichen Zustand macht. Die dort jederzeit möglichen Konflikte können grundsätzlich zur Eliminierung von jedermanns äußerer Freiheit führen und somit zur Verhinderung des Rechts schlechthin.
Die Independenz von einem bestimmten Menschenbild garantiert dabei die Reinheit von empirischen Argumenten, die noch die vorkantischen Naturzustandsvorstellungen prägen. Somit bleibt hier festzuhalten, dass der Gehalt des § 44 für die Wahrung der methodologischen Konsistenz hinreichend ist.[92]

Wie oben bereits angedeutet wurde, ist es schon bei Hobbes – ungeachtet des Aufwands, den er, vor allem im *Leviathan*, bei der empirisch-anthropologisch motivierten Begründung der Konflikttrachtigkeit des Naturzustands betreibt[93] – die innere, juridische Logik des vorstaatlichen Handlungszusammenhangs und nicht die vermeintliche Boshaftigkeit, also nicht eine besondere Qualität der moralischen Gesinnung der Naturzustandsbewohner, die dem Naturzustand seine Konflikttrachtigkeit verleiht.[94] Demnach ist es auch bei Hobbes – jedenfalls im rechtslogischen Teil seiner

---

[89] Unruh, S. 95.
[90] Saage 1994, S. 73.
[91] Zotta 1994, S. 21.
[92] Vgl. Unruh, S. 95.
[93] Hier findet sich – wie Münkler, S. 98 zu Recht feststellt – die „wohl eindringlichste Schilderung des Naturzustands": „Deshalb trifft alles, was Kriegszeiten mit sich bringen, in denen jeder eines jeden Feind ist, auch für die Zeit zu, während der die Menschen keine andere Sicherheit als diejenige haben, die ihnen ihre eigene Stärke und Erfindungskraft bieten. In einer solchen Lage ist für Fleiß kein Raum, da man sich seiner Früchte nicht sicher sein kann; und folglich gibt es keinen Ackerbau, keine Schifffahrt, keine Waren, die auf dem Seeweg eingeführt werden können, keine bequemen Gebäude, keine Geräte, um Dinge, deren Fortbewegung viel Kraft erfordert, hin- und herzubewegen, keine Kenntnis von der Erdoberfläche, keine Zeitrechnung, keine Künste, keine Literatur, keine gesellschaftlichen Beziehungen, und es herrscht, was das Schlimmste von allem ist, beständige Furcht und Gefahr eines gewaltsamen Todes – das menschliche Leben ist einsam, armselig, ekelhaft, tierisch und kurz" (Hobbes, *Leviathan*, XIII 9).
[94] Vgl. Hobbes, *De Cive*, I 7-13 zu seiner rechtslogischen Argumentation. Vgl. dazu auch Geismann / Herb, S. 129 ff., Scholion 220, 224; Hüning 1998a, S. 80 ff.; May, S. 39-54, 62; Geismann 1997, S. 236 ff.

Naturzustandsanalyse – nicht die *Natur des Menschen* als solche, sondern vielmehr die *Natur des Zustands*, in dem sich Menschen ohne gesetzgebende, ausführende und richtende Gewalt befinden, die alle zur Antizipation des Schlimmsten zwingt und somit eine Verhaltensdynamik generiert, die die Unsicherheit auf Dauer verfestigt.[95] Der eigentliche Grund des fundamentalen Widerspruchs des status naturalis liegt dieser rechtslogischen Betrachtungsweise zufolge nicht so sehr in einem empirisch wahrnehmbaren Selbsterhaltungstrieb; der Widerspruch resultiert vielmehr aus dem mit dem Begriff des *ius in omnia* charakterisierten und im Naturzustand allein möglichen subjektiven Modus der Rechtsdistribution. Der Naturzustand hat den Makel, dass dort jeder Richter in eigener Sache ist.[96] Das Defizit des Naturzustands liegt also auch bei Hobbes in der prinzipiellen Unmöglichkeit, auf der Basis privater Jurisdiktion einen Zustand allgemeiner Rechtssicherheit zu erlangen. Das Individuum ist im status naturalis schon durch die bloße Existenz anderer Individuen deren Rechtswillkür ausgesetzt und somit jeglicher Rechtssicherheit beraubt. Für den rechtslogischen Teil der hobbesschen Begründung der Exeundum-Pflicht haben die anthropologischen Argumente mehr eine illustrierende als eine geltungsbegründende Funktion.[97]

Wie sich eben gezeigt hat, besteht bei Kant und Hobbes eine parallele Beweisführung in der rechtslogischen Analyse des Naturzustands.[98] Beiden ist die Einsicht gemeinsam, dass gerade der unvermeidliche und ruinöse Antagonismus der privaten Rechtsurteile im Naturzustand die dort vorfindbare Rechtsunsicherheit generiert. Dieser Antagonismus allein macht die Wirksamkeit des Naturrechts und eine rein naturrechtliche Friedensordnung a priori unmöglich. Mit dem Eintritt in den status civilis wird nicht irgend eine natürliche negative Disposition des Menschen, sondern lediglich die ruinöse Logik eines Zustands, der das Selbsterhaltungsstreben der Individuen einer autodestruktiven Dynamik überlässt, aufgehoben.[99]

---

[95] Herb / Ludwig 1993, S. 300 f.; May, S. 62.
[96] Hobbes, *De Cive*, I 9, 10.
[97] Vgl. May, S. 48 ff.
[98] Diese Parallelität in der Beweisführung wird von vielen Autoren nicht erkannt bzw. nicht deutlich hervorgehoben.
[99] Vgl. Herb / Ludwig 1993, S. 301. Das, was den status naturalis und den status civilis unterscheidet, ist mithin nicht die zustandsspezifische Natur des Menschen – diese ist in beiden Zuständen ganz und gar identisch –, sondern die Natur des Zusammenlebens der Menschen untereinander. Eine eigentümliche Wandlung des Menschen, wie sie Rousseau, *Vom Gesellschaftsvertrag*, I 8 annimmt, geht weder bei Kant noch bei Hobbes mit dem Eintritt in den status civilis einher. Rousseau begreift aber die Dichotomie von natürlichem und bürgerlichem Zustand nicht allein als rechtstheoretisches Konstrukt für analytische

Die Gemeinsamkeiten bei Hobbes und Kant in der rechtslogischen Naturzustandsanalyse bestehen übrigens ungeachtet der Tatsache, dass sie dabei einen jeweils anderen Rechtsbegriff zugrunde legen. Hobbes' Basis ist ein mittels der Selbsterhaltung material definierter Rechtsbegriff[100]; Kant hingegen tritt für einen rein formalen Rechtsbegriff ein.[101] Während das hobbessche Naturrecht auf Selbsterhaltung jedem Individuum ein unbegrenztes und uneingeschränktes Recht gewährt, welches *e definitione* mit demselben Recht der anderen notwendigerweise kollidiert, ist bei Kant der Freiheitsgebrauch des Einzelnen von vornherein, gewissermaßen *per definitionem*, auf einen mit dem Freiheitsgebrauch aller anderen kompatiblen Freiheitsgebrauch eingeschränkt.[102]

Trotz der eben aufgezeigten parallelen Beweisführung unterscheidet sich Kant in seiner Naturzustandsanalyse von Hobbes in einem wesentlichen Punkt. Kant zieht nämlich in der *Rechtslehre* im Hinblick auf die unvermeidlichen Rechtskonflikte im Naturzustand nicht wie Hobbes den Schluss, dass der Zustand allgemeiner Rechtsunsicherheit ein Zustand permanenten Krieges sei.[103] Er stützt seine Begründung der Exeundum-Pflicht also nicht auf einen naturzuständlichen „Krieg aller gegen alle."[104] Der Begriff „Krieg" wird von Kant in den § 41 ff. nicht ein einziges Mal verwendet.[105]

Kant schildert den Naturzustand lediglich als einen Zustand, in dem Rechtskonflikte grundsätzlich jederzeit möglich sind, mithin als einen „Zustand steter Konfliktgefahr"[106]. Dessen spezifisch rechtliches Defizit erzwingt allein den bürgerlichen Zustand.

---

chem Zustand nicht allein als rechtstheoretisches Konstrukt für analytische Zwecke, sondern zugleich als ein geschichtsphilosophisches und kulturkritisches Modell. Von einer derartigen Betrachtungsweise des Naturzustandstheorems sind Hobbes und Kant freilich gleich weit entfernt (vgl. dazu Herb / Ludwig 1993, S. 301, Fn. 35 und May, S. 63, Fn. 114).

[100] Vgl. zum hobbesschen Rechtsbegriff May, S. 39 ff.
[101] Siehe oben IV. und V.
[102] Vgl. Herb / Ludwig 1993, S. 301; May, S. 64 f.; Herb 1999, S. 60.
[103] Vgl. zum Folgenden Herb / Ludwig 1993, S. 303 ff.; May, S. 66 ff.
[104] Hobbes, *De Cive*, I 12. Es ist an dieser Stelle anzumerken, dass sich Hobbes mit der Annahme eines „Krieg[es] aller gegen alle" im krassen Gegensatz zu nahezu allen ihm gegebenen Naturzustandsvorstellungen befindet. Die christlich dominierte Philosophie, welche vor allem von Aristoteles und der Stoa beeinflusst wurde, ging von einem friedlichen Urzustand aus (vgl. Unruh, S. 92).
[105] Erst im Völkerrecht (§§ 53 ff.) verwendet Kant den Begriff zur Charakterisierung zwischenstaatlicher Verhältnisse.
[106] Höffe 1979a, S. 209. Ähnlich Tretter, S. 262: „Zustand prinzipieller Konfliktträchtigkeit".

Bei Hobbes hingegen verlangt – über das spezifisch rechtliche Defizit des Naturzustands hinaus – die andauernde Gefahr für Leib und Leben und die ständige Todesfurcht das Verlassen des Naturzustands. Hobbes kombiniert also bei der Begründung der Exeundum-Forderung in einem Argument zwei aufeinander aufbauende, selbständige Gedanken. Erstens den bereits angesprochenen und auch bei Kant in jedem Argumentationsstadium präsenten Gedanken vom mangelhaften Naturzustand, der dadurch gekennzeichnet ist, dass jeder Richter in eigener Sache ist, was wiederum dafür verantwortlich ist, dass das Verhalten der Naturzustandsbewohner unkalkulierbar bleibt und somit die allgemeine (Rechts-) Unsicherheit perpetuiert wird. Zweitens den Gedanken, dass diese Unsicherheit letzten Endes zu einer existentiellen Bedrohung für alle, mithin zum permanenten Krieg aller gegen alle führt. Die vitale Dimension von Lebensbedrohung und Todesfurcht spielt bei Hobbes für die vollständige Begründung der Exeundum-Pflicht eine zentrale Rolle[107]; die wechselseitige existentielle Bedrohung der Bewohner des Naturzustands gibt den Motor für den Übergang ab: „Indes können die Menschen, solange sie sich im Naturzustande, d.h. im Zustande des Krieges befinden, wegen jener Gleichheit der Kräfte und der anderen menschlichen Vermögen nicht erwarten, sich lange zu erhalten. Deshalb ist es ein Gebot der rechten Vernunft, den Frieden zu suchen".[108]

Die Zuspitzung der rechtlichen Konflikte auf die wechselseitige, fundamentale Bedrohung von Leib und Leben soll bei Hobbes in letzter Konsequenz die Exeundum-Pflicht fundieren. Diese Zuspitzung ist mithin die Argumentationsfigur, vermittels der Hobbes unter Verweis auf das universelle Selbsterhaltungsinteresse den Übergang in den bürgerlichen Zustand für jedermann verbindlich erklären will.

All das den zweiten Gedanken der hobbesschen Argumentation Betreffende, also der gesamte materiale Aspekt des hobbesschen Begründungsprogramms, spielt bei Kant im Rahmen seiner Begründung der Exeundum-Pflicht keine weitere Rolle.[109]

---

[107] Demgemäß meint Münkler, S. 103: „Durch die einerseits anthropologischen und andererseits rechtstheoretischen Annahmen des Thomas Hobbes ist die Konfliktträchtigkeit des Naturzustands also keineswegs überdeterminiert, insofern keine dieser Annahmen für sich allein genommen hinreichen würde, um *zwingend* zu demselben Ergebnis zu kommen". Bei Höffe 1981a, S. 113 ff. und Ryffel, S. 199 ff. finden sich interessante Ausführungen „[z]um Gelingen und Versagen der Hobbesschen Staatsbegründung" (Höffe 1981a, S. 113).

[108] Hobbes, *De Cive*, I 15.

[109] Auch der Begriff der „Gewalt" bzw. der „Gewalttätigkeit" (VI 312), den Kant zur Beschreibung der bedrohlichen Situation innerhalb des status naturalis verwendet, wird nicht wegen seines empirischen Gehaltes bemüht. Er fungiert vielmehr als Gegenbegriff zu der durch den status civilis gewährleisteten Rechtsförmigkeit der Handlung.

Auch im zweiten Absatz des § 44 löst sich Kant gänzlich von der Thematisierung der faktischen Konfliktdisposition des Naturzustands und konzentriert sich wiederum ganz auf den rechtslogischen Kern der vorstaatlichen Konflikte.[110] Er geht hier also erst gar nicht auf die Frage nach dem tatsächlichen Ausmaß der Gewalt im Naturzustand ein, sondern betont das für ihn Entscheidende, nämlich die grundsätzliche Unmöglichkeit der Konfliktlösung, wenn das Recht selbst strittig ist: „Zwar durfte sein natürlicher Zustand nicht eben darum ein Zustand der *Ungerechtigkeit* (*iniustus*) sein, einander nur nach dem bloßen Maße seiner Gewalt zu begegnen; aber es war doch ein Zustand der *Rechtlosigkeit* (*status iustitia vacuus*), wo, wenn das Recht *streitig* (*ius controversum*) war, sich kein kompetenter Richter fand, rechtskräftig den Ausspruch zu tun".[111]

Der Naturzustand ist bei Kant ein Zustand, in dem das Recht nicht eindeutig bestimmbar ist, also ein Zustand des prinzipiell möglichen Strittigseins des Rechts. Es besteht daher im Naturzustand grundsätzlich die Möglichkeit, dass nicht Rechtsprinzipien die Beziehungen der Naturzustandsbewohner untereinander bestimmen. So wird der status naturalis zu einem Zustand prinzipiell möglicher Rechtlosigkeit, in dem letzten Endes nicht das Recht, sondern Gewalt die ultima ratio der Regelung der intersubjektiven Verhältnisse ist. Der so verstandene Naturzustand steht in einem fundamentalen Widerspruch zur Forderung der reinen praktischen Vernunft in ihrem rechtlichen Gebrauche, diese Verhältnisse nach den Prinzipien des Rechts zu regeln. Aus genau dieser Vernunftrechtswidrigkeit des status naturalis und nicht aus einem – möglicherweise sogar allgemeinheitsfähigen – Interesse der Exeundum-Adressaten an Leib und Leben folgt die Verpflichtung aller Rechtssubjekte, in einen Zustand, der durch öffentliche Zwangsgesetze jedem das Seine sichert, mithin in den bürgerlichen Zustand, überzutreten. Letzterer kompensiert durch die Etablierung der drei Staatsgewalten (also eines obersten Gesetzgebers, eines obersten Richters und einer obersten Exekutivgewalt[112]) das rechtliche Defizit des Naturzustands, was

---

[110] Vgl. Herb / Ludwig 1993, S. 304 f.; Mai, S. 67 f.
[111] VI 312. Vgl. Kersting 1993, S. 341, Fn. 27; Unruh, S. 103 f. und Sulaiman-Khil, S. 25 f. zu Lisser, S. 33 ff., der Kant den Vorwurf macht, dass seine rechtliche Begründung der Notwendigkeit des Staates zirkulär sei. Lisser, S. 33 f. meint, dass sich aus dem status naturalis heraus nicht die Notwendigkeit eines rechtsschützenden Staates begründen lasse, da der status naturalis als Zustand der *Rechtlosigkeit* definiert sei und es somit für den zu errichtenden Staat nichts Rechtliches zu schützen gebe. Folglich müsse sich der Staat gleichsam selbst voraussetzen.
[112] Zu den drei Staatsgewalten vgl. unten VI.5.

zur Negation der prinzipiellen Möglichkeit eines *ius controversum* und somit zur Realisierung eines Zustands der distributiven Gerechtigkeit führt.[113]

Kant begründet die Notwendigkeit des Staates – dies kann man nach dem bisher Gesagten als Zwischenergebnis festhalten – allein durch den Aufweis eines sonst gegebenen Widerspruchs zum Recht, mithin „analytisch aus dem Begriffe des *Rechts*".[114] Damit gelingt es ihm zugleich, die hobbessche Begründung der Exeundum-Pflicht zu reformieren und zu restringieren.[115]

cc. Die Rolle der Freiheitsrechte bei der Begründung der Notwendigkeit des Staates

Im Folgenden soll erörtert werden, ob die Freiheitsrechte bei der kantischen Begründung der Exeundum-Forderung eine Rolle spielen (und gegebenenfalls welche) oder ob Kant sich ausschließlich von eigentumstheoretischen Erwägungen lenken lässt.
Für Letzteres spricht insbesondere die Fortsetzung der schon aus den §§ 8 f. bekannten Argumentation im zweiten Absatz des § 44: „weil, obgleich nach jedes seinen *Rechtsbegriffen* etwas Äußeres durch Bemächtigung oder Vertrag erworben werden kann, diese Erwerbung doch nur *provisorisch* ist, solange sie noch nicht die Sanktion eines öffentlichen Gesetzes für sich hat, weil sie durch keine öffentliche (distributive) Gerechtigkeit bestimmt, und durch keine dies Recht ausübende Gewalt gesichert ist."[116] In der Anmerkung zu § 44 meint Kant schließlich, wenn man „vor Eintretung in den bürgerlichen Zustand gar keine Erwerbung, auch nicht einmal provisorisch, für rechtlich erkennen" wollte, so würde der bürgerliche Zustand „selbst unmöglich sein. Denn, der Form nach, enthalten die Gesetze über das Mein und Dein im Naturzustande ebendasselbe, was die im bürgerlichen vorschreiben, sofern dieser bloß nach reinen Vernunftbegriffen gedacht wird: nur dass im Letzteren die Bedingungen angegeben werden, unter denen jene zur Ausübung (der distributiven Gerechtigkeit gemäß) gelangen. – Es würde also, wenn es im Naturzustande auch nicht *provisorisch* ein äußeres Mein und Dein gäbe, auch keine Rechtspflichten in Ansehung desselben, mithin auch kein Gebot geben, aus jenem Zustande herauszugehen."[117]

---

[113] Vgl. Tretter, S. 262 f.; Kersting 1994, S. 190 f.
[114] VI 307. Vgl. Kühl 1984, S. 163 f.
[115] Vgl. Herb / Ludwig 1993, S. 305.
[116] VI 312.
[117] VI 312 f.

Herb / Ludwig[118] und May[119] sind nunmehr der Meinung, dass mit der oben aufgezeigten Restriktion das hobbessche Erbe zwar ausgeschöpft, die kantische Beweisführung jedoch noch nicht abgeschlossen sei. Die eben wiedergegebene Textpassage stelle eine weitgehende Relativierung des Stellenwerts der hobbesschen Begründung der Exeundum-Pflicht dar. Dort zeige sich nämlich, dass Kant nach Eliminierung des Bellum-Arguments ohne den von ihm im Privatrecht bereiteten Boden keine vollständige Begründung der Exeundum-Pflicht liefern könne. Für ihn lasse sich die Ableitung der Exeundum-Pflicht allein mit den von Hobbes zur Verfügung gestellten argumentativen Mitteln demnach nicht bewerkstelligen. „Die Hobbessche Deduktion des *status civilis ex negativo*" sei nämlich – so Herb / Ludwig[120] – „auch in der vernunftrechtlich gereinigten und konzentrierten Kantischen Form" nicht ausreichend, um „diesen Zustand ‚nach den Regeln des Rechts' zu begründen". Weder die (angeblich) lebensbedrohliche Situation im Naturzustand noch die juridische Widersprüchlichkeit eines „Zustand[s] der *Rechtlosigkeit*"[121] könne die Existenzberechtigung des status civilis allein begründen. Vielmehr mache zuallererst die in dieser Widersprüchlichkeit des Naturzustands „vereitelte Realisierung von Rechtsbeziehungen, die ihrerseits selbst Pflichtcharakter haben", den Eintritt in den status civilis zur Pflicht.[122] Kant stelle das von Hobbes erwogene Defizitmodell des Naturzustandes – nunmehr weit über ihn hinausgehend – auf ein privatrechtliches Fundament, indem er auf die rechtliche Notwendigkeit der Einrichtung von Rechtsverhältnissen, welche das provisorische Mein und Dein zum peremtorischen machen, verweise. Die hobbessche Argumentation werde somit an entscheidender Stelle durch eine Argumentation untermauert, welche auf die privatrechtliche Problematik des provisorischen bzw. peremtorischen Mein und Dein rekurriert.

Ähnlich argumentiert zunächst noch Kersting: Er meint, Höffes These, wonach Kant den hobbesschen status naturalis von einigen überflüssigen anthropologischen Elementen befreit und auf einen „Zustand steter Konfliktgefahr"[123] reduziert habe, greife zu kurz. Aus einer wie auch immer konstruierten naturzuständlichen Konfliktsituation lasse sich nämlich keine apriorische Rechtspflicht zur Errichtung eines Staatswesens gewinnen, „je-

---

[118] Herb / Ludwig 1993, S. 305 ff.
[119] May, S. 68 ff.
[120] Herb / Ludwig 1993, S. 306.
[121] VI 312.
[122] Herb / Ludwig 1993, S. 305. Vgl. auch May, S. 68.
[123] Höffe 1979a, S. 209.

doch aus einem Zustand, in dem natürliche Gesetze des Mein und Dein in Geltung sind, die ihrerseits selbst nach einer positivrechtlichen Bestimmung verlangen, in dem Aneignungsbefugnisse gelten, deren erhoffte und aufgrund der reinen praktischen Vernunft auch notwendige eigentumsrechtliche Wirkung jedoch nur im Kontext der Gesetzgebung des allgemeinen Willens sich entfalten kann."[124] Der Grund, warum es Kant wie vor ihm keinem anderen Philosophen gelinge, die Notwendigkeit des Staates *rechtlich* zu begründen, sei gerade in seiner „antihobbesianischen" und „eigentumstheoretisch[en]" Naturzustandskonzeption zu suchen.

Die von Kant reformierte und restringierte Fassung der hobbesschen Begründung der Exeundum-Pflicht erhält – wenn man sie in der eben aufgezeigten Weise interpretiert – ein rein auf eigentumstheoretischen Erwägungen beruhendes Fundament. Nach dieser Interpretation ist es letztendlich ausschließlich das Sacheigentum, das den Übergang zum status civilis erfordert, und nicht etwa auch die anderen vernunftrechtlich legitimierten Freiheitsrechte.[125] Dieser einseitig eigentumstheoretischen Interpretation muss jedoch widersprochen werden.

Angesichts des eben aufgezeigten kantischen Argumentationsduktus lässt sich sicherlich nicht bestreiten, dass die Unsicherheit des äußeren Mein und Dein im Naturzustand bei Kant den gewichtigsten Grund für die Pflicht zum Eintritt in den bürgerlichen Zustand darstellt. Am deutlichsten wird dies in der oben bereits wiedergegebenen Anmerkung zu § 44.
Der durch das Privatrecht fundierte Staat ist bei Kant zweifelsohne als eine Institution konzipiert, die ihren wesentlichen Grund in der notwendigen Realisierung der an sich im Naturzustand schon entwickelten Bestimmungen des äußeren Mein und Dein findet. Das ungesicherte Eigentumsrecht drängt gerade dazu, eine bürgerliche Gesellschaft zu errichten. Nur in einer solchen kann es gesichertes Eigentum geben. Die Funktion des Naturzustandstheorems liegt bei Kant also im Wesentlichen darin, die Vernunftprinzipien für die Ausgestaltung einer bürgerlichen Eigentumsordnung festzulegen.[126] Kersting[127] geht daher auch nicht fehl, wenn er bemerkt, dass

---

[124] Kersting 1991, S. 129, Fn. 36. Vgl. weiter unten in diesem Kapitel die Ausführungen zu seiner Relativierung dieser rein eigentumstheoretischen Interpretation der Übergangspflicht.
[125] So auch Ludwig 1988, S. 155 ff., 179 ff.; Herb / Ludwig 1994, S. 439 ff., insbes. Fn. 36; Zotta 2000, S. 101 und 102, Fn. 244; Deggau, S. 225; Kersting 1993, S. 325 ff.; Unruh, S. 88: „Die unbedingte Verpflichtung zur Staatseinrichtung ist daher rein eigentumsrechtlich".
[126] Vgl. Dreier 1991, S. 168.
[127] Kersting 1991, S. 131.

„[k]ein Philosoph ... jemals Eigentum und Staat so eng miteinander verknüpft [habe] wie Kant". Es lässt sich deshalb auch nicht bestreiten, dass die *Rechtslehre* zu einem systematisch letztlich auf die Sicherung des Eigentums reduzierten Staatsbegriff führt, was Kant – wie Höffe[128] richtigerweise bemerkt – in die Nähe des Vorwurfs bringt, „seine Rechtsphilosophie spiegele das Interessenkalkül des Besitzbürgertums wider und gebe dem beginnenden Konkurrenzkapitalismus noch den Anschein der Sachlichkeit, ja sogar Vernunft."[129] Dennoch ist keineswegs einsichtig, warum die Notwendigkeit des Austritts aus dem Naturzustand bzw. die Schaffung einer souveränen Zwangsgewalt *ausschließlich* aus der durch den Naturzustand vereitelten Realisierung von Rechtsbeziehungen des *äußeren* Mein und Dein deduziert werden soll. Schon die durch den naturzuständlichen Modus privater Jurisdiktion herrschende Unsicherheit bezüglich des *inneren* Mein und Dein, also schon die potentielle Gefährdung des einzigen angeborenen Freiheitsrechts und in Konsequenz dessen auch die der anderen von ihm abgeleiteten, mithin vernunftrechtlich legitimierten Freiheitsrechte liefern eine zureichende Begründung für die Exeundum-Pflicht. Nicht die Sicherung der Eigentumsrechte, sondern der Schutz der durch die praktische Vernunft beschränkten, größtmöglichen Handlungsfreiheit eines jeden Einzelnen ist die analytisch grundlegendere und umfassendere Aufgabe des Staates. Die von Kant vorwiegend aus dem naturzuständlichen Widerspruch des äußeren Mein und Dein begründete Exeundum-Pflicht „stellt bestenfalls eine Ergänzung dar."[130]

Es ist aber mit Hüning[131] in der Tat zu konstatieren, dass es „zu den systematischen Merkwürdigkeiten" der *Rechtslehre* gehört, dass Kant in ihr „die Notwendigkeit des Staates ausschließlich aus dem Begriff des äußeren Mein und Dein und nicht in gleicher Weise aus dem Recht der Person ableitet". Diese eben erwähnte systematische Merkwürdigkeit ergibt sich je-

---

[128] Höffe 2000, S. 226. Diesem zustimmend Kühl 1984, S. 128, Fn. 4; ders. 1998, S. 275.

[129] Vorwürfe in dieser Richtung finden sich etwa bei Saage 1994, S. 69 ff., 107 ff., 119 ff. und Zotta 1994, S. 23 ff. Vgl. zur Kritik dieses Interpretationsansatzes Küsters 1988, S. 93 f.; Brocker 1987, S. 13 f.; Kersting 1983, S. 292; Ritter 1977, S. 256; Gerhardt / Kaulbach, S. 93 f.

[130] Hüning 1998, S. 83. Ähnlich sehen dies Kühl 1998, S. 275; Sassenbach, S. 115 f.; Gerhardt 1988, S. 39 f. Auch König, S. 275 meint, die Notwendigkeit des Staates werde lediglich „an einem Spezialfall des Schutzes meiner möglichen Autonomie vor Fremdbestimmung, was ja Inhalt des allgemeinen Rechtsprinzips und des ‚einzigen Menschenrechts' ist", verdeutlicht.

[131] Hüning 1998, S. 83.

doch – wie Kühl[132] zutreffend bemerkt –„nur' als Konsequenz aus dem ungleichgewichtigen Aufbau der Rechtslehre". Damit ist vor allem die oben bereits dargelegte stiefmütterliche Behandlung des inneren Mein und Dein angesprochen. Das Recht des inneren Mein und Dein, d.h. das einzige dem Menschen angeborene Recht, wird nur kurz in den „Prolegomenen" erwähnt[133], im weiteren Verlauf der Argumentation wird von ihm aber kein systematischer Gebrauch mehr gemacht. Nur wer dieses übersieht, kann auf die Idee kommen, Kant mache das Eigentum und dessen Sicherung zur alleinigen Regelungsmaterie des Staates.[134]

Wie oben ausführlich dargestellt, ist in der *Rechtslehre* keine systematische Entfaltung konkreter Freiheitsrechte auffindbar.[135] Kant hat also Rechte wie z.B. die Integrität von Leib und Leben nicht eigens herausgestellt, was aber nicht zugleich heißt, dass er diesen Rechten keinen Platz in seinem Vernunftrechtssystem zubilligen würde. Hätte Kant versucht, Rechte wie Leben, Leib, persönliche Freiheit, Fortbewegungsfreiheit, Ehre, sexuelle Selbstbestimmung etc. zu legitimieren, so wäre er sicherlich nicht nur für die meisten von Ihnen zu einem positiven Ergebnis gekommen, sondern überdies zur Einsicht, dass es auch zur Sicherung und Vervollkommnung dieser Freiheitsrechte eines Staates bedarf. Auch im Hinblick auf diese Rechte können sich nämlich die Menschen „niemals vor Gewalttätigkeit gegeneinander sicher sein".[136] Diese Rechte können erst dann als sicher gelten, wenn ein Staat ihren Bestand einschließlich ihrer Grenzen garantiert und diese Garantie vom Einzelnen notfalls gerichtlich durchgesetzt werden kann. Die Situation, dass jeder tut, „*was ihm recht und gut dünkt*"[137], kann – wie Kühl[138] zutreffend bemerkt – „auch im Umgang zwischen Menschen auftreten, die sich nicht als Eigentümer und rechtloser Besitzer gegenüber-

---

[132] Kühl 1999, S. 127 f.
[133] Vgl. VI 237 f.
[134] Vgl. Oberer 1997, S. 186.
[135] Vgl. oben V.2.
[136] VI 312. Vgl. dazu Kühl 1999, S. 128, der anmerkt, „Gewalt und Gewalttätigkeit ... [komme] sogar bei Eingriffen in höchstpersönliche Rechtsgüter häufiger vor als bei Eigentumsangriffen (man vergleiche nur die gewaltlosen Eigentums- und Vermögensdelikte wie Diebstahl, Unterschlagung, Betrug und Untreue mit Gewaltstraftaten wie Nötigung, Freiheitsberaubung und Vergewaltigung)." Tretter, S. 260 f. interpretiert ohne weiteres den kantischen Naturzustand als einen „Zustand der *prinzipiell möglichen Unmöglichkeit*, bezüglich seiner legitimen, vernunftbegründeten Rechtsansprüche (angeborener und erworbener Art) auch Recht zu bekommen."
[137] VI 312.
[138] Kühl 1999, S. 128.

stehen; sie muss deshalb auch im nicht-sachbezogenen Umgang zwischen Menschen vermieden werden." Somit verlangt nicht nur das Eigentum, sondern jedes vernunftrechtlich legitimierte Freiheitsrecht den Übergang in ein diese Rechte sicherndes Staatswesen.[139]

In seiner 1994 erschienenen Untersuchung *Die politische Philosophie des Gesellschaftsvertrags* vertritt Kersting[140] – seine frühere Position (vgl. oben) in dieser Frage relativierend – nunmehr auch die Auffassung, dass Kant zwar „das ‚Postulat des öffentlichen Rechts' eng an die Aporetik des natürlichen Privatrechts" binde, aber seine Begründung der Notwendigkeit des Staates deshalb keineswegs „privatrechtsspezifisch" sei. Kersting stellt dort fest, dass sich das *Postulat des öffentlichen Rechts* bereits aus dem „reinen Rechtsgesetz im natürlichen Zustande ableiten" lasse. Es sei nicht notwendig, auf „die mangelnde Bestimmtheit der apriorischen Regelung des Sachengebrauchs, auf die vernunftrechtliche ‚Unbestimmtheit in Ansehung der Quantität sowohl als der Qualität des äußeren erwerblichen Objects'... hinzuweisen, um einen Rechtsgrund für das Verlassen des Naturzustandes zu finden." Vielmehr sei schon der bloße Hinweis „auf die mangelhaften Koordinationsleistungen des reinen Rechtsgesetzes" ausreichend, um die Notwendigkeit der Exeundum-Pflicht rechtlich zu begründen. Kersting kommt damit zum selben Ergebnis wie die vorliegende Untersuchung: Es ist nach seiner Auffassung keineswegs bloß das im Naturzustand ungesicherte Eigentum, das bei Kant den Übergang in den status civilis fordert; vielmehr begründet die generelle „Unbestimmtheit der apriorischen Rechtsbegriffe überhaupt" die rechtliche Notwendigkeit des Staates.
Dieses Ergebnis ist kein Widerspruch zur Tatsache, dass Kant „das Postulat des öffentlichen Rechts" als aus „dem Privatrecht" hervorgehend bezeichnet.[141] Denn das einzige angeborenen Menschenrecht und die daraus resul-

---

[139] Vgl. Kühl 1999, S. 128; ders. 1998, S. 275; König, S. 274 ff. Hespe 1998, S. 318 f. hingegen ist der Auffassung, dass nur das im Naturzustand ungesicherte äußere Mein und Dein den Übergang fordere. Er muss dann aber auf S. 319, Fn. 54 Folgendes feststellen: „Andererseits hat Kant aus der Rechtspflicht zur Unrechtsvermeidung schon in der allgemeinen *Einleitung in die Rechtslehre* die Notwendigkeit zum Eintritt in die bürgerliche Gesellschaft, in der jedem sein Recht zuteil werde, abgeleitet. Hier wird also der Übertritt in die bürgerliche Gesellschaft gefordert, noch bevor überhaupt die Unterscheidung von innerem und äußeren Mein und Dein eingeführt worden ist."

[140] Kersting 1994, S. 191 f.

[141] VI 307.

tierenden einzelnen Freiheitsrechte gehören auch zum Privatrecht, nämlich zum *Privatrecht in Ansehung des inneren Mein und Dein*.[142]

Nach all dem Gesagten kann man Kant wegen der beherrschenden Stellung des Eigentums in der Staatslegitimation der *Rechtslehre* also durchaus kompositorische Defizite bzw. die Unausgewogenheit seines Werkes vorwerfen. Es ist eine große Schwäche seiner Begründung der Exeundum-Pflicht, nicht die herausragende Bedeutung eines Staatswesens für alle vernunftrechtlich legitimierten Freiheitsrechte deutlicher herausgehoben zu haben. Dennoch erweist sich die Behauptung, dass bei ihm die Notwendigkeit des Staates ausschließlich aus der Sicherungs- bzw. Sanktionsbedürftigkeit des Eigentums hervorgehe, als falsch. Nur in Konsequenz der – selbstverständlich von ihm selbst zu verantwortenden – ungleichgewichtigen Architektonik der *Rechtslehre* versäumt es Kant, expressis verbis die Schutzbedürftigkeit aller vernunftrechtlich legitimierten Freiheitsrechte zur Begründung der Notwendigkeit des Staates heranzuziehen. Die einseitige Hervorhebung des Eigentumsrechts in der kantischen Staatslegitimation ist dabei als ein Reflex auf die historische Bedeutung des Erwerbs von Eigentum für die Entwicklung bürgerlicher Selbständigkeit zu werten.[143]

d. Ergebnis

Kant begründet die Notwendigkeit einer souveränen staatlichen Gewalt durch den Aufweis eines sonst gegebenen Widerspruchs zum Recht. Ihm ist es seinem Anspruch gemäß gelungen, den Grund der Exeundum-Pflicht „analytisch aus dem Begriffe des *Rechts*" zu entwickeln.
Nach den vorstehenden Ausführungen erweisen sich die in den §§ 42, 44 von Kant ins Feld geführten Argumente zur Begründung der Exeundum-Pflicht bei genauer Betrachtung als immer wieder präzisierte und neue Aspekte aufnehmende Varianten eines einzigen Arguments. Dieses Argument folgt einer rein juridischen Logik, wonach allein das spezifisch rechtliche Defizit des Naturzustands es für alle zur Pflicht macht, in den status civilis zu treten. Das Defizit ist in dem im Naturzustand allein herrschenden Modus privater Jurisdiktion zu erblicken. Jeder ist dort im Hinblick auf das

---

[142] Deshalb kann man mit guten Argumenten Hespe 1998, S. 318 widersprechen, wenn er meint, der Umstand, dass das Postulat nach Kant aus dem Privatrecht hervorgeht, zeige „bereits, dass die Beweisführung mit einer auf das Besitzrecht zugespitzten Form der Rechtsunsicherheit im Naturzustand argumentiert; denn das Privatrecht behandelt nichts anderes als die rechtliche Möglichkeit von äußerem Besitz und Erwerb im Naturzustand."

[143] Sassenbach, S. 115.

Quantum und Quale seiner Rechtspositionen Richter in eigener Sache; hinsichtlich der vorstaatlichen Rechte der Einzelnen herrscht objektive Rechtsunsicherheit. Kant orientiert sich bei der inhaltlichen Ausgestaltung des Naturzustands lediglich an zwei Fundamentalvoraussetzungen menschlichen Daseins, die gänzlich unabhängig von anthropologischen Prämissen und somit als apriorisch zu qualifizieren sind. Die von ihm im Rahmen seiner Vernunfttheorie dargelegte *Willkürfreiheit des Menschen* zum einen und das aufgrund der Kugelgestalt der Erde gegebene *unvermeidliche Nebeneinandersein* der Menschen zum anderen reichen, um zu erkennen, dass Konflikte im Naturzustand zumindest nicht auszuschließen sind.[144]

Schon die bloße Möglichkeit des Konflikts stellt eine permanente Bedrohung für die äußere Freiheit des Menschen insgesamt dar, da nicht grundsätzlich ausgeschlossen werden kann, dass es bei der Lösung von Konflikten zur Anwendung von Gewalt kommt. Es besteht in diesem „Zustand steter Konfliktgefahr"[145] bzw. „Zustand prinzipieller Konfliktträchtigkeit"[146] daher auch die Möglichkeit, dass die Freiheit durch die Anwendung von Gewalt gänzlich vernichtet wird. Diese Möglichkeit steht im Widerspruch zur äußeren Freiheit eines jeden, die – von vornherein auf die Kompatibilität mit der Freiheit der anderen eingeschränkt – das allgemeine Rechtsgesetz konstituiert. Der Widerspruch kann nur dann vermieden werden, wenn die äußere Freiheit eines jeden und damit das Recht als solches durch eine sichernde Gewalt, mithin durch den status civilis, garantiert wird.

Deggau[147] meint nun, dass auch im bürgerlichen Zustand keine Sicherheit herrsche, sondern nur „[d]er Schein der Sicherheit". Er versucht seine Auffassung dadurch zu untermauern, dass er auf die Existenz von Gesetzen, Gerichtshöfen, Justizirrtümern und auf die Unmöglichkeit der vollständigen Kompensation mancher Rechtsverletzungen (z.B. Totschlag) hinweist. Da offenbar Rechtsverletzungen grundsätzlich nicht ausgeschlossen werden könnten, sei auch „die erstrebte Sicherheit und Sicherung des einzelnen Rechtssubjekts im Staat ... nur Schein."[148] Wer in den status civilis eintrete, habe „also nicht die gewollte Sicherheit des Seinen erreicht, um derentwillen er diesen Akt vollzog".[149] Daraus folge letzten Endes, „dass die

---

[144] Vgl. Kühl 1984, S. 163.
[145] Höffe 1979a, S. 209.
[146] Tretter, S. 262.
[147] Deggau, S. 158.
[148] Deggau, S. 161.
[149] Deggau, S. 161 f.

Staatableitung der hinreichenden rechtlichen Begründung ermangelt".[150] In die gleiche Richtung argumentiert Zotta[151]: „Wird die Rechtssicherheit des bürgerlichen Zustands als ein entscheidender Unterschied zum status naturalis betrachtet, so ist festzustellen, dass jene nur relativ gegeben ist. Auch der Staat kann die Läsion nicht vermeiden ... ." Zotta kommt zum Ergebnis, dass „der alleinige Verweis auf die pure Potentialität der Rechtsunsicherheit im status naturalis die Notwendigkeit, eine bürgerliche Gesellschaft einzurichten, nicht begründen" könne.

Die Argumentation Deggaus und Zottas ist abzulehnen. Denn wäre Kants Begründung der Notwendigkeit des Staates nur deshalb gescheitert, weil Rechtsverletzungen im Staat grundsätzlich nicht auszuschließen sind, dann müsste im Umkehrschluss – so formuliert Kersting[152] – „eine gelungene Staatsbegründung auf eine Sicherstellung der Unverletzlichkeit des Rechts durch Heiligung der Rechtsgenossen hinauslaufen und folglich darauf zielen, das zu Begründende überflüssig zu machen: nur der überflüssige Staat ist der hinreichend begründete Staat."

Der aufgrund des „Postulat[s] des öffentlichen Rechts" errichtete „rechtlich[e] Zustand"[153] ist nicht schon per se ein gerechter Zustand. Er ist nur dann ein solcher, wenn er das vorgängige Natur- bzw. Vernunftrecht tatsächlich realisiert.[154] Dies ist keineswegs sicher, sondern nur möglich. Gleichwohl ist Kant schon allein wegen der zu erwartenden Rechtssicherheit davon überzeugt, dass es keine Alternative zum Verlassen des durch ständige Unsicherheit geprägten status naturalis und zum Übertritt in einen rechtlichen Zustand gibt. Die Möglichkeit, dass dieser rechtliche Zustand seine Aufgabe, dem Natur- bzw. Vernunftrecht zur Wirksamkeit zu verhelfen, teilweise verfehlt, ändert nach Kant nichts an seiner grundsätzlichen Vorzugswürdigkeit gegenüber dem status naturalis. Letzterer ist nach Kants Auffassung – wie oben gezeigt wurde – zwar kein „Zustand der *Ungerechtigkeit*", aber doch ein „Zustand der *Rechtlosigkeit*".[155] Der rechtliche Zustand hingegen – so muss man Kant hier mit Kühl[156] ergänzen – ist „zwar nicht schon per se ein gerechter Zustand, aber immerhin der einzige Zustand, in dem sicheres und damit vollwertiges Recht entstehen kann." Dies

---

[150] Deggau, S. 159.
[151] Zotta 2000, S. 102, Fn. 243.
[152] Kersting 1986, S. 247.
[153] VI 307.
[154] Vgl. dazu Kühl 1990, S. 88 f.
[155] VI 312.
[156] Kühl 1990, S. 89.

ermöglicht der Rechtszustand dadurch, dass er den Streit um natürliche Rechte durch Gesetze eines souveränen Gesetzgebers beendet, private Rechtsdurchsetzungen durch das Gewaltmonopol der Exekutive inhibiert und private Rechtsmeinungen einer Bestätigung durch die Judikative unterwirft.

Es ist Kant zufolge auch falsch zu behaupten, „der Mensch im Staate habe einen Teil seiner angeborenen äußeren Freiheit einem Zwecke aufgeopfert, sondern er hat die wilde, gesetzlose Freiheit gänzlich verlassen, um seine Freiheit überhaupt in einer gesetzlichen Abhängigkeit, d.i. in einem rechtlichen Zustande, unvermindert wieder zu finden; weil diese Abhängigkeit aus seinem eigenen gesetzgebenden Willen entspringt."[157] Der Übergang vom status naturalis zum status civilis ist also für Kant nicht gleichbedeutend mit einem Verlust der Freiheit.[158] Durch den Eintritt in den bürgerlichen Rechtsstaat büßen die Individuen nichts von ihrer Freiheit ein, vielmehr ermöglicht erst ein Leben im gesicherten Rechtszustand Freiheit im eigentlichen Sinn. Bei Kant ist das Verlassen des Naturzustands bzw. die Errichtung eines Staats „kein bloßes pragmatisches Klugheitsgebot, sondern ein *Vernunftgebot, wenn man allgemeine äußere Freiheit will.*"[159] Nur im Staat ist die Sicherung der durch das Recht zugebilligten äußeren Freiheitssphäre eines jeden Individuums und somit des Rechts selbst möglich. Im status naturalis dagegen kann das Recht als solches nicht zu seiner Realisierung gelangen.

Letzten Endes steht – so zutreffend Kühl[160] – „die durch das Recht begrenzte Freiheit hinter der Forderung, eine ‚Herrschaftsordnung' zu errichten, die ‚Freiheitsordnung' genannt werden kann." Der Staat hat als Institution zweiter Ordnung die Funktion, die Institutionen erster Ordnung, also die prinzipiell auch schon im Naturzustand existierenden Rechte des inneren wie des äußeren Mein und Dein, gegen jegliche private rechtliche Normsetzung und Rechtsdurchsetzung, durch welche das Recht im Naturzustand in eine vernunftwidrige widersprüchliche Bestimmtheit gelangt, zu sichern.[161] Mithin bildet die gesamte Materie des Privatrechts, also das Pri-

---

[157] VI 315 f. Vgl. auch XIX 510: „Man verliert keine rechtmäßige Freyheit des *status naturalis* als nur die Gesetzlosigkeit".

[158] Vgl. Unruh, S. 112. Anderer Ansicht war Kant noch in seiner Frühphase; s. Ritter 1971, S. 149 ff.

[159] Kühl 1984, S. 164.

[160] Kühl 1984, S. 164.

[161] Vgl. Oberer 1997, S. 190; Höffe 2000, S. 225 f. In diesem Sinne lässt sich mit Unruh, S. 101 „der Übergang vom Natur- in den Rechtszustand als Wechsel von der subjektiv-

vatrecht in Ansehung des inneren *und* des äußeren Mein und Dein, die Rechtsmaterie des Staatsrechts. Es ist aber ein großer Schwachpunkt der Staatsrechtslehre Kants, nicht die eminente Bedeutung des Staates für die zweifellos auch sicherungsbedürftigen Freiheitsrechte, allen voran die Integrität von Leib und Leben, deutlicher hervorgehoben zu haben.[162] Durch die starke Akzentuierung der Sicherungsbedürftigkeit des Eigentums trägt Kant selbst maßgeblich zum Vorurteil bei, seine Rechtsphilosophie sichere lediglich die Interessen des Besitzbürgertums.

Kant rekurriert bei der Begründung der Notwendigkeit des Staates nicht ein einziges Mal auf den Vertragsgedanken. Dennoch ist der Vertragsgedanke der *Rechtslehre* nicht fremd. Allerdings erhält der Vertrag in der Staatsrechtskonzeption Kants eine andere Funktion als bei seinen Vorgängern. Das klassische kontraktualistische Legitimationskonzept wird bei ihm durch eine aus dem Rechtsbegriff resultierende Staatsbegründung ersetzt. Der Vertrag verliert demnach seine staatskonstitutive Bedeutung; er entfaltet im Zusammenhang mit dem Akt der Staatserrichtung keine Wirkung. Indessen erhält der Vertrag bei Kant – dies wird weiter unten noch genauer erläutert[163] – den Status einer objektiv-praktischen Vernunftidee, wobei er bei der inhaltlichen Ausgestaltung der Staatsordnung eine tragende Rolle übernimmt.

2. Der Staatszweck

Vordringlichste Aufgabe des Staates ist, wie soeben gezeigt wurde, der Rechtsschutz. Der Staat beschränkt sich bei der Ausübung des Zwangs auf die Herstellung des äußeren Friedens, d.h. dass er nur den nichtuniversalisierbaren Gebrauch der Handlungsfreiheit verhindert. Er verlangt lediglich, dass *äußerlich* freiheitskompatibel nach einem allgemeinen Gesetz gehandelt wird, ohne dass es dabei auf die diesbezügliche *innere* Einstellung (Gesinnung) ankäme.[164] Die Gesinnung des Handelnden ist nicht Gegenstand der juridischen bzw. äußeren Gesetzgebung. Infolgedessen dürfen an sie *rechtlich* auch keine Anforderungen gestellt werden.[165]

---

beliebigen zur allgemein-gesetzlich geregelten Ausübung des natürlichen Privatrechts beschreiben."
[162] Vgl. auch die Ausführungen zur kantischen Menschen- und Grundrechtskonzeption unter V.2.
[163] Vgl. unten VI.6.
[164] Vgl. Kühl 1984, S. 166.
[165] Vgl. auch oben III. und IV.

Der Staat hat auch nicht die Aufgabe für die Glückseligkeit seiner Bürger zu sorgen. Die gesetzmäßig beschränkte äußere Freiheit als das Recht der Menschheit schlechthin begrenzt nicht nur den Zwangsgewalt ausübenden Staat, indem sie diesen auf den erforderlichen Schutz aller Rechte der Staatsbürger festlegt; sie überantwortet damit zugleich auch jedem einzelnen Bürger die Suche nach seinem Glück bzw. nach seiner Glückseligkeit, sofern er dadurch nicht die Freiheitsrealisierung der anderen vereitelt. Der von Kant konstruierte Rechtsstaat verfolgt nicht die Verwirklichung eines wie auch immer definierten höchsten Gutes, sondern lediglich die Verhinderung von Gefahren für die äußere Freiheit durch neutrale und formale Zwangsgesetze.[166] Ein Gemeinwohlprinzip im Sinne von Pufendorf oder Wolff wird von Kant strikt abgelehnt. Bei ihm können Ziele wie Glück, Wohlfahrt, individuelles oder kollektives Seelenheil niemals Prinzip oder Endzweck einer vernunftrechtlich legitimierten Staatsordnung sein.[167] Damit wendet sich Kant gegen den territorialen Wohlfahrtsstaat des ausgehenden 18. Jahrhunderts und gegen dessen Vorstellung einer paternalistischen Regierung mit glücksverordnender, wohlmeinender Betreuungspolitik. Kant wertet eine solche Politik als verkappten Despotismus, da sich nach seiner Auffassung über Glück keine allgemein verbindlichen Vernunftentscheidungen treffen lassen.[168] So bezeichnet er in der *Rechtslehre* die „*väterliche*" Regierung sogar als „die am meisten despotische unter allen", weil sie ihre „Bürger als Kinder zu behandeln" trachte.[169] Schon in der *Religionsschrift* macht er auf die Gefahren einer paternalistischen Gesetzgebung aufmerksam: „Weh aber dem Gesetzgeber, der eine auf ethische Zwecke gerichtete Verfassung durch Zwang bewirken wollte! Denn er würde dadurch nicht allein gerade das Gegenteil der ethischen bewirken, sondern auch seine politische untergraben und unsicher machen."[170]
Ein Wohlfahrtsstaat, so muss man hier festhalten, lässt sich keinesfalls mit der kantischen Rechts- und Eigentumskonzeption in Einklang bringen. Es stellt sich aber die Frage, ob dem Staat bei Kant – trotz seiner klar auf den Rechtsschutz ausgerichteten Funktion und seiner eindeutigen Absage an

---

[166] Vgl. Kühl 1984, S. 167 f.; ders. 1998, S. 277; Brocker 1987, S. 149 f.
[167] Geismann 1974, S. 64.
[168] Vgl. Kühl 1998, S. 277 und VIII 298: In Ansehung der Glückseligkeit „kann gar kein allgemeingültiger Grundsatz für Gesetze gegeben werden. Denn sowohl die Zeitumstände als auch der sehr einander widerstreitende und dabei immer veränderliche Wahn, worin jemand seine Glückseligkeit setzt (worin er sie aber setzen soll, kann ihm niemand vorschreiben), macht alle feste Grundsätze unmöglich und zum Prinzip der Gesetzgebung für sich allein untauglich." Vgl. zu Kants Ablehnung des Wohlfahrtsstaats zudem Hinske, S. 380 ff.
[169] VI 317.
[170] VI 96.

den Wohlfahrtsstaat – dennoch sozialstaatliche Aufgaben zukommen bzw. zukommen können. Dieser Frage soll im nächsten Abschnitt nachgegangen werden.

3. Sozialstaatliche Aufgaben des Staates

a. Einleitung

Oben wurde gezeigt, dass der Staat unter anderem die Funktion hat, das provisorische Eigentum in ein peremtorisches Eigentum, mithin in ein Volleigentum zu transformieren. Ungelöst blieb allerdings das Problem, ob der Staat wirklich nur für die Modalität des Eigentums (*provisorisch* oder *peremtorisch*) oder aber auch für dessen Qualität und Quantität von Bedeutung ist.

Es stellt sich nunmehr konkret die Frage, ob dem Staat bezüglich des provisorischen Eigentums des Naturzustands eine bloße Sicherungsfunktion zukommt oder ob er die Befugnis hat, in die vorstaatliche Eigentumsordnung einzugreifen bzw. sogar einen Auftrag zur Ausgestaltung der Eigentumsordnung hat. Im letzteren Fall müsste vor allem erörtert werden, inwieweit der Staat verpflichtet ist, positiv auf die Verwirklichungsbedingungen von Eigentum zu achten und diese im Falle ihres Verlustes – gegebenenfalls auch mittels einer Umverteilung des Eigentums – wiederherzustellen. Hierbei müsste gleichzeitig eruiert werden, welche distributiv-normativen Prinzipien er zu beachten hätte.[171]

b. Der Meinungsstand

Ob Kants Staatstheorie sozialstaatliche Implikationen hat, wird in der Literatur seit langem kontrovers diskutiert. Im Folgenden soll ein Überblick über den Meinungsstand gegeben werden.[172]

Die Gegner einer sozialstaatlichen Öffnung der kantischen Rechts- und Eigentumslehre betonen, dass der Staat „gar keine rechtsgestaltende, sondern nur eine rechtsgarantierende Kraft"[173] habe; er sei „auf Funktionen des rechtsbewahrenden und eigentumsschützenden Rechtsstaates eingeschränkt"[174]. Sozial- oder Wohlfahrtspolitik könnten somit gar nicht zu den

---

[171] Vgl. Kühl 1999, S. 125 f.; Unruh, S. 183 f.
[172] Über den Streitstand informieren u.a. Brocker 1987, S. 138 ff.; Unruh, S. 183 ff.; Zotta 2000, S. 105 ff.; ders. 1994, S. 35 ff.; Steigleder, S. 215 ff.; Rosen, S. 173 ff.
[173] Lisser, S. 37.
[174] Koslowski, S. 38.

wesentlichen Zwecksetzungen des Staates zählen.[175] Kant sei ein Vertreter der liberalistischen Konzeption eines bloßen Notstaates bzw. eines „Nachtwächter- oder Minimalstaates".[176] Der kantische Staat solle nur „gegen Gewalt, Diebstahl und vor Missachtung vertraglicher Vereinbarungen schützen".[177]

Nach der Auffassung Wildts[178] gewährt der kantische Staat auch keinerlei soziale Anspruchsrechte. Kant vertrete zwar eine Maximalmoral, aber nur ein Minimalrecht, obwohl beides im kategorischen Imperativ begründet sei. Darin liege zugleich die Grundparadoxie der praktischen Philosophie Kants.

Auch Ludwig[179] vertritt die Auffassung, dass bei Kant der Staat strikt auf die Funktion des Rechtsschutzes beschränkt sei. Der Staat habe keine darüber hinausgehende *rechtliche* Verpflichtung zur Schaffung sozialer Gerechtigkeit oder gar öffentlicher Wohlfahrt. Dennoch weise Kant der sozialen Funktion des Staates in der Ethik – wenn auch zögerlich – einen systematischen Ort zu. Die Forderung nach sozialer Gerechtigkeit sei „in einem bescheidenen ethischen Appendix zur Rechtsphilosophie versteckt". Sie sei lediglich „ein Appell an die *Güte* des Fürsten und damit eine Forderung ganz im Stile der ,*monita paterna*' vormoderner Fürstenspiegel, in der sich die Forderung nach allgemeiner Wohlfahrt artikuliert." Es bestehe aber auf gar keinen Fall „eine juridische Verknüpfung von formaler Gerechtigkeit einerseits und sozialem Ausgleich zwischen den Bürgern andererseits".[180] Ludwig kommt letztlich zum Ergebnis, dass es sich beim kantischen Staat um einen benevolenten Rechtsstaat handle.[181]

---

[175] Zotta 2000, S. 108 f.
[176] Zotta 2000, S. 108. Vgl. auch Saage 1997, S. 15; Koslowski, S. 38, Anm. 141. Vgl. Rosen, S. 173 ff. zu den Interpreten im englischsprachigen Raum, die in Kant einen Minimalstaatstheoretiker erblicken.
[177] Zotta 2000, S. 108.
[178] Wildt, S. 159 ff.
[179] Ludwig 1993, S. 224, 230 ff.
[180] Ludwig 1993, S. 243 f.
[181] Ludwig 1993, S. 252. Vgl. zu dieser Interpretation Kersting 2001a, S. 159. Kersting meint, die ludwigsche These vom benevolenten Staat sei – selbst wenn sie textphilosophisch abgestützt werden könnte – in systematischer Hinsicht wertlos. Seiner Auffassung nach man nämlich mit einer Sozialstaatsbegründung, die ausschließlich das schwache Gesetz der Gütigkeit als ihre Basis versteht und den Sozialstaat in einen Tugendstaat verwandelt, „politikphilosophisch nicht weit." Außerdem könnte sich unter diesen Voraussetzungen „in der notwendig entstehenden Grauzone zwischen Existenzhilfe und Glückspromotion das von Kant perhorreszierte *imperium paternale* breit machen."

Unruh[182] kommt nach einer tiefgehenden Diskussion der Argumente, die für bzw. gegen die „Sozialstaats-These" sprechen, zum Schluss, dass – obwohl „die Sozialstaats-These gewichtige Gründe für sich in Anspruch nehmen" könne – eine textgetreue Interpretation die Sozialstaats-These ablehnen müsse. Der *Rechtslehre* sei „die rein liberale Stoßrichtung der Kantischen Staatsphilosophie zu entnehmen". Unruh meint jedoch, dass die „sozialethischen Implikationen", die die Vertreter der Sozialstaats-These in der kantischen Theorie aufgedeckt hätten, dafür sprächen, „die liberalistische Antwort auf die soziale Frage als Inkonsistenz zu bewerten." Die Rekonstruktion der Staatsphilosophie Kants müsse „mit dem Liberalismus ein Strukturelement anerkennen, das mit deren tragenden Grundprinzipien nicht kompatibel" sei.

Auf der anderen Seite finden sich auch etliche Vertreter einer sozialstaatlichen Öffnung der kantischen Rechts- und Eigentumslehre.
Nach Brandt[183] zeigt sich an der Aussage, dass jede „Erwerbung doch nur provisorisch ist, solange sie noch nicht die Sanktion eines öffentlichen Gesetzes für sich hat, weil sie durch keine öffentliche (distributive) Gerechtigkeit bestimmt und durch keine dieses Recht ausübende Gewalt gesichert ist", dass der Gesetzgeber bei Kant hinsichtlich der Eigentumsordnung neben der Sicherungs- eine Bestimmungsfunktion hat. Der Gesetzgeber hat nach dieser Interpretation die Befugnis, die Besitzstände der Einzelnen auf ihre Rechtmäßigkeit hin zu kontrollieren: „Stellt der Gesetzgeber fest, dass nur ein bestimmtes Maß an Bodenbesitz mit der Realisierung bestimmter Momente des Privat- und öffentlichen Rechts vereinbar ist, so gehört nur ein Eigentum in den fixierten Grenzen zu dem peremtorisch möglichen Mein und Dein."[184]
Ein Teil der Interpreten versucht bei der Beantwortung der Frage nach einer sozialstaatlichen Öffnung der kantischen Rechtslehre, die legitimierende Kraft der vereinigten Willkür in Person des Gesetzgebers für die Ausgestaltung einer Eigentumsordnung fruchtbar zu machen. So hat nach Langer[185] der von Kant konzipierte Staat das Recht „auf Veränderung der vor-

---

[182] Vgl. Unruh, S. 192 f.
[183] Brandt 1974, S. 193. Kühl 1984, S. 174 f. und Brocker 1987, S. 140 f. befürworten diese Interpretation.
[184] Brandt 1974, S. 193. Er sieht aber zugleich, dass die *Rechtslehre* selbst gegenteilig lautende Äußerungen enthält. So ist die „bürgerliche Verfassung ... allein der rechtliche Zustand, durch welchen jedem das Seine nur gesichert, eigentlich aber nicht ausgemacht und bestimmt wird. – Alle Garantie setzt also das Seine von jemanden (dem es gesichert wird) schon voraus" (VI 256).
[185] Langer, S. 159.

gegebenen Eigentumsordnung nach Grundsätzen der Gerechtigkeit". Dabei komme der „Vereinigten Willkür als Idee ... eine zentrale Rolle zu." Nach Kühl[186] ist das „Eigentumsrecht auch *sozial begründet*, da die Verfügungsmacht des Einzelnen über erworbene Sachen nur in Übereinstimmung mit ... der vereinigten Willkür aller gerechtfertigt" werde.

Des Weiteren deduzieren manche Interpreten – zumeist parallel zur eben dargestellten Argumentationslinie – aus dem allgemeinen Rechtsgesetz einen zum Teil großen Handlungsspielraum des Staates bezüglich der Ausgestaltung der Eigentumsordnung. Kühl[187] kommt in seinem 1984 erschienenen Werk *Eigentumsordnung als Freiheitsordnung* unter anderem zum Ergebnis, dass Kant nicht nur die rechtliche Freiheit von jedermann, sondern auch die Verwirklichungsbedingungen derselben im Blick habe. Der von Kant konzipierte Staat müsse deshalb nicht nur gegen rechtliche Privilegien, sondern auch gegen faktische Machtpositionen im wirtschaftlichen Bereich vorgehen, wenn sie gegen das allgemeine Rechtsgesetz verstoßen. Das allgemeine Rechtsgesetz verlange nach einem Chancengleichheit gewährenden, freiheitsfunktionalen Sozialstaat, um damit für jedermann die Verwirklichungsbedingungen der Ausübung von Freiheit zu schaffen. Brocker[188] folgt im Wesentlichen der kühlschen Argumentation: Der kantische Staat hat auch nach seiner Auffassung dafür Sorge zu tragen, dass jeder Bürger grundsätzlich Privateigentum haben kann. Werde dies durch etwaige Privilegien, Vermögenskonzentrationen oder Ähnliches verhindert, seien „die (dem Freiheitsgesetz widersprechenden) Ursachen zu suchen und zu beseitigen – auch wenn es sich dabei selbst um Eigentumsrechte handelt."[189] Nach Auffassung von Süchting inhäriert dem Rechtsgesetz sogar ein „kategorische[r] Sozialrechtsimperativ"[190], der die Pflicht formuliert, stets so zu handeln, „dass anderen die Möglichkeit des Erwerbs und des Daseins materiell belassen und im Fall objektiver Bedürftigkeit eingeräumt wird."[191]

Der Aspekt der Chancengleichheit spielt auch bei der Interpretation von Luf eine wichtige Rolle. Dieser deutet den Gleichheitsgedanken als dyna-

---

[186] Kühl 1984, S. 203. Zotta 2000, S. 109 und Unruh, S. 186 nennen weitere Interpreten, die die legitimierende Kraft der vereinigten Willkür für die Ausgestaltung der Eigentumsordnung fruchtbar machen möchten.

[187] Kühl 1984, S. 264 ff.; ders. 1991a, S. 218; ders. 2002, S. 470. Vgl. zu dieser Interpretation von Kühl den nächsten Gliederungspunkt.

[188] Brocker 1987, S. 149 ff.

[189] Brocker 1987, S. 152.

[190] Süchting, S. 168. Auch Stark 1981, S. 99 f. versucht den kategorischen Imperativ für sozialstaatliche Leistungen fruchtbar zu machen.

[191] Süchting, S. 203.

misches Prinzip, welches die Aufgabe hat, allen freiheitsbedrohenden Umständen, wie sie z.B. durch ungleiche Ausgangslagen bzw. ungleiche Chancen entstehen können, entgegenzuwirken.[192] Ähnlich argumentiert Volkmann-Schluck[193], wenn er meint, „die soziale Tätigkeit des Staates" sei „unentbehrlich, weil nur bei annähernd gleichen Lebensbedingungen ein adäquater Gebrauch von Freiheit gemacht werden" könne. Schließlich konstatiert auch Sassenbach[194], dass man „mit Kant von einer bedingten Pflicht zu einem sozialstaatlichen Handeln sprechen kann, das die Herstellung gleicher Handlungschancen anstrebt."
Kersting vertritt in seinem 1984 erstmals erschienenen Werk *Wohlgeordnete Freiheit* die Auffassung, eine sozialstaatliche Interpretation der kantischen Rechtsphilosophie entbehre des Rückhalts im Text der *Rechtslehre*. Im Vorwort zur Neuauflage von 1993 stellt er erneut fest, „dass aus den theoretischen Grundlagen der Kantischen Rechtsphilosophie unmittelbar kein Sozialstaatsprinzip deduziert werden" könne.[195] Dennoch nähert er sich an gleicher Stelle einer die sozialstaatliche Öffnung der kantischen Rechts- und Eigentumslehre befürwortenden Interpretation, indem er ausführt, es sei „eine Argumentation denkbar, die eine umwegige Sozialstaatsbegründung aus dem Geist der vernunftrechtlichen Freiheit vorträgt, die das Sozialstaatsprinzip nicht als gleichrangiges vernunftrechtliches Prinzip versteht, sondern als vernunftrechtliches Sekundärprinzip, das in den Kontext der geschichtlichen Anwendung der vernunftrechtlichen Freiheitsnormen gehört und hier, erfahrungsbelehrt, den freiheitsfeindlichen Auswirkungen sozialer und ökonomischer Ungleichheit entgegenwirkt."[196] Nachdem er in seinen beiden im Jahr 2000 erschienenen Werken *Theorien der sozialen Gerechtigkeit* und *Politische Philosophie des Sozialstaats* einer sozialstaatlichen Öffnung der Rechts- und Eigentumslehre Kants wiederum völlig ablehnend gegenüber zu stehen scheint[197], vertritt er in seinem Auf-

---

[192] Vgl. Luf 1978, S. 5, 70 ff. Auch nach Gerhardt 1991, S. 324 hat der „Rechtsstaat ... genuine *ökonomische, technische* und *soziale* Aufgaben." Diese würden für Kant „aus dem Freiheit, Gleichheit und Selbständigkeit verbürgenden Auftrag des Staates" folgen. Vgl. auch Gerhardt 1988, S. 45 und König, S. 289 ff.
[193] Volkmann-Schluck, S. 118.
[194] Sassenbach, S. 165.
[195] Kersting 1993, S. 63.
[196] Kersting 1993, S. 64. Luf 1999, S. 37 bemerkt nicht ganz zu Unrecht, dass Kerstings Position hier „seltsam ambivalent" bleibe.
[197] Kersting 2000, S. 49 ff.: „Kants Konzeption ist für den Aristotelischen Begriff der iustitia distributiva nicht mehr offen und für den modernen Begriff einer sozialstaatlichen Verteilungsgerechtigkeit noch nicht aufgeschlossen. ... In der politischen Welt ... von Kant gibt es nur gleiche, durch das Recht zu Gleichen gemachte Individuen. ... [Der Staat] verrichtet sein Gerechtigkeitswerk zufriedenstellend, wenn seine Koordinationsanstrengungen durch kei-

satz *Kant und das Problem der Sozialstaatsbegründung* aus dem Jahre 2001 erneut die Auffassung, dass eine „kantisch-liberal[e]" Sozialstaatsbegründung möglich sei, die „sich ausschließlich auf das Freiheitsrecht selbst stützt und Sozialstaatlichkeit als unerlässliche Realitätsbedingung einer freiheitsrechtlichen Ordnung nachweist".[198] Zwar finde sich bei Kant selbst keine „juridische, freiheitsrechtliche Sozialstaatsbegründung", da Kants Äußerungen „ausschließlich eine ‚minimalist interpretation' staatlicher Wirksamkeit"[199] stützen würden, dennoch berge „der kantische Liberalismus eine embryonale Sozialstaatsphilosophie in sich".[200]
Einige Interpreten erblicken in den Ausführungen Kants zumindest politisch-instrumentelle Gründe für einen Sozialstaat.[201] So vertritt etwa Deggau[202] zwar die Auffassung, dass Sozial-, Wohlfahrts- und Wirtschaftspolitik nicht zu den Zwecken des von Kant konzipierten Staates gehören, dennoch hält er die Behauptung, es gebe für Kant keine soziale Frage, für unzutreffend. Bei Kant sei allerdings „[a]lle soziale, kulturelle, wirtschaftliche Tätigkeit des Staates ... bloß *Mittel* zur Sicherung des Rechtszustandes".[203]

Nach diesem Überblick über den Meinungsstand bezüglich der Frage nach einer sozialstaatlichen Öffnung der kantischen Rechts- und Eigentumslehre, soll im Folgenden gezeigt werden, dass sich mit Kant nicht nur ein Minimal- bzw. Nachtwächterstaat, sondern ein Freiheitsstaat mit sozialstaatlichen Elementen bzw. ein „freiheitsfunktionaler Sozialstaat"[204] entwickeln lässt.

---

nerlei Diskriminierung verzerrt werden und den Individuen streng symmetrische Interaktionsräume eröffnet werden. Die Aufgabe einer ungleichheitsempfindlichen, die relevanten Unterschiede berücksichtigenden Verteilung ist in dieser früh-liberalen Konzeption vollständig an den Markt übergegangen" (S. 52). Vgl. auch Kersting 2000a, S. 27: „Ein Konzept der Verteilungsgerechtigkeit, die die Verteilungsmechanismen der rechtmäßigen Aneignung, des Tausches und des rechtlichen Erwerbs relativiert und deren strukturelle Ergebnisse einer moralischen Korrektur unterzieht, ist im Rahmen der Rechtsphilosophie Kants nicht zu entwickeln."

[198] Kersting 2001a, S. 159 f.
[199] Kersting 2001a, S. 158.
[200] Kersting 2001a, S. 155.
[201] Vgl. dazu auch den nächsten Gliederungspunkt.
[202] Deggau, S. 248 ff.
[203] Deggau, S. 251.
[204] Vgl. Höffe 1979b, S. 107, 127; ders. 1981, S. 241, 255.

c. Der Staat als freiheitsfunktionaler Sozialstaat

Eine wesentliche Schwierigkeit bei der Beantwortung der Frage, ob Kant nur einen Minimal- bzw. Nachtwächterstaat oder aber einen Staat, dem sozialstaatliche Aufgaben zukommen, konzipiert hat, ergibt sich daraus, dass schon die Frage auf unterschiedliche Weise verstanden werden kann. Wie Steigleder[205] zutreffend feststellt, kann man dabei nämlich zwischen Kants explizit geäußerter Auffassung und dem von Kant möglicherweise nicht genügend ausgeschöpften Potential seiner Eigentums- und Rechtskonzeption unterscheiden.

Es dürften wohl kaum Zweifel daran bestehen, dass sich zumindest politisch-instrumentelle Gründe für einen Sozialstaat unmittelbar aus kantischen Äußerungen entnehmen lassen.[206] Hier ist vor allem an die Eingangsthese der Allgemeinen Anmerkung C der *Rechtslehre* zu denken: „Dem Oberbefehlshaber steht *indirekt*, d.i. als Übernehmer der Pflicht des Volks, das Recht zu, dieses mit Abgaben zu seiner (des Volks) eigenen Erhaltung zu belasten, als da sind: das *Armenwesen*, die *Findelhäuser* und das *Kirchenwesen*, sonst milde oder fromme Stiftungen genannt. Der allgemeine Volkswille hat sich nämlich zu einer Gesellschaft vereinigt, welche sich immerwährend erhalten soll, und zu dem Ende sich der inneren Staatsgewalt unterworfen, um die Glieder dieser Gesellschaft, die es selbst nicht vermögen, zu erhalten. Von Staats wegen ist also die Regierung berechtigt, die Vermögenden zu nötigen, die Mittel der Erhaltung derjenigen, die es, selbst den notwendigsten Naturbedürfnissen nach, nicht sind, herbeizuschaffen; weil ihre Existenz zugleich ein Akt der Unterwerfung unter den Schutz und die zu ihrem Dasein nötige Vorsorge des gemeinen Wesens ist, wozu sie sich verbindlich gemacht haben, auf welche der Staat nun sein Recht gründet, zur Erhaltung ihrer Mitbürger das Ihrige beizutragen."[207]
Kant verkennt – trotz seines Geltungsapriorismus – offenbar nicht die Abhängigkeit eines prinzipienbegründeten Staatswesens von spezifischen empirischen Verwirklichungsbedingungen. Er war sich der stabilitätspolitischen Risiken für den Bestand eines geordneten Staatswesens, die von Versorgungsunsicherheit, Armut und Elend hervorgebracht werden, durchaus bewusst. Daher ist bei Kant die Gewährleistung einer existenzsichernden Versorgung im Falle der wirtschaftlichen Not eine öffentliche Angelegen-

---

[205] Vgl. Steigleder, S. 216.
[206] Vgl. zum Folgenden Kersting 2001a, S. 155 ff.; ders. 2002, S. 39 ff.
[207] VI 325 f.

heit. Die Existenzsicherung der Unvermögenden wird also nicht dem Okkasionalismus privater Mildtätigkeit, sondern dem Staat überantwortet. Der Grund der Verantwortlichkeit des Staates für die Existenzsicherung der Bedürftigen liegt gemäß der oben wiedergegebenen Textstelle aber allein in der Selbsterhaltungspflicht bzw. Integrität des Staates. Kant argumentiert hier ausschließlich erhaltungspolitisch.[208] Die Belange der Existenzsicherung des Einzelnen werden rechtsphilosophisch erst dann relevant, wenn ihre Vernachlässigung zu einer Destabilisierung des Gemeinwesens führen und zu einem Risiko für die Erhaltung des Rechts werden würde. Wohlfahrtsstaatliche Leistungen sind in dem Subsistenzrecht des Rechts und nicht etwa in einem Subsistenzrecht der Individuen begründet. Die in der Allgemeinen Anmerkung C von Kant geforderte obrigkeitliche Fürsorge für Erhaltung und Wohlfahrt der Bürger dient mithin nicht irgendeiner sozialen Gerechtigkeit, die durch entsprechende Umverteilungen die sozio-ökonomische Ungleichheit abzuschwächen versucht. Der dort skizzierte Sozialstaat ist kein Rechtsbegriff, sondern „lediglich ein kluges, also wirklichkeitsaufmerksames Instrument der Rechtsausübung."[209] Solche Klugheitsüberlegungen haben aber mit einem modernen Sozialstaatsverständnis, wonach der Staat für den Ausgleich sozialer Gegensätze in der Bevölkerung durch Steuer-, Schul- oder Sozialpolitik verantwortlich ist, nichts gemein.[210]

---

[208] Vgl. auch Ludwig 1993, S. 230 ff., 250 f.; Spaemann, S. 350; Zotta 2000, S. 105 ff. m.w.N. in Lit. zur ausschließlich erhaltungspolitisch motivierten Argumentation Kants in der Allgemeinen Anmerkung C. Steigleder, S. 215 ff. meint hingegen, dass die sozialstaatlichen Maßnahmen in der Allgemeinen Anmerkung C durch Kant nicht ausschließlich instrumentell gerechtfertigt würden. Kants erhaltungspolitische Argumentation tritt im Übrigen auch deutlich im *Gemeinspruch* hervor: „Wenn die oberste Macht Gesetze gibt, die zunächst auf die Glückseligkeit (die Wohlhabenheit der Bürger, die Bevölkerung u. dergl.) gerichtet sind: so geschieht dieses nicht als Zweck der Errichtung einer bürgerlichen Verfassung, sondern bloß als Mittel, den *rechtlichen Zustand*, vornehmlich gegen äußere Feinde des Volks, zu sichern. Hierüber muss das Staatsoberhaupt befugt sein, selbst und allein zu urteilen, ob dergleichen zum Flor des gemeinen Wesens gehöre, welcher erforderlich ist, um seine Stärke und Festigkeit sowohl innerlich als wider äußere Feinde zu sichern" (VIII 298). Kant sieht hier den Staat zu wohlfahrtsstaatlichen Maßnahmen berechtigt, wenn diese zur Stabilität des Staates beitragen und insofern dem Schutz des Staates gegen äußere, aber auch innere Bedrohungen dienen. Er denkt in diesem Zusammenhang auch an Maßnahmen wie „gewisse Verbote der Einfuhr, damit die Erwerbmittel den Untertanen zum Besten und nicht zum Vorteil der Auswärtigen und Aufmunterung des Fleißes anderer befördert werden, weil der Staat ohne Wohlhabenheit des Volks nicht Kräfte genug besitzen würde, auswärtigen Feinden zu widerstehen, oder sich selbst als gemeines Wesen zu erhalten" (VIII 299).
[209] Kersting 2001a, S. 157.
[210] Vgl. Zotta 2000, S. 106 f.; Kersting 2001a, S. 158: „Mit dem politischen Argument von der Notwendigkeit der Versorgung der Unvermögenden aus Gründen staatlicher Selbstsorge ist heute kein Sozialstaat zu machen."

Im Folgenden soll nun gezeigt werden, dass mit Kant nicht nur eine politisch-instrumentelle, sondern auch eine juridisch-normative Sozialstaatsbegründung möglich ist. Damit ist eine Sozialstaatsbegründung gemeint, die nicht bloß die selbstversorgungsunfähigen Mitbürger auf ein Stabilitätsrisiko reduziert und somit lediglich auf politischem Opportunismus basiert, sondern eine, die sich ausschließlich auf das Freiheitsrecht selbst stützt und Sozialstaatlichkeit als unabdingbare Verwirklichungsbedingung eines freiheitlichen Staatswesens begreift. Auf kantischer Basis lässt sich ein Freiheitsstaat mit sozialstaatlichen Elementen bzw. ein „freiheitsfunktionaler Sozialstaat"[211], der Eigentums- und Freiheitschancen gerecht verteilt, entwickeln.

Auf den ersten Blick fällt es schwer, in Kants Konzeption nicht nur eine bloß erhaltungspolitisch motivierte, sondern – weit darüber hinausgehend – auch eine allein auf der Basis des Freiheitsrechts stehende, juridisch-normative Begründung sozialstaatlicher Aufgaben zu erblicken. Es ist nicht sofort ersichtlich, warum ein freiheitsfunktionaler Sozialstaat, der Eigentums- und Freiheitschancen gerecht verteilt, in der Konsequenz der kantischen Rechts- und Eigentumslehre liegen soll. Der Text versperrt sich nämlich zunächst einer Interpretation, die in der äußeren Freiheit als „Unabhängigkeit von eines Anderen nötigender Willkür"[212] zugleich eine Freiheit erblickt, die Chancengleichheit bezüglich der Ausübung der Freiheit – vor allem auf wirtschaftlicher Ebene – als ihr Fundament betrachtet.[213] Letztere findet in der *Rechtslehre* – zumindest expressis verbis – keine Erwähnung. Demgemäß sind dort auch keine ausdrücklichen Hinweise auf eine sozialstaatliche Komponente des ganz auf den Rechts- und Eigentumsschutz ausgerichteten Staates auffindbar, die über die oben erläuterten erhaltungspolitisch motivierten Ausführungen hinausgehen. In § 9 der *Rechtslehre* versteht Kant die „bürgerliche Verfassung" sogar als einen rechtlichen Zustand, „durch welchen das Seine nur gesichert, eigentlich aber nicht ausgemacht und bestimmt wird"[214], und macht so eine Interpretation, die die sozialstaatliche Öffnung der kantischen Rechtslehre juridisch-normativ und nicht bloß politisch-instrumentell begründet haben will, in der Tat schwierig. Für die Erwerbung gesteht Kant in § 15 dann zwar Folgendes ein: „Die Unbestimmtheit in Ansehung der Quantität sowohl als der Qualität des äu-

---

[211] Höffe 1981, S. 255; ders. 1979b, S. 127.
[212] VI 237.
[213] Vgl. zum Folgenden Kühl 1999, S. 128 ff.
[214] VI 256.

ßeren erwerblichen Objekts, macht diese Aufgabe (der einzigen ursprünglichen Erwerbung) unter allen zur schwersten sie aufzulösen."[215] Hierin kann aber noch lange nicht die Formulierung einer Pflicht des Staates zur Herstellung von Chancengleichheit in Eigentumsverhältnissen bzw. zur Errichtung von Aneignungsschranken gesehen werden.

Trotz dieses eindeutigen Textbefundes finden sich in der *Rechtslehre* verschiedene Ansatzpunkte für eine Berücksichtigung von tatsächlichen Eigentumschancen und für eine Begrenzung faktischer Eigentumsmacht.
So könnte man etwa in § 46 die Pflicht des Staates zur Gewährleistung von tatsächlichen Eigentumschancen erblicken. Dort wird von den positiven Gesetzen gefordert, dass sie „doch den natürlichen [Gesetzen] der Freiheit und der dieser angemessenen Gleichheit Aller im Volk, sich nämlich aus diesem passiven Zustande zu dem aktiven emporarbeiten zu können, nicht zuwider sein müssen."[216] Da der in § 46 angesprochene *aktive Zustand* im Wesentlichen an das Eigentum gekoppelt ist, könnte man aus dieser Forderung ohne weiteres ableiten, dass jedem Individuum die Chance, sich zum Eigentümer emporarbeiten zu können und somit einen aktiven Status erlangen zu können, gesetzlich garantiert werden muss. Ob damit aber auch *tatsächliche* und nicht *bloß rechtliche* Chancen gemeint sind, lässt sich aus dem Text nicht entnehmen.
Zu einem ähnlichen Ergebnis kommt man hinsichtlich eines weiteren, die Eigentumsbegrenzung betreffenden Ansatzpunktes. Kant kritisiert Verfestigungen von Eigentums- und Vermögenspositionen, die in seiner Zeit, insbesondere durch die so genannten Fideikommisse, üblich und rechtlich zulässig waren. Seiner Auffassung nach bildeten Letztere Schranken für den Einzelnen, sich Eigentum und damit bürgerliche Selbständigkeit zu erarbeiten.[217] Deshalb spricht er dem Staat hinsichtlich der Abschaffung von Privilegien sogar eine aktive Rolle zu: „Hieraus folgt: dass es auch keine Korporation im Staat, keinen Stand und Orden, geben könne, der als Eigentümer den Boden zur alleinigen Benutzung den folgenden Generationen (ins Unendliche) nach gewissen Statuten überliefern könne. Der Staat kann sie zu aller Zeit aufheben, nur unter der Bedingung, die Überlebenden zu entschädigen."[218] Dennoch: Kant zieht hier nicht – jedenfalls nicht ausdrücklich – den auf der Hand liegenden Schluss, dass nicht nur rechtliche Privilegien, sondern auch faktische, in Eigentum verfestigte Machtpositionen

---

[215] VI 266.
[216] VI 315.
[217] Vgl. hierzu auch Kühl 1984, S. 286 f.
[218] VI 324.

aufgehoben werden dürfen, wenn andernfalls die generelle Erwerbsmöglichkeit für alle nicht mehr zu gewährleisten ist. Kant betont in den eben angeführten Textstellen mithin zwar nachhaltig, dass der Überwindung sozialer Schranken keine *rechtlichen Hindernisse* in den Weg gelegt werden dürfen, aber einen ausdrücklichen Hinweis auf eine rechtliche Pflicht des Staates, *materiale Hindernisse* zu beseitigen, sucht man vergebens.

Abgesehen von den eben aufgeführten, im Text der *Rechtslehre* verankerten Ansatzpunkten ergibt sich eine sozialstaatliche Öffnung der Rechtslehre Kants aber vor allem aus folgender *systematischer* Überlegung heraus[219]: Der Staat ist in seiner Rechtsgewährungs- und Rechtsschutzfunktion selbstverständlich an das allgemeine Rechtsgesetz, das entwicklungsfähige Grundprinzip der *Rechtslehre*, gebunden. Das allgemeine Rechtsgesetz bildet – wie Brocker treffend formuliert – „den Initialpunkt staatlicher Intervention."[220] Der Staat muss sich also bei der Gesetzgebung auch in Eigentumsfragen an das allgemeine Rechtsgesetz halten. Hier stellt sich nun die Frage, ob es in diesem allgemeinen Rechtsgesetz nur um die Zusammenstimmung rechtlicher Freiheiten geht oder ob darin auch die Realisierungsbedingungen der Freiheit miteinbezogen sind.
Nach Kant sind – wie oben bereits ausgeführt – Freiheit und Gleichheit „nicht (als Glieder der Einteilung unter einem höheren Rechtsbegriff) unterschieden", vielmehr ist die Gleichheit „schon im Prinzip der angeborenen Freiheit" enthalten.[221] Da nun Freiheit und Gleichheit weder selbständig nebeneinander noch sich in einem Konkurrenzverhältnis unvereinbar gegenüber stehende Prinzipien sind, kann die Gleichheit nicht als eine Besitzstandsgleichheit aufgefasst werden. Im Falle der Letzteren wäre eine Ausübung der Freiheit in Bezug auf Sachen faktisch unmöglich, da sie unweigerlich zu einer ständigen Umverteilung der Besitzstände führen würde. Die Gleichheit muss vielmehr auf die Freiheit Bezug nehmen und sie inhaltlich dahin gehend präzisieren, dass sie Freiheit für alle Individuen bedeutet, soweit die Ausübung dieser Freiheit nicht die rechtmäßige Frei-

---

[219] Vgl. zum Folgenden Kühl 1999, S. 129 ff.; ders. 1998, S. 278 ff.; ders. 1984, S. 247 ff.; König, S. 289 ff.; Brocker 1987, S. 150 ff. Ähnlich argumentiert schon Luf 1978, S. 70 ff. Vgl. zu diesem Interpretationsansatz die kritischen Stimmen von Hespe 2002, S. 149 f.; Ludwig 1987, S. 153 ff.; ders. 1993, S. 235, Fn. 47; Kersting 1986a, S. 309 ff.; Wildt, S. 159 ff., insbes. S. 171 f.; Baumann, S. 147 ff., insbes. S. 154, Fn. 31; Zotta 2000, S. 110 ff.
[220] Brocker 1987, S. 151.
[221] VI 238.

heitsbetätigung anderer verhindert. Das impliziert aber nicht nur, dass freiheitsbehindernde Privilegien abgeschafft bzw. verhindert werden müssen, sondern vor allem auch, dass faktische Verwirklichungsbedingungen der Freiheit im gesellschaftlichen, insbesondere im wirtschaftlichen Bereich aktiv geschaffen werden müssen. Dies gilt ungeachtet der Tatsache, dass bei Kant Fragen nach den empirischen Bedingungen der Freiheitsverwirklichung nicht im Vordergrund stehen. Das durch die Idee der Gleichheit präzisierte Freiheitsprinzip der kantischen Rechtslehre fordert somit nicht nur formale Rechtsgleichheit, sondern auch die Herstellung von Chancengleichheit.[222]

Bei Kant gilt, wie bereits gezeigt wurde, dass jeder Einzelne selbst verantwortlich für sein Glück ist. Dies steht durchaus nicht im Widerspruch zu einer Pflicht des Staates zur Herstellung von Chancengleichheit. Die Gewährung von Chancengleichheit stellt nämlich keine Aufoktroyierung einer bestimmten Glücksvorstellung dar. Die Realisierung von Glücksvorstellungen bleibt auch im Falle der Gewährung von Chancengleichheit in den Händen des einzelnen Individuums.
Die Chancengleichheit sorgt nicht nur für eine rechtliche, sondern auch für eine tatsächliche Egalisierung der Möglichkeiten und gewährleistet so, dass jedem einzelnen Individuum die Realisierung seiner eigenen Glücksvorstellungen nicht von vornherein unmöglich ist.[223]
Der Staat hat also nicht die Pflicht, Glück zuzuteilen, sondern nur die Pflicht, für jedermann tatsächliche Bedingungen zu schaffen, unter denen er sein Glück suchen kann. Diese Bedingungen sind aber nicht schon dann gegeben, wenn in der Gesellschaft rechtliche Privilegien abgeschafft sind, sondern erst dann, wenn auch tatsächlich entstandene Machtpositionen derart eingeschränkt werden, dass ein jeder eine echte, faire Chance hat.

Chancengleichheit bedeutet, dass jedermann die Möglichkeit zur gesetzmäßig beschränkten Betätigung der Freiheit hat. Sie darf aber – jedenfalls was Kant anbelangt – in keinem Falle zur Aufhebung der mit der Freiheit angelegten Möglichkeit für andere führen. Die Gleichheit muss in ihrer sozialgestaltenden Funktion darauf achten, dass sie das Prinzip der Freiheit,

---

[222] Kühl 1999, S. 130 f.
[223] Auch Steigleder, S. 222 betont, dass „das Ziel der sozialstaatlichen Aufgaben ..., gar nicht das Glück der Betroffenen [sei], sondern die Erhaltung ihrer Existenz und grundlegenden Handlungskompetenz und somit auch ihrer Rechte und insbesondere jenes Spielraumes, der es dem Einzelnen ermöglicht, unter Wahrung der Rechte der anderen (s)eine Konzeption des Glücks zu verfolgen."

welches dem Grundsatz nach ein gemeinschaftsabwehrendes Prinzip ist, nicht aushöhlt. Das sozialgestaltende Prinzip der Gleichheit darf daher nicht in freiheitsvernichtender bzw. in Freiheit unmöglich machender Weise die absolute Gleichmachung der gesellschaftlichen Verhältnisse anstreben. Es hat lediglich den Auftrag, in freiheitsbewahrender bzw. in Freiheit für alle erst möglich machender Weise die *Ungleichheit zu begrenzen*. Freiheitseinschränkende Sozialgestaltungsmaßnahmen sind – wenn Freiheit das Prinzip des Rechts bleiben soll – nur so lange legitimiert, wie sie die Schaffung von *Freiheit als Chance für jedermann* zum Ziel haben. Kühl[224] betont daher zu Recht, dass nur ein freiheitsfunktionaler Sozialstaat mit dem allgemeinen Rechtsgesetz vereinbar sei.

Ein Sozialstaat, der den Auftrag hat, die Voraussetzungen für Freiheit und Selbständigkeit zu schaffen, ist kein eigentlicher Wohlfahrtsstaat. Denn ein Wohlfahrtsstaat gewährt dem Bedürftigen Ansprüche auf staatliche Versorgungsleistungen. Der Sozialstaat hingegen gewährt nur Ansprüche auf Ermöglichung und Schutz der Freiheit und steht deswegen in keinem Konkurrenzverhältnis zum Rechtsstaat.[225] Das vom Rechtsstaat stets zu beachtende allgemeine Rechtsgesetz fordert sogar die Etablierung eines freiheitsfunktionalen Sozialstaates, um damit für jedermann die Verwirklichungsbedingungen der Ausübung von Freiheit zu schaffen.[226] Der Sozialstaat erweist sich letztlich als konsequente Ausübung der kantischen Rechtslehre.

Der Begriff der Chancengleichheit kann zwar als dynamischer Begriff leicht missbraucht werden. Im Namen der Chancengleichheit kann nämlich nahezu jede Verteilung, Nivellierung und Egalisierung gerechtfertigt werden. Eine alles ausgleichende, nivellierende, egalisierende und somit jegliche Freiheit unmöglich machende Gleichheit kann aber verhindert werden, wenn die Herstellung von Freiheit für jedermann samt ihren Verwirklichungsbedingungen das Ziel einer jeden sozialen Korrektur bleibt.

---

[224] Kühl 1998, S. 281.
[225] Auch nach Gerhardt 1988, S. 45 gehört „[d]ie Antithese von Rechtsstaat und Sozialstaat ... zu den zahlreichen irrigen Oppositionen, mit denen die Kant-Deutung immer wieder belastet wird. Für Kant – so Gerhardt an einer anderen Stelle – gebe es „keinen *prinzipiellen Gegensatz zwischen Rechtsstaat und Sozialstaat*" (Gerhardt 1991, S. 324).
[226] Vgl. auch Kersting 1993, S. 64: „Wenn das Sozialstaatsprinzip sich so versteht, dass es anstelle der entmündigenden Entlastung von den Lebensrisiken die kompensatorische Ermöglichung eines eigenbestimmten Daseins für die durch soziale und ökonomische Ungleichheit schicksalhaft Benachteiligten zu seiner Aufgabe macht, dann ist es nicht nur mit der Rechtsphilosophie Kants vereinbar, dann müsste diese im Interesse der menschenrechtlichen Freiheit geradezu nach ihm verlangen, wenn sie die Gefahren bedenkt, die auf dem sozialstaatlich unbeaufsichtigten Markt auf die Freiheit und die rechtliche Würde warten."

In einer Gesellschafts- bzw. Wirtschaftsordnung, die vermittels des Rechts durch jedermanns Freiheit konstituiert wird, müssen unterschiedliche wirtschaftliche Ergebnisse der individuellen Freiheitsausübung und die damit verbundene ungleiche Verteilung von Vermögen bis zu einem gewissen Punkt toleriert werden. So ist Böckenfördes[227] Auffassung, dass Freiheit notwendigerweise die Inkaufnahme sozialer Ungleichheit bedeute, in der Tat zuzustimmen. Eine auf dem Prinzip der Freiheit basierende Gesellschaftsordnung ist mit einer materiellen Gleichheit, verstanden als „Gleichheit der Ergebnisse aus den Betätigungen der Freiheit"[228], bzw. mit einer ständigen nachträglichen Korrektur der wirtschaftlichen Ergebnisse der Freiheitsausübung nicht in Übereinstimmung zu bringen. Es ist also Wildt[229] Recht zu geben, wenn er bemerkt, dass „das Postulat umfassender Chancengleichheit ziemlich radikal" sei. Eine „umfassend[e] Chancengleichheit" würde zur Vernichtung jeglicher Freiheit führen und wäre somit mit Kants Freiheitskonzeption nicht zu vereinbaren. Der Staat darf erst dann eine Korrektur der wirtschaftlichen Ergebnisse der Freiheitsausübung vornehmen, wenn andernfalls nicht mehr gewährleistet ist, dass alle Individuen die Möglichkeit haben, ihre Freiheit auch im wirtschaftlichen Bereich durch Erwerb von Eigentum und Vermögen zu betätigen. Er darf also erst dann eingreifen, wenn die soziale Ungleichheit in soziale Unfreiheit umschlägt.[230]

Nun wäre zu erörtern, welche konkreten Maßnahmen der Staat zu ergreifen hat, um als freiheitsfunktionaler Sozialstaat, der Eigentums- und Freiheitschancen gerecht verteilt, gelten zu können. Eine solche Erörterung ist Aufgabe einer empirischen, mithin einer die historischen Gegebenheiten berücksichtigenden Rechtswissenschaft[231] und kann im Rahmen der vorliegenden Untersuchung nicht mehr geleistet werden.[232]

---

[227] Böckenförde 1976, S. 338.
[228] Kühl 1998, S. 282.
[229] Wildt, S. 172, Fn. 23.
[230] Böckenförde 1976, S. 339.
[231] Vgl. Brocker 1987, S. 151 f.
[232] Vgl. dazu vor allem die diesbezüglichen Aktualisierungsversuche von Kühl 1984, S. 247-315. Vgl. aber auch Kersting 2001a, S. 163 ff.: „Der kantisch-liberale Sozialstaat dient der Selbstständigkeitssicherung, er entzieht die Unselbstständiggewordenen der Ausbeutungs- und Erniedrigungsgefahr, und stattet sie mit einem *Ersatzeinkommen* aus, macht aus den Unselbstständiggewordenen Selbstständige in Wartestellung, er hält sie marktbereit. Diese Versorgungsleistungen müssen durch die Errichtung eines *öffentlichen* vertikal wie horizontal hinreichend ausdifferenzierten *Ausbildungssystems* und durch eine *offensive Arbeitsmarktpolitik* flankiert werden" (S. 163, Hervorhebungen von C.N.).

Hier muss indessen die Feststellung genügen, dass das auf Freiheit begründete Eigentum nicht aus dem Freiheitszusammenhang aller Individuen entlassen, sondern vielmehr in diesen miteinbezogen ist, denn jegliche Art der Freiheitsausübung, mithin auch der Erwerb von Eigentum sowie die Akkumulation von Kapital, steht unter der Bedingung der Allgemeinheit und Wechselbezüglichkeit. Dabei liefert die von vornherein auf die Kompatibilität mit der Freiheit aller anderen eingeschränkte Freiheit, die zunächst die Möglichkeit des Eigentums an sich bzw. des Eigentumserwerbs begründet, auch die Schranke der Gewährung des Privateigentums; sie gibt also – wie Kühl[233] zutreffend bemerkt – „zugleich das Prinzip der Begrenzung für erworbenes Privateigentum an." Diese Freiheit ist somit das distributivnormative Prinzip, das der Staat bei jedem regulierenden Eingriff in die Eigentumsordnung zu beachten hat.

d. Ergebnis

Von einem freiheitsfunktionalen Sozialstaat, der Eigentums- und Freiheitschancen gerecht verteilt, ist in der *Rechtslehre* – zumindest ausdrücklich – keine Rede. Es wäre aber in jedem Falle verfehlt, deshalb wie Unruh[234] zu behaupten, dass der *Rechtslehre* „die rein liberale Stoßrichtung der Kantischen Staatsphilosophie zu entnehmen" sei. Ebenso verfehlt ist die von Kersting und vielen anderen vertretene Ansicht, dass der Text der *Rechtslehre* „ausschließlich eine ‚minimalist interpretation' staatlicher Wirksamkeit"[235] stütze. Denn der Text der *Rechtslehre* ist diesbezüglich offen. Er liefert also den Interpreten, die in Kant einen Apologeten des liberalen Nachtwächter- bzw. Minimalstaates sehen, auch keine brauchbaren Argumente.[236] Wie Müller[237] zu Recht bemerkt, hat Kant den Ruf, ein Gegner jeglichen staatlichen Eingriffs zu sein, vor allem der Tatsache zu verdanken, dass er „zur konkreten Staatstätigkeit relativ wenig und dieses Wenige sehr verstreut geäußert hat."

Es lässt sich kaum bestreiten, dass Kant eine ganze Reihe von Problematiken, die in der heutigen Zeit einen Sozialstaat als dringlich erscheinen lassen, nicht bzw. nicht in ausreichender Schärfe gesehen hat.[238] Kant wurde zweifelsohne auch von einem gewissen sozial-evolutionären Optimismus

---

[233] Kühl 1999, S. 131.
[234] Unruh, S. 192.
[235] Kersting 2001a, S. 158.
[236] So auch Ludwig 1993, S. 251.
[237] Müller 1991, S. 97.
[238] Steigleder, S. 216.

getragen, der durch den ökonomischen und sozialen Strukturwandel des 19. und 20. Jahrhunderts gründlich widerlegt wurde.[239] Auf kantischer Basis lässt sich aber, wie eben gezeigt, ohne weiteres ein freiheitsfunktionaler Sozialstaat entwickeln. Die Ausführungen zur Chancengleichheit bzw. zur gerechten Verteilung von Freiheits- und Eigentumschancen basieren ausschließlich auf kantimmanenten Überlegungen.

4. Die dichotome Grundstruktur des kantischen Staatsrechts

§ 45 der *Rechtslehre* leitet das eigentliche Staatsrecht ein. In ihm findet sich auch gleich zu Anfang die viel zitierte Staatsdefinition: „Ein Staat (*civitas*) ist die Vereinigung einer Menge von Menschen unter Rechtsgesetzen. Sofern diese als Rechtsgesetze *a priori* notwendig, d.i. aus Begriffen des äußeren Rechts überhaupt von selbst folgend (nicht statutarisch) sind, ist seine Form die Form eines Staates überhaupt, d.i. der Staat *in der Idee*, wie er nach reinen Rechtsprinzipien sein soll, welche jeder wirklichen Vereinigung zu einem gemeinen Wesen (also im Inneren) zur Richtschnur (*norma*) dient."

Kant unterscheidet also zwischen einem „Staat *in der Idee*" einerseits und empirischen Staatswesen andererseits. Die Idee eines nach ausschließlich apriorischen Rechtsgesetzen verfassten Staates fungiert dabei als verbindliches Leitmotiv für real existierende Staaten.[240]

Im Anschluss an die Staatsdefinition entwickelt Kant zunächst den „Staat *in der Idee*", danach erörtert er im Rahmen der Staatsformenlehre die Möglichkeiten seiner Realisierung. Damit verleiht er seinem Staatsrecht eine dichotome Grundstruktur.

Verdeckt wird die klare Architektonik durch die – vermutlich – missglückte Realisierung des Drucktextes in der *Metaphysik der Sitten* von 1797.[241] Die §§ 45, 48, 46 und 49 stellen – in dieser Reihenfolge – den „Staat *in der Idee*" vor. § 47 leitet dann mittels eines Konstituierungstheorems über zu den §§ 51, 52, welche die Möglichkeiten seiner Verwirklichung thematisieren.[242] Wenngleich erst die Interpretation der §§ 45 ff. in der hier vorgeschlagenen Reihenfolge die klare Architektonik vor Augen hält, so liegt die

---

[239] Vgl. Kersting 2001a, S. 162.
[240] Vgl. Steigleder, S. 201; Ju, S. 222 f.
[241] Zur Textgestalt der *Rechtslehre* siehe oben unter I.3.
[242] § 50 fällt aus diesem Schema heraus.

eben erwähnte Dichotomie selbstverständlich auch schon in der 1797 gedruckten Fassung vor.[243]

In der Schrift *Der Streit der Fakultäten*, welche ein Jahr nach der *Rechtslehre* erschien, verleiht Kant dieser architektonischen Zweiteilung durch die Gegenüberstellung von „respublica noumenon" und „respublica phaenomenon" auch begrifflich Ausdruck.[244] Dort übt er zunächst an der Monarchie Englands Kritik, indem er sie als ein trügerisches Beispiel einer angeblich vorbildlichen Staatsverfassung entlarvt. Anschließend erläutert er allgemein das Verhältnis von der Idee einer Verfassung und deren Verwirklichung: „Die Idee einer mit dem natürlichen Rechte der Menschen zusammenstimmenden Konstitution: dass nämlich die dem Gesetz Gehorchenden auch zugleich, vereinigt, gesetzgebend sein sollen, liegt bei allen Staatsformen zum Grunde, und das gemeine Wesen, welches, ihr gemäß durch reine Vernunftbegriffe gedacht, ein platonisches *Ideal* heißt (respublica noumenon), ist nicht ein leeres Hirngespinst, sondern die ewige Norm für alle bürgerliche Verfassung überhaupt und entfernt allen Krieg. Eine dieser gemäß organisierte bürgerliche Gesellschaft ist die Darstellung derselben nach Freiheitsgesetzen durch ein Beispiel in der Erfahrung (respublica phaenomenon) und kann nur nach mannigfaltigen Befehdungen und Kriegen mühsam erworben werden; ihre Verfassung aber, wenn sie im Großen einmal errungen worden, qualifiziert sich zur besten unter allen, um den Krieg, den Zerstörer alles Guten, entfernt zu halten; mithin ist es die Pflicht, in eine solche einzutreten, vorläufig aber (weil jenes nicht so bald zu Stande kommt) Pflicht der Monarchen, ob sie gleich *autokratisch* herrschen, dennoch *republikanisch* (nicht demokratisch) zu regieren, d.i. das Volk nach Prinzipien zu behandeln, die dem Geist der Freiheitsgesetze (wie ein Volk mit reifer Vernunft sie sich selbst vorschreiben würde) gemäß sind, wenngleich dem Buchstaben nach es um seine Einwilligung nicht befragt würde."[245]

---

[243] Vgl. Ludwig 1988, S. 75 ff. zur Rekonstruktion der von Kant intendierten Gestalt des Textes. Vgl. auch Herb / Ludwig 1994, S. 433 f.; Ludwig 1999, S. 173.

[244] Vgl. VII 90 f. Vgl. dazu Ludwig 1999, S. 174 f.; ders. 1997a, S. 105; ders. 2000, S. 189 f.; Herb / Ludwig 1994, S. 434 f.; Herb 1999, S. 132 f.; May, S. 103 f.

[245] VII 90 f. Bereits in einer in unmittelbarer zeitlicher Nähe zur *Rechtslehre* verfassten Vorarbeit zur Streitschrift operiert Kant mit dem kritischen Begriffspaar *phaenomenal / noumenal*. Dort bezieht er es unmittelbar auf die Staatsformenlehre: „*Respublica noumenon* oder *phaenomenon*. Die letztere hat drey Formen, aber *respublica noumenon* ist nur eine und dieselbe" (XIX 609 f.; zur Datierung dieses Fragments vgl. Herb / Ludwig 1994, S. 469, Fn. 155).

Die „respublica noumenon" fungiert demnach als „ewige Norm für alle bürgerliche Verfassung", für jede „respublica phaenomenon". Das Begriffspaar *phaenomenal / noumenal* verweist auf die elementare Unterscheidung zwischen intelligibler Welt einerseits und Erscheinungswelt andererseits in der *Kritik der reinen Vernunft* zurück.[246]
Wenn auch noch nicht in der genuin kritischen Terminologie von *noumena* und *phaenomena*, so trifft Kant diese Unterscheidung bereits mit ähnlicher begrifflicher Präzision im Beschluss jenes „Anhang[s] erläuternder Bemerkungen"[247], der 1798 der zweiten Auflage der *Rechtslehre* beigefügt wurde: „Ein jedes Faktum (Tatsache) ist Gegenstand in der *Erscheinung* (der Sinne); dagegen das, was nur durch reine Vernunft vorgestellt werden kann, was zu den *Ideen* gezählt werden muss, denen adäquat kein Gegenstand in der Erfahrung gegeben werden kann, dergleichen eine vollkommene *rechtliche Verfassung* unter Menschen ist, das ist das Ding an sich selbst. Wenn dann nun ein Volk, durch Gesetze unter einer Obrigkeit vereinigt, da ist, so ist es der Idee der Einheit desselben *überhaupt*, unter einem machthabenden obersten Willen, gemäß, als Gegenstand der Erfahrung gegeben; aber freilich nur in der Erscheinung; d.i. eine rechtliche Verfassung im allgemeinen Sinne des Worts ist da".[248]

In den folgenden Erläuterungen wird die Terminologie aus der *Streitschrift* von 1798 zu Hilfe genommen. Dies rechtfertigt sich daraus, dass die Gegenüberstellung von „respublica noumenon" und „respublica phaenomenon"[249] die schon in der *Rechtslehre* von 1797 vorfindbare dichotome Grundstruktur des kantischen Staatsrechts begrifflich am besten fasst. Die Unterscheidung dieser beiden Begriffe liefert aber nicht nur den Schlüssel zur Rekonstruktion des argumentativen Aufbaus des Staatsrechts. Mit ihrer Hilfe können auch die Elemente genauer verortet werden, die Kant von seinen Vorgängern übernommen hat, um sie dann in seine kritische Rechtslehre zu integrieren. Auf diese Weise wird sich ferner zeigen, dass Kants Positionen in der *Rechtslehre* zum Teil nicht mehr dieselben sind wie im *Gemeinspruch* von 1793 bzw. in der *Friedensschrift* von 1795. In Kants Staatstheorie lässt sich nämlich ein Emanzipationsprozess aufweisen, der den *Gemeinspruch* und die *Friedensschrift* gewissermaßen in die Vorgeschichte des kritischen Staatsrechts verweist.[250]

---

[246] Vgl. A 235; Ludwig 2000, S. 190; Luf 1978, S. 136 ff.
[247] VI 356 ff.
[248] VI 371 f.
[249] VII 91.
[250] Vgl. Herb / Ludwig 1994, S. 432 f.

Kant macht sich bei der Entwicklung seines Staatsrechts einige Elemente aus dem Bestand der Tradition zu Eigen. Dabei war Rousseau für ihn von besonders großem Einfluss.[251] Dies hebt er selbst in einer oft zitierten Reflexion hervor, in der er Rousseaus Theorie als die wichtigste Inspirationsquelle seines Staatsrechts bezeichnet und Rousseaus „Social contract (Bürgerbund)" gleichsam als „ideal des Staatsrechts" vorstellt.[252] Zwar fällt der Name Rousseaus in der *Rechtslehre* nur ein einziges Mal[253], dennoch kann man die rousseauschen Elemente ohne größere Schwierigkeiten ausfindig machen. Die nachfolgenden Gliederungsabschnitte zeigen, dass sich diese insbesondere im Kontext des Staates in der Idee finden.

Der eben skizzierten dichotomen Architektonik des kantischen Staatsrechts folgend, soll in den nächsten Gliederungspunkten zunächst die Binnenstruktur des Staates in der Idee und die Funktion des *„ursprüngliche[n] Kontrakt[s]"*[254] bei Kant erörtert werden. Im Anschluss daran wird dann die kantische Staatsformenlehre dargestellt, die sich mit den Möglichkeiten der Realisierung des Staates in der Idee auseinandersetzt.

5. Der Staat in der Idee

a. Einleitung

Der Staat in der Idee ist gewaltenteilig organisiert. Bei Kant finden Funktion und Ausformung der Gewaltenteilung jedoch nur spärliche Erwähnung.[255] Er selbst verwendet in der *Rechtslehre* nicht ein einziges Mal das Wort *Gewaltenteilung* explizit.[256] Dies ist im ersten Moment etwas überraschend, hat doch die Gewaltenteilung – neben der Garantie der Menschen- und Bürgerrechte – für ein Rechtsstaatsmodell eine überragende Bedeutung. Angesichts der Zuordnung Kants zum Lager der Rechtsstaatstheoretiker wären hier nach Meinung mancher Autoren[257] ausführlichere Erörterungen zu erwarten gewesen. Es wird sich jedoch im nächsten Abschnitt zeigen, dass es Kant in der *Rechtslehre* – trotz der spärlichen Ausführungen

---

[251] Herb / Ludwig 1994, S. 447; May, S. 111 f., 115.
[252] XIX 99.
[253] Vgl. VI 314.
[254] VI 315.
[255] Herb 1999, S. 139; Unruh, S. 158.
[256] Ludwig 1988, S. 160, Fn. 127; Joerden, S. 208.
[257] So etwa Unruh, S. 158.

hierzu – gelingt, die Notwendigkeit der Gewaltenteilung kurz und prägnant zu begründen.

b. Die Gewaltenteilung

„Ein jeder Staat enthält drei *Gewalten* in sich, d.i. den allgemein vereinigten Willen in dreifacher Person (*trias politica*): die *Herrschergewalt* (Souveränität), in der des Gesetzgebers, die *vollziehende Gewalt*, in der des Regierers (zufolge dem Gesetz) und die *rechtsprechende Gewalt* (als Zuerkennung des Seinen eines jeden nach dem Gesetz), in der Person des Richters (*potestas legislatoria, rectoria et iudiciaria*), gleich den drei Sätzen in einem praktischen Vernunftschluss: dem Obersatz, der das *Gesetz* jenes Willens, dem Untersatz, der das *Gebot* des Verfahrens nach dem Gesetz, d.i. das Prinzip der Subsumtion unter denselben, und dem Schlusssatz, der den *Rechtspruch* (die Sentenz) enthält, was ihm vorkommenden Falle Rechtens ist."[258]

Dass Kant die drei Staatsgewalten als voneinander unabhängige Gewalten konzipiert hat, lässt sich schon aus der hier von ihm postulierten Entsprechung zwischen der trias politica und dem logischen Syllogismus entnehmen. Der praktische Vernunftschluss dient Kant als Vorbild für sein Gewaltenteilungsmodell.[259] Dem Obersatz entspricht dabei die gesetzgebende Gewalt, dem Untersatz, verstanden als eine Subsumtionsregel, die vollziehende Gewalt, dem Schlusssatz die richterliche Gewalt.

Diese Syllogismusanalogie wurde zum Teil kritisiert. Böckenförde[260] etwa meint, Kants Betrachtung sei „ganz auf einen juristisch-formalen Aspekt isoliert" und habe „keinerlei Beziehung zur sozialen Wirklichkeit des Staates". Kersting[261] wiederum ist der Auffassung, die Syllogismusanalogie sei „kaum geeignet, Anstoß zu erregen." Sie zeuge „nur von der bekannten Neigung des Philosophen, auch dort zu analogisieren, wo dieses Verfahren keinen nennenswerten Erkenntnisgewinn mit sich führen kann."

Die Bedeutung der Syllogismusanalogie sollte aber keinesfalls unterschätzt werden. Die logische Struktur eines Vernunftschlusses liefert hier nämlich den Maßstab für die Organisation des Staatswesens als Rechtssicherungs- bzw. Rechtsbestimmungsinstanz.[262] Die Unabhängigkeit der Gewalten

---

[258] VI 313.
[259] So auch schon im *Ewigen Frieden* (vgl. VIII 352).
[260] Böckenförde 1958, S. 96.
[261] Kersting 1993, S. 400.
[262] Vgl. Ludwig 1988, S. 160. Ludwig ist aber zudem der Auffassung, dass den drei Hauptstücken des Privatrechts (Besitzlehre, Erwerbungslehre, Lehre von der subjektiv-bedingten

gründet sich in der logischen Unabhängigkeit von Gesetz, Subsumtionsregel und dem der Sentenz zugrunde liegenden Sachverhalt in einem praktischen Vernunftschluss. So wie bei einem Syllogismus Obersatz, Untersatz und Schlusssatz getrennt sein müssen, damit überhaupt von einem Schluss gesprochen werden kann, müssen analog hierzu die drei Gewalten im Staat als getrennte gewährleistet sein.[263] Ein Syllogismus verliert seinen Sinn, wenn die erste mit der zweiten Prämisse oder eine der beiden mit dem Schlusssatz identisch ist. Ein Vernunftschluss ist dann nämlich unmöglich.

Übertragen auf die drei Gewalten im Staat bedeutet dies: Nur wenn sich das Handeln des Staates in der Form eines praktischen Syllogismus vollzieht, können rechtsstaatliche Essentialien wie das Gleichbehandlungsgebot und das Willkürverbot garantiert werden.

Zwar hängt es dann immer noch vom konkreten Inhalt der Gesetze ab, wie der einzelne Staatsbürger behandelt wird. Die Gesetze sind gegebenenfalls auf ihre Vereinbarkeit mit dem allgemeinen Rechtsgesetz[264] zu überprüfen.[265] Aber abgesehen davon gewährleistet das Handeln des Staates in der Form eines praktischen Vernunftschlusses – zumindest der Idee nach –, dass gleiche Fälle grundsätzlich gleich und ungleiche Fälle grundsätzlich

---

[263] Erwerbung vor einer Gerichtsbarkeit) die drei Momente der öffentlichen Gerechtigkeit („*iustitia tutatrix*", „*iustitia commutativa*" und „*iustitia distributiva*"; vgl. § 41, VI 306) und diesen wiederum die drei Gewalten („*potestas legislatoria, rectoria et iudiciaria*"; vgl. § 45, VI 313) korrespondieren würden. Kant versuche, die Gewaltenteilung mittels der Struktur des Vernunftschlusses schon im Privatrecht zu fundieren und dadurch die gesamte *Rechtslehre* zu prägen. Vgl. hierzu Ludwig 1988, S. 159 ff.; ders. 1999, S. 176; Herb / Ludwig 1994, S. 436 ff.

[264] Vgl. zum Folgenden Joerden, S. 217 ff.

[265] Joerden, S. 218 irrt sich, wenn er meint, dass im Hinblick auf den Inhalt der Gesetze „nur die Kontrolle durch den Kategorischen Imperativ helfen" könne. Maßgeblicher Prüfungsmaßstab für Rechtsgesetze ist bei Kant das allgemeine Rechtsgesetz, nicht der kategorische Imperativ. Hier sei nochmals in Erinnerung gerufen, dass der kategorische Imperativ durch Außerachtlassung aller nicht-universalisierbaren Maximen die innere Freiheit mit sich in Einklang bringt und somit als Konsistenzprinzip der Innenwelt fungiert. Das allgemeine Rechtsgesetz bringt hingegen durch die Verhinderung des nicht-universalisierbaren Gebrauchs der Handlungsfreiheit die Handlungsfreiheit des handelnden Rechtssubjekts mit der aller anderen in Einklang und fungiert somit als Konsistenzprinzip der Außenwelt. Der kategorische Imperativ verlangt allgemein, dass der Einzelne nach *Maximen* handelt, die ein allgemeines Gesetz abgeben können, d.h. dass er gemäß einer *inneren* Einstellung (Gesinnung) handelt, die universalisierbar ist. Das Rechtsgesetz dagegen verlangt *nur*, dass *äußerlich* freiheitskompatibel nach einem allgemeinen Gesetz gehandelt wird, ohne dass es dabei auf die diesbezügliche *innere* Einstellung (Gesinnung) ankäme. Die Gesinnung des Handelnden ist nicht Gegenstand der juridischen bzw. äußeren Gesetzgebung. Infolgedessen dürfen an sie *rechtlich* auch keine Anforderungen gestellt werden (s. auch oben unter IV.4.).

[265] Auf noumenaler Ebene, also im Staat in der Idee, werden ohnehin nur mit dem allgemeinen Rechtsgesetz vereinbare Gesetze erlassen. Dies wird unter dem nächsten Gliederungspunkt genauer ausgeführt.

ungleich behandelt werden. Mit der Durchsetzung der Gesetzmäßigkeit staatlichen Verhaltens ist auch der Willkür ein Riegel vorgeschoben. Wären auch nur zwei der in Rede stehenden Gewalten im Staat in ein und derselben Hand zusammengefasst, so könnten das Gleichbehandlungsgebot und das Willkürverbot nicht garantiert werden. Wäre der Richter zugleich Gesetzgeber, so wäre er an seine Gesetze nicht gebunden, es sei denn durch eine selbst wiederum nicht gerichtlich überprüfbare Art der *Selbstbindung*. Wer jederzeit die Gesetze, die er in einem Verfahren als Richter anzuwenden hat, umwerfen kann, ist an überhaupt kein Gesetz gebunden. Wären Judikative und Exekutive in einer Hand, dann könnte die Ausführung der Gesetze nicht gerichtlich überprüft werden. Das Gesetz könnte sich nicht wirksam durchsetzen. Der Richter wäre Richter in eigener Sache. Wären schließlich die Aufgaben der Legislative und der Exekutive in ein und derselben Person gebündelt, dann wäre auch keine Bindung der Exekutive an die Gesetze zu gewährleisten. Auch hier gilt: Wer jederzeit die Gesetze verändern kann, die er auszuführen hat, ist an überhaupt kein Gesetz gebunden.

Nur eine personelle und institutionelle Separierung der Staatsgewalten kann die Gesetzmäßigkeit staatlichen Verhaltens und damit das Gleichbehandlungsgebot und das Willkürverbot garantieren. Erst auf dem Fundament dieser Garantie wird die Freiheit des Individuums bzw. ein freiheitliches Staatswesen überhaupt möglich. Nur wenn der Staat das Prinzip der Gewaltenteilung als unumstößlichen Verfassungsgrundsatz beachtet, kann er die ihm obliegende Aufgabe der Rechtssicherung und Freiheitsverwirklichung adäquat erfüllen. Wie Kersting[266] zutreffend bemerkt, ist die Gewaltenteilung für Kant im Wesentlichen „die funktional-personale Verselbständigung der drei begrifflich unterscheidbaren Momente der Rechtsverwirklichung, deren geordnetes, die jeweiligen Kompetenzgrenzen strikt beachtendes Zusammenspiel diese überhaupt erst ermöglicht."

Die vorangegangen Überlegungen haben gezeigt, dass es Kant mithilfe der Syllogismusanalogie gelingt, die Notwendigkeit der Unabhängigkeit der drei Gewalten knapp und präzise darzulegen.

In § 48 präzisiert Kant das Verhältnis der drei Gewalten untereinander: Da jede der drei Staatsgewalten für die Erfüllung der Aufgaben des Staates, mithin für die Rechtssicherung und die Freiheitsverwirklichung, von gleicher Bedeutung ist, sind diese „einander ... beigeordnet (*potestates coordinatae*), d.i. die eine ist das Ergänzungsstück der anderen zur Vollständig-

---

[266] Kersting 1993, S. 394.

keit (*complementum ad sufficientiam*) der Staatsverfassung".[267] Da jede aber zudem ihren eigenen Zuständigkeitsbereich besitzt, „so, dass eine nicht zugleich die Funktion der anderen, der sie zur Hand geht, usurpieren kann, sondern ihr eigenes Prinzip hat", sind sie „auch einander *untergeordnet (subordinatae)*".
In ihrem jeweiligen Funktionsbereich herrschen die drei unabhängigen Gewalten „in der Qualität einer besonderen Person" uneingeschränkt.[268] Die jeweils obersten Vorsteher einer Gewalt sind dabei stets letzte Instanz in ihrem Funktionsbereich: „[D]er Wille des *Gesetzgebers* ... ist *untadelig* (irreprehensibel)", die Exekutivmacht „des *Oberbefehlshabers*" ist „*unwiderstehlich* (irresistibel)" und „der Rechtsspruch des obersten *Richters*" ist „*unabänderlich* (inappellabel)."[269] Alle Gewalten sind in den staatlichen Rechtsverwirklichungsprozess eingegliedert. Die Tätigkeit der Exekutive und der Judikative ist aber an die Gesetze gebunden, diese beiden Gewalten sind mithin der Legislative untergeordnet.[270]

Kant geht von der Einheitlichkeit der Staatsgewalt aus. Diese Prämisse wird durch die Gewaltenteilung nicht tangiert.[271] Wie Kersting[272] zu Recht ausführt, begegnet „[d]er Untertan in jeder dieser drei Gewalten dem einen Staat." Die Einheit des Staates basiert auf dem allgemeinen vereinigten Willen als dem alleinigen Rechts- und Herrschaftssubjekt des Staates. Die drei Staatsgewalten haben also – ungeachtet ihrer funktionalen und personal-institutionellen Independenz – ein identisches Rechtssubjekt, nämlich den allgemeinen vereinigten Willen, der nur in „dreifacher Person"[273] auftritt. Dieser Wille bleibt in seiner rechtlichen Substanz immer derselbe. Durch diese Konstruktion gelingt es Kant, das Prinzip der Gewaltenteilung mit dem der Souveränität in Einklang zu bringen.[274]
Kants Gewaltenteilungslehre unterscheidet sich in fundamentaler Weise von der, die Montesquieu im 6. Kapitel des XI. Buches seines Werks *Vom*

---

[267] Vgl. VI 316.
[268] Kersting 1993, S. 394 spricht von der „amtsbezogene[n] Letztinstanzlichkeit einer jeden Gewalt".
[269] VI 316.
[270] Vgl. zum Verhältnis der Gewalten untereinander Kersting 1993, S. 394; Unruh S. 163 f.; Ritter 1987, S. 340 f.
[271] Vgl. Unruh, S. 162, 164.
[272] Kersting 1993, S. 395.
[273] VI 313.
[274] Kersting 1993, S. 395.

Geist der Gesetze konzipiert hat.[275] Dort entwirft Montesquieu ein kompliziertes System der Ausbalancierung der politischen und gesellschaftlichen Kräfte.[276] Er verteilt die Legislativ- und Exekutivfunktion auf die politischen Gruppen der ständischen Gesellschaft, mithin auf Volk, Adel und König. Alle diese Gruppen werden somit an der Ausübung der politischen Macht beteiligt und zugleich an die Notwendigkeit des Interessenausgleichs und der Kompromisserzeugung gebunden. Mittels eines verschränkten Systems von Entscheidungs- und Vetobefugnissen schafft Montesquieu ein Höchstmaß an Interdependenz zwischen den verschiedenen politischen Kräften. Diese Interdependenz zwingt zum Ausgleich und wirkt auf den politischen Willensbildungsprozess wie ein Filter, der nur kollektiv getragene Entscheidungen durchgehen lässt.[277]
Montesquieu ist ein politischer Denker und kein nach letzten Gründen suchender Rechtsphilosoph.[278] Er konzipiert eine Staatstheorie, die aus empirisch-pragmatischen Gründen die Gewaltenhemmung fordert. Sie richtet sich vornehmlich gegen eine nach absolutistischer Herrschaft strebende Monarchie und spricht sich im Ergebnis für ein gemäßigtes monarchisches Regierungssystem aus, in dem sich das Volk, der Adel und der Monarch durch eine ausgeklügelte Kompetenzverzahnung gegenseitig einschränken.[279]
Dem Vernunftrechtler Kant hingegen liegen die pragmatisch-politischen Motive eines Montesquieu fern.[280] Die Verteilung der Gewalten bzw. ihre Zuordnung zu einzelnen Trägern kann sich bei ihm keinesfalls an einer vorgegebenen, ständisch gegliederten Gesellschaft orientieren. Es kann im Rahmen einer normativen, volkssouveränitären Staatstheorie, wie sie Kant anstrebt, keinesfalls eine Gesetzgebungskörperschaft geben, die Volk und Adel paritätisch repräsentiert und an der durch die Vetobefugnis mittelbar

---

[275] Vgl. Lange, S. 213 ff.; Imboden, S. 55 ff.; Langer, S. 112 ff. zur Gewaltenteilungslehre Montesquieus.
[276] Vgl. Montesquieu, S. 214 ff.
[277] Lange, S. 222.
[278] Kersting 1993, S. 396.
[279] Vgl. Kersting 1993, S. 396; Unruh, S. 160.
[280] Man wird es kaum besser formulieren können als Kersting 1993, S. 396 f.: „Kants Lehre von der trias politica muss notwendig einen anderen Status besitzen als dieses von Montesquieu der englischen Verfassung abgelesene rechtlich-politische Balance- und Kontrollsystem. Sie muss von allen empirischen Bezügen abgeschnitten und von jeder empirisch-pragmatischen Zielbindung gelöst werden, um von der reinen Rechtsvernunft bei ihrem Begründungsgeschäft verwendet und als notwendiger Bestandteil einer vernunftrechtlichen Konstitution ausgewiesen werden zu können." Vgl. auch Sulaiman-Khil, S. 72.

auch ein die oberste Exekutivgewalt innehabender Monarch partizipiert.[281] Die Gewaltenteilungslehre wird bei Kant völlig unabhängig von irgendwelchen gesellschaftlichen Kräfteverhältnissen konzipiert; sie ist hier kein politisches Instrument der Begrenzung staatlicher Gewalt. Jede Parallelisierung der kantischen Gewaltenteilungskonzeption mit einem System von *checks and balances* ist daher von vornherein verfehlt.[282]

Bei Kant orientiert sich die trias politica als Moment der Entfaltung der Staatsidee ausschließlich an der legitimen staatlichen Funktion der iustitia distributiva. Ihre Notwendigkeit als funktionsbezogene Organisationsnorm staatlicher Machtausübung ergibt sich allein aus der sachlogischen Struktur des Rechtsverwirklichungsprozesses. Kant greift die Funktionen staatlicher Tätigkeit nicht empirisch auf, vielmehr stellen sie bei ihm „als Fundamentalbedingungen eines rechtlich geordneten Zusammenlebens ... die genaue Negation der für den rechtswidrigen Naturzustand konstitutiven Merkmale dar."[283]

Obige Ausführungen haben gezeigt, dass Kant zufolge die Gesetzmäßigkeit staatlichen Verhaltens und damit das Gleichbehandlungsgebot und das Willkürverbot nur vermittels der Gewaltenteilung garantiert werden können. Durch Gewaltenteilung wird die Freiheit des Individuums im Staat bzw. ein freiheitliches Staatswesen überhaupt erst möglich. Die oben erläuterte Syllogismusanalogie bestätigt dabei, dass es Kant hier auf den logischen Zusammenhang der trias politica ankam und eben nicht auf eine empirisch-pragmatische, die Hemmung der Gewalten anstrebende Staatstheorie.[284]

Nach dem bisher Gesagten kann man als Zwischenergebnis festhalten, dass der vor allem auf Montesquieu zurückgehende Gedanke der Missbrauchsunterbindung im Rahmen der kantischen Gewaltenteilungslehre keine Rolle spielt. Kant geht es im Rahmen seiner Gewaltenteilungslehre einzig um die „Institutionalisierung von Verfahren, die die Herrschaft der Vernunft in rechtlicher Hinsicht garantieren."[285]

---

[281] Kersting 1993, S. 397.
[282] Vgl. Herb 1999, S. 139; Herb / Ludwig 1994, S. 436, 441.
[283] Kersting 1993, S. 397.
[284] Vgl. auch Ritter 1987, S. 340: Die Gewaltenteilung „kann aus politischer Empirie weder abgeleitet noch durch sie widerlegt werden, sondern ist als sozial-logisch zwingend *gebotene* Staatsstruktur Maßstab und Ziel vernünftigen politischen Handelns."
[285] Unruh, S. 163. Dieser entgegnet an selbiger Stelle der von Ritter 1971, S. 251 geäußerten Ansicht, es habe Kant bei der Entwicklung seiner Gewaltenteilungslehre der „politisch[e] Blick eines Montesquieu oder Locke" gefehlt: Unruh zufolge gipfeln Kants Ausführungen „in dem Postulat der Konstituierung eines Staatswesens, das den funktionellen Primat des

c. *Die gesetzgebende Gewalt*

Im Vergleich zum begründungstheoretischen Hintergrund der Gewaltenteilung behandelt Kant in der *Rechtslehre* die einzelnen Gewalten selbst etwas eingehender. Dies gilt vor allem für die gesetzgebende Gewalt.[286] Mit dieser beschäftigt sich Kant in § 46. Der Leser der *Rechtslehre* weiß bereits aus § 8, dass „der einseitige Wille in Ansehung eines äußeren, mithin zufälligen, Besitzes nicht zum Zwangsgesetz für jedermann dienen [kann], weil das der Freiheit nach allgemeinen Gesetzen Abbruch tun würde. Also ist nur ein jeden anderen verbindender, mithin kollektiv allgemeiner (gemeinsamer) und machthabender Wille, derjenige, welcher jedermann ... Sicherheit leisten kann."[287] Demgemäß kann – so Kant in § 46 – auch „[d]ie *gesetzgebende* Gewalt ... nur dem vereinigten Willen des Volkes zukommen. Denn, da von ihr alles Recht ausgehen soll, so muss sie durch ihr Gesetz schlechterdings niemand unrecht tun *können*. Nun ist es, wenn jemand etwas gegen einen *Anderen* verfügt, immer möglich, dass er ihm dadurch unrecht tue, nie aber in dem, was er über sich selbst beschließt (denn *volenti non fit iniuria*). Also kann nur der übereinstimmende und vereinigte Wille Aller, sofern ein jeder über Alle und Alle über einen jeden ebendasselbe beschließen, mithin nur der allgemein vereinigte Volkswille gesetzgebend sein."[288]

Kant geht hier von der kollektiv-allgemeinen Gesetzgebungsautonomie des Volkes aus. Im Staat in der Idee findet man dieselben Rechtsbedingungen wie in der rousseauschen Republik vor: die unvermittelte und einstimmige Gesetzgebung aller über alle. Kant integriert die rousseausche *volonté générale* in sein Staatsrecht und verbindet – wie vorher Rousseau – die Theorie des allgemeinen Willens mit dem Prinzip der Volkssouveränität. Auch der Rückgriff auf das Prinzip des *volenti non fit iniuria*, welches von ihm als Begründung für die den Staat in der Idee charakterisierende unvermittelte Kollektivgesetzgebung herangezogen wird, basiert vollständig auf der Vorlage Rousseaus.[289] Kant gewinnt seinen Souveränitätsbegriff mithin auch aus der normativen Bestimmung der Unfehlbarkeit: Souverän kann

---

Kontrollgedankens ... überflüssig macht." Bei Kant liege also kein „Mangel an politischem Realitätsbewusstsein" vor. Vielmehr werde „das Problem der Machtbalancierung durch eine vernünftige Staatsorganisation aufgehoben."

[286] Vgl. Unruh, S. 158.
[287] VI 256.
[288] VI 313 f.
[289] Herb / Ludwig 1994, S. 447 f.; May, S. 115 f.; Herb 1999, S. 133; Unruh, S. 166. Zur Ausgestaltung der Souveränität bei Rousseau vgl. Kersting 2002a, S. 75 ff.; Forschner, S. 124 ff.

nur derjenige sein, der die Unfehlbarkeitsbedingungen erfüllt.[290] Souverän kann also nur sein, wer notwendig richtige bzw. gerechte, mithin ausschließlich mit dem allgemeinen Rechtsgesetz kompatible Gesetze gibt. Nach Kant erfüllt diese Bedingungen nur der allgemein vereinigte Volkswille. Dies wird von ihm mit Hilfe des Volenti-Arguments begründet, welches den Schwerpunkt auf den rein logischen Aspekt der Souveränität des vereinigten Volkswillens legt. Danach schließt die Idee der universalen Beteiligung die heteronome Benachteiligung Einzelner zwingend aus: Gesetze, die einer unvermittelten, einstimmigen Gesetzgebung aller über alle entstammen, sind notwendig mit dem Freiheitsrecht eines jeden und daher auch mit dem allgemeinen Rechtsgesetz vereinbar.[291] Im Staat in der Idee stimmt jeder Mitgesetzgeber auch über sich selbst ab. Somit ist jede gesetzliche Freiheitseinschränkung notwendigerweise immer auch eine vom jeweils betroffenen Bürger selbst gewollte Freiheitseinschränkung. Ein freiheitseinschränkendes Gesetz, in das auch der von diesem Gesetz Betroffene eingewilligt hat, kann niemals ungerecht sein (volenti non fit iniuria !).

d. *Exkurs: Die drei Prinzipien des Rechtsstaates*

aa. Einleitung

Nachdem Kant dem vereinigten Volkswillen die Souveränität zuerkannt hat, formuliert er noch im § 46 drei Prinzipien des Rechtsstaats: Freiheit, Gleichheit und Selbständigkeit. Kant transferiert hier die schon aus der Einleitung in die *Rechtslehre* bekannten Bestimmungen von einer allgemeinen transzendental-normativen Ebene, welche sich über jeglicher Staatlichkeit befindet, auf eine politisch-normative Ebene.[292] Im Staat in der Idee beschreiben diese Prinzipien allerdings bereits verwirklichte Staatspraxis. Da dort ausschließlich die Vernunft herrscht, werden diese Rechte den Bürgern uneingeschränkt und ungefährdet zugesprochen.[293] Insofern werden sie von Kant als „rechtlich[e] ... Attribute" bezeichnet: „Die zur Gesetzgebung vereinigten Glieder einer solchen Gesellschaft (*societas civilis*), d.i. eines Staats, heißen *Staatsbürger* (*cives*) und die rechtlichen, von ihrem Wesen (als solchem) unabtrennlichen Attribute derselben, sind: gesetzliche

---

[290] Vgl. dazu Kersting 1994, S. 205 f. und Unruh, S. 167 f.
[291] Vgl. hierzu Kersting 1994, S. 205; ders. 1993, S. 401: „Denn nur die Gesetze des allgemeinen Willens sind aufgrund der gleichberechtigten Mitwirkung aller an ihrem Zustandekommen mit dem Freiheitsrecht eines jeden vereinbar".
[292] König, S. 281.
[293] Vgl. dazu Unruh, S. 116.

Freiheit, keinem anderen Gesetz zu gehorchen, als zu welchem er seine Beistimmung gegeben hat; bürgerliche *Gleichheit*, keinen Oberen im Volk in Ansehung seiner zu erkennen, als nur einen solchen, den er ebenso rechtlich zu verbinden das moralische Vermögen hat, als dieser ihn verbinden kann; drittens das Attribut der bürgerlichen *Selbständigkeit*, seine Existenz und Erhaltung nicht der Willkür eines Anderen im Volke, sondern seinen eigenen Rechten und Kräften, als Glied des gemeinen Wesens, verdanken zu können, folglich die bürgerliche Persönlichkeit in Rechtsangelegenheiten durch keinen Anderen vorgestellt werden zu dürfen."[294]

Kant äußert sich zu den Prinzipien der Freiheit, Gleichheit und Selbständigkeit vor allem im *Gemeinspruch*.[295] In der *Rechtslehre* selbst finden sich mit Ausnahme der eben wiedergegebenen Passage aus § 46 und der dazu gehörenden Anmerkung keine weiteren diesbezüglichen Ausführungen. Deswegen wird im Folgenden auch nur ein kurzer Überblick über die drei Prinzipien gegeben. Besonderes Augenmerk gilt dabei dem Prinzip der Selbständigkeit, das sich speziell vor dem Hintergrund der von Kant postulierten Souveränität des „vereinigten Willen des Volkes"[296] als problematisch erweisen wird.

bb. Die Freiheit

Kant hat in der Einleitung in die *Rechtslehre* das jedem kraft seiner Menschheit zukommende Freiheitsrecht als „Unabhängigkeit von eines Anderen nötigender Willkür" bestimmt.[297] Die gleiche Ausrichtung auf Selbstbestimmung bzw. eigenverantwortliche Lebensgestaltung besitzt es auch als Konstitutionsprinzip des Staates.[298] Demgemäß heißt es im *Gemeinspruch*: „Niemand kann mich zwingen, auf seine Art (wie er sich das Wohlsein anderer Menschen denkt) glücklich zu sein, sondern ein jeder darf seine Glückseligkeit auf dem Wege suchen, welcher ihm selbst gut dünkt, wenn er nur der Freiheit anderer, einem ähnlichen Zwecke nachzustreben, die mit der Freiheit von jedermann nach einem möglichen allgemeinen Gesetze zusammen bestehen kann (d.i. diesem Rechte des andern), nicht Abbruch tut."[299]

---

[294] VI 314.
[295] Vgl. VIII 290 ff.
[296] VI 313.
[297] VI 237. Vgl. hierzu die Ausführungen unter V.
[298] Vgl. zum Folgenden Kersting 1993, S. 364 ff.; Unruh, S. 126 ff.
[299] VIII 290.

Das Recht des Menschen, in seiner Freiheit allein auf die Bedingungen ihrer Übereinstimmung mit der Freiheit von jedermann eingeschränkt zu werden, ist als apriorisches Prinzip jeder staatlichen Gesetzgebung vorgeordnet. Daher darf der Staat vermittels seiner Gesetzgebung auch nicht die Ziele einer glücksverordnenden, wohlmeinenden Betreuungspolitik verfolgen. In Ansehung der Glückseligkeit kann Kant zufolge „gar kein allgemeingültiger Grundsatz für Gesetze gegeben werden. Denn sowohl die Zeitumstände als auch der sehr einander widerstreitende und dabei immer veränderliche Wahn, worin jemand seine Glückseligkeit setzt (worin er sie aber setzen soll, kann ihm niemand vorschreiben), macht alle feste Grundsätze unmöglich und zum Prinzip der Gesetzgebung für sich allein untauglich."[300] Der Rechtsstaat hat bei Kant lediglich durch neutrale und formale Zwangsgesetze für die Verhinderung von Gefahren für die äußere Freiheit zu sorgen.

Kant wendet sich – wie oben bereits ausgeführt wurde – gegen den territorialen Wohlfahrtsstaat des ausgehenden 18. Jahrhunderts und gegen dessen Vorstellung einer paternalistischen Regierung. Demgemäß bezeichnet er in der *Rechtslehre* die „*väterliche*" Regierung als „die am meisten despotische unter allen", weil sie ihre „Bürger als Kinder zu behandeln" trachte.[301]
Eine Regierung ist nach Kants Auffassung nur so lange legitim, wie sie die im Menschenrecht enthaltene Befugnis zur eigenverantwortlichen Daseinsgestaltung im Rahmen der formalen Verträglichkeitsbedingungen beachtet und ihre Macht nicht zur Durchsetzung arbiträrer Wohlfahrtskonzepte missbraucht. Für ihn ist zur Qualifizierung einer Herrschaft als gerecht oder ungerecht also nicht entscheidend, ob sie nur als Mittel zur Realisierung der Privatzwecke der Regierenden dient oder ob sie das Wohl ihrer Untertanen verfolgt. Maßgeblich ist allein, ob sie mit dem formalen Freiheitsrecht vereinbar ist oder nicht. Nicht ohne Ironie bemerkt Kant dazu: „Der Satz: *salus publica suprema civitatis lex est*, bleibt in seinem unverminderten Wert und Ansehen; aber das öffentliche Heil, welches *zuerst* in Betrachtung zu ziehen steht, ist gerade diejenige gesetzliche Verfassung, die jedem seine Freiheit durch Gesetze sichert; wobei es ihm unbenommen bleibt, seine Glückseligkeit auf jedem Wege, welcher ihm der beste dünkt, zu suchen, wenn er nur nicht jener allgemeinen gesetzmäßigen Freiheit, mithin dem Rechte anderer Mituntertanen Abbruch tut."[302]

---

[300] VIII 298.
[301] VI 317.
[302] VIII 298.

Letztlich entdeckt sich die jedem Staatsbürger als Menschen zukommende Freiheit als Recht, nur allgemein verbindlichen Gesetzen, mithin Gesetzen, die frei von bestimmten Glücksvorstellungen sind, unterworfen zu sein. Allgemein verbindlich können nur Gesetze sein, denen alle Betroffenen zugestimmt haben. Demgemäß beschreibt Kant die „gesetzliche *Freiheit*" in § 46 der *Rechtslehre* auch als Befugnis des Staatsbürgers, „keinem anderen Gesetz zu gehorchen, als zu welchem er seine Beistimmung gegeben hat."[303] Hier zeigt sich deutlich der unauflösliche Zusammenhang zwischen der Freiheit und dem oben erläuterten Prinzip der Volkssouveränität.

cc. Die Gleichheit

Die eben erläuterte Freiheit stellt das Fundamentalprinzip der auf Autonomiesicherung ausgerichteten kantischen Staatsphilosophie dar.[304] Dem Prinzip der Gleichheit kommt nun die Funktion zu, die Freiheit aller Individuen in einem Staat zur Geltung zu bringen.[305] Insofern lässt sich die Gleichheit auch als Annexprinzip der Freiheit bezeichnen.
Freiheit und Gleichheit stehen in keinem Verhältnis der Über- und Unterordnung zueinander. Ferner sind sie weder völlig voneinander unabhängige Prinzipien noch solche, die sich in einem Konkurrenzverhältnis unvereinbar gegenüber stehen.[306] Vielmehr ist das Prinzip der Gleichheit in dem der Freiheit begrifflich enthalten und kann daher aus diesem entwickelt werden. Mithin stehen beide Prinzipien in einem Ableitungsverhältnis.[307]

Wie sich aus § 46 ergibt, ist im Gleichheitsprinzip die Berechtigung enthalten, „keinen Oberen im Volk in Ansehung seiner zu erkennen, als nur einen solchen, den er ebenso rechtlich zu verbinden das moralische Vermögen hat, als dieser ihn verbinden kann".[308] Hiermit soll keineswegs die Unvereinbarkeit des Prinzips der Gleichheit mit dem Bestehen eines Herrschaftsverhältnisses zum Ausdruck gebracht werden. Mit „Volk" ist hier die Gesamtheit der den Gesetzen unterworfenen Untertanen gemeint. Die hier angesprochene Gleichheit ist Untertanengleichheit, welche als solche ohne weiteres mit Herrschaft vereinbar ist.

---

[303] VI 314.
[304] Vgl. Unruh, S. 135.
[305] Vgl. Luf 1978, S. 144.
[306] Vgl. Kühl 1984, S. 273 f.; ders. 1999, S. 130.
[307] Unruh, S. 136.
[308] VI 314. Vgl. zum Folgenden Kersting 1993, S. 372 ff.

Kant weist in § 46 eine Gesetzgebung als rechtswidrig aus, die die Reziprozität rechtlicher Verpflichtung durch differenzierende und diskriminierende Rechtzuweisung aufhebt. Das Prinzip der Gleichheit fordert, dass alle Staatsbürger in gleicher Weise den Gesetzen unterworfen sind; Gleichheit ist Gleichheit vor dem Gesetz.[309]
Nach dem Gleichheitsprinzip müssen alle rechtlichen und gesellschaftlichen Positionen prinzipiell frei zugänglich sein; es verbietet jegliches *„erblich[e] Prärogativ"*.[310] Kant bezeichnet den *„angeerbte[n] Adel"* in der Allgemeinen Anmerkung D als „ein Gedankending ... ohne alle Realität" bzw. als eine „Anomalie".[311] Das Prinzip der Gleichheit fordert, dass gesellschaftliche Positionen nicht durch ererbte oder verliehene Privilegien zugeteilt werden, sondern nur nach „Talent, ... Fleiß und ... Glück".[312] Es verhindert so „eine sich durch ein hierarchisch abgestuftes System partikularständischer Rechtskreise petrifizierende Gesellschaft".[313]

Das Prinzip der Gleichheit ist auf phänomenaler Ebene, also in einem wirklichen Staat, auch Garant der Chancengleichheit.[314] Die Gleichheit muss, da sie im Prinzip der Freiheit begrifflich enthalten ist, auf die Freiheit Bezug nehmen und deren Inhalt dahin gehend präzisieren, dass sie Freiheit für alle Individuen bedeutet, soweit die Ausübung dieser Freiheit nicht die rechtmäßige Freiheitsbetätigung anderer verhindert. Das impliziert aber – wie oben bereits ausgeführt wurde – nicht nur, dass Privilegien abgeschafft werden müssen, sondern vor allem auch, dass faktische Verwirklichungsbedingungen der Freiheit im gesellschaftlichen, insbesondere im wirtschaftlichen Bereich aktiv geschaffen werden müssen. Das durch die Idee der Gleichheit präzisierte Freiheitsprinzip der kantischen Rechtslehre fordert somit, dass in einem empirischen Staatswesen nicht nur formale Rechtsgleichheit herrscht, sondern auch in einem gewissen Umfang Chancengleichheit gewährleistet ist.[315]

---

[309] Vgl. Sandermann, S. 306; Langer, S. 101.
[310] VIII 292.
[311] VI 329. Dann, S. 127, Fn. 51 zufolge kann Kants Position als „Höhepunkt der antiaristokratischen Argumentation in Deutschland" gelten.
[312] VIII 292.
[313] Kersting 1993, S. 373.
[314] Vgl. dazu die Ausführungen zu den sozialstaatlichen Aufgaben des kantischen Staates unter VI.3.
[315] Wie weit im einzelnen die Gewährleistung der Chancengleichheit gehen muss, kann im Rahmen dieser Untersuchung nicht mehr erörtert werden. Vgl. dazu Kühl 1984, S. 247-315.

dd. Die Selbständigkeit

Gleich zu Anfang sei bemerkt, dass sich – abgesehen von der Widerstandsproblematik – kein Theorieelement innerhalb des kantischen Staatsrechts finden lässt, das eine ähnlich große Unsicherheit bei den Kant-Interpreten hervorgerufen hat wie das Prinzip der Selbständigkeit.[316]

Das Prinzip der Selbständigkeit stellt als Teil der Prinzipientrias eine Abweichung vom französischen Revolutionsideal der *fraternité* dar. Dass sich die fraternité nicht in der Prinzipientrias Kants wiederfindet, ist im Hinblick auf die vernunftrechtliche Systematik seiner Rechts- und Staatslehre durchaus konsequent, da der Begriff der fraternité auf Gesinnungsgemeinschaft zielt und somit im Rahmen einer apriorischen Argumentation keinen Platz finden kann.[317]
Wie sich aus der Anmerkung zu § 46 ergibt, führt diese Abweichung letzten Endes dazu, dass in einem wirklichen Staat[318] ein Großteil der Staatsbürger nicht gleichberechtigt ist, da die „Fähigkeit der Stimmgebung" an den Status der „bürgerlichen Selbständigkeit" gekoppelt ist.[319] Kant unterscheidet auf phänomenaler Ebene eine aktive von einer passiven Staatsbürgerschaft. Dem Inhaber der passiven Staatsbürgerschaft wird dabei das Stimmrecht versagt. „Der Geselle ...; der Dienstbote (nicht der im Dienste des Staats steht); der Unmündige (*naturaliter vel civiliter*); alles Frauenzimmer, und überhaupt jedermann, der nicht nach eigenem Betrieb, sondern nach Verfügung Anderer (außer der des Staats), genötigt ist, seine Existenz (Nahrung und Schutz) zu erhalten, entbehrt der bürgerlichen Persönlichkeit, und seine Existenz ist gleichsam nur Inhärenz."[320]
Die Ausgrenzung der passiven Staatsbürger hat – jedenfalls für deren männlichen Teil – aber keinen Ewigkeitscharakter. Aus den auch für die passiven Staatsbürger geltenden Prinzipien der Freiheit und der Gleichheit

---

[316] Unruh, S. 144 ff. gibt einen tiefen Einblick in die hier nur kursorisch dargestellte Selbständigkeitsproblematik.

[317] Vgl. Unruh, S. 142; Kersting 1993, S. 381. Losurdo, S. 144 meint hingegen, Kant habe „das letzte Wort des Trinoms mit Blick auf die Zensur mit ‚Selbständigkeit' übersetzt" (kritisch dazu Kienzle, S. 172; Hansson, S. 338).

[318] Die von Kant in der Anmerkung zu § 46 zum Prinzip der Selbständigkeit gemachten Ausführungen betreffen lediglich *empirische Staatswesen* und nicht etwa den Staat in der Idee. Die Ausführungen sind von ihm durch Einrückung als zum Felde der Anwendung auf „besondere Erfahrungen" (VI 205) gehörig ausgewiesen (vgl. Herb / Ludwig 1994, S. 465 f., Fn. 139).

[319] VI 314.

[320] VI 314. So auch schon im *Gemeinspruch*, vgl. VIII 294 ff.

folgt nämlich, dass der Staat so beschaffen sein muss, dass jeder in den aktiven Status gelangen kann. Demgemäß wird in der Anmerkung zu § 46 von den positiven Gesetzen gefordert, dass sie „doch den natürlichen der Freiheit und der dieser angemessenen Gleichheit Aller im Volk, sich nämlich aus diesem passiven Zustande zu dem aktiven emporarbeiten zu können, nicht zuwider sein müssen."[321]

Gleichwohl ist Kant für die Diskriminierung eines Großteils der Staatsbürger aufgrund ihrer wirtschaftlichen Stellung oder ihres Geschlechtes, also aus privatrechtlichen oder biologischen Gründen, kritisiert worden.[322] Zwar ist – entgegen der Auffassung Riedels[323] – die Einteilung in selbständige und unselbständige Bürger sehr wohl „formal-rechtlich" durchführbar, dennoch wirkt ihre Anwendung auf die Befähigung zur Stimmgebung aus heutiger Sicht befremdlich.[324]
Kant liefert in der *Rechtslehre* keine durchschlagende Begründung für die Anwendung der Selbständigkeit als Auszeichnungskriterium der stimmberechtigten Bürger.[325] Er versucht lediglich, den möglichen Einwand zu entkräften, dass die Koppelung der Stimmgebung an den Status der bürgerlichen Selbständigkeit der Freiheit und Gleichheit der Bürger widersprechen könnte. Kant bemerkt diesbezüglich lapidar, dass aus dem Recht, „von allen Anderen nach Gesetzen der natürlichen Freiheit und Gleichheit als *pas-*

---

[321] VI 315. Kant zufolge können aber Frauen niemals *selbständig* werden, da ihre Unselbständigkeit *anthropologischen* Ursprungs ist. Deswegen gelten die Bedingungen, unter denen ein passiver Staatsbürger zum aktiven Staatsbürger werden kann, auch nicht für Frauen. Sie bleiben vom Wahlrecht grundsätzlich ausgeschlossen (vgl. Steigleder, S. 21; Zotta 2000, S. 133, Fn. 315 m.w.N. in Lit.).

[322] Vgl. etwa Riedel, S. 138 ff.; Deggau, S. 256 f.; Fetscher 2004, S. 292 f.; Kersting 1993, S. 381 ff.; Ludwig 1988, S. 161 f.; Höffe 2000, S. 231; Unruh, S. 141 ff.; Zotta 2000, S. 132 ff.; Sandermann, S. 306 f.; König, S. 238; Luf 1978, S. 153 ff. Schild, S. 142 ff. hingegen identifiziert die Selbständigkeit mit Mündigkeit und entwickelt daraus ein Recht auf Emanzipation, auf allgemein mögliche Selbständigkeit. Das Selbständigkeitsprinzip wird so zum Prinzip der Teilhabe und Partizipation (kritisch dazu Unruh, S. 156; Zotta 2000, S. 135; König, S. 248).

[323] Riedel, S. 139. Riedels Behauptung, das Faktum der Selbständigkeit sei formal-rechtlich nicht bestimmbar, ist nicht zutreffend. Zwar ist es im Einzelfall tatsächlich schwer die Kriterien zu bestimmen, welche jemanden zum selbständigen Bürger machen (dies ist Kant durchaus auch selbst bewusst gewesen, vgl. VIII 295, Fußnote), dennoch betrifft dies nur das *Anwendungs*problem des formalrechtlichen Kriteriums (vgl. Ludwig 1988, S. 162, Fn. 133; Kersting 1993, S. 382).

[324] Vgl. zum Folgenden Ludwig 1988, S. 161 ff.

[325] Im *Gemeinspruch* verhält es sich diesbezüglich nicht anders.

sive Teile des Staats behandelt zu werden, ... nicht das Recht [folge], auch als *aktive* Glieder den Staat ... zu organisieren."[326] Da die Ableitung von Freiheit und Gleichheit als angeborene Rechte unabhängig von der Unterscheidung zwischen aktiven und passiven Staatsbürgern geleistet wird und der Ausschluss freier Wesen von der Gesetzgebung mit dem oben erläuterten Grundsatz des *volenti non fit iniuria* kollidiert, ist der Ausschluss der passiven Staatsbürger von der Stimmgebung von vornherein nicht mit der Fundierung des Staates in Einklang zu bringen.[327] Die grundsätzliche Unverträglichkeit von angeborenem Recht und Ausschluss von der Stimmgebung kann auch nicht durch den Hinweis darauf überwunden werden, dass nach Kant der vereinigte Wille des Volks nur als Idee und nicht etwa als eine realiter gesetzgebende Instanz zu verstehen ist. Dadurch hätte man nämlich – so die zutreffende Feststellung Ludwigs[328] – „sämtliches Recht auf Stimmgebung über Bord geworfen, da die ‚Idee' der vereinigten Willkür auch ohne die vereinigten Willen der Selbständigen ihre eigentümliche Wirklichkeit hat."

Im Ergebnis erweist sich die Koppelung der Gesetzgebungsfähigkeit an den Status der Selbständigkeit im Rahmen der kantischen Staatstheorie als „Fremdkörper".[329] Kant sitzt hier Vorurteilen seiner Zeit auf.[330]

e. Die ausübende Gewalt

Die überragende Bedeutung der gesetzgebenden Gewalt für die funktionelle Konzeption der Gewaltenteilung hat zur Konsequenz, dass sich Kants Ausführungen zu den anderen beiden Gewalten im Rahmen der Erörterung der Binnenstruktur des Staates in der Idee auf ein Minimum beschränken.[331]

---

[326] VI 315.

[327] Kersting 1993, S. 383 meint, der Begriff des passiven Staatsbürgers sei „eine schlichte contradictio in adjecto, logisches Symptom einer gewissen systematischen Verlegenheit."

[328] Ludwig 1988, S. 163.

[329] Ludwig 1988, S. 163.

[330] Höffe 2000, S. 231. Langer, S. 137 kommt hingegen zum Ergebnis, „dass die Entwürfe im ‚Gemeinspruch' und der Rechtslehre Zwischenzuständen bzw. Durchgangsstufen Rechnung tragen; Zuständen, in denen, weit entfernt davon, dass alle ökonomische und rechtliche Selbständigkeit besitzen, sie noch nicht einmal als Menschen frei und als Untertanen gleich sind." Bei dieser Selbständigkeitskonzeption handle es sich nicht bloß um „unreflektierte – und nur ideologiekritisch zu dechiffrierende – Inkonsistenzen gegenüber Kants rechtstheoretischen Ansätzen", sondern vielmehr um „die besonderen Zeitumstände einkalkulierende Zwischenschritte."

[331] Vgl. Unruh, S. 180.

Demgemäß wird die Exekutive in § 49 nur grob skizziert[332]: „Der *Regent* des Staats (*rex, princeps*) ist diejenige (moralische oder physische) Person, welcher die ausübende Gewalt (*potestas executoria*) zukommt: der *Agent* des Staats, der die Magistrate einsetzt, dem Volke die Regeln vorschreibt, nach denen ein jeder in demselben dem Gesetze gemäß (durch Subsumtion eines Falles unter demselben) etwas erwerben, oder das Seine erhalten kann. Als moralische Person betrachtet, heißt er das *Direktorium*, die Regierung. Seine *Befehle* an das Volk und die Magistrate und ihre Obere (Minister), welchen die *Staatsverwaltung* (*gubernatio*) obliegt, sind Verordnungen, *Dekrete* (nicht Gesetze); denn sie gehen auf Entscheidung in einem besonderen Falle, und werden als abänderlich gegeben."[333]

Demzufolge unterscheidet Kant in § 49 bezüglich der Ausgestaltung der Regierungs- und Verwaltungstätigkeit zwei Institutionen mit abgestufter Kompetenz.[334] Auf der unteren Verwaltungsebene nehmen die „Magistrate" Verwaltungsaufgaben war. Hier hatte Kant wohl eine zeitgenössische Institution Königsbergs vor Augen.[335]
Die obere und gleichzeitig oberste Instanz der Exekutivgewalt heißt „*Regent* des Staats (*rex, princeps*)"; als moralische Person ist er das „*Direktorium*, die Regierung."[336] Daraus kann aber nicht geschlossen werden, dass die oberste Exekutivgewalt zwingend in den Händen eines Monarchen liegen muss und die hier implizierte Verfassungsform die einer konstitutionellen Monarchie ist.[337] Gegen eine solche Annahme spricht zum einen, dass der Regent in keiner Weise am Gesetzgebungsverfahren beteiligt ist, auch nicht in Form eines Vetorechts, und zum anderen, dass umgekehrt der Gesetzgeber zwar nicht die Befugnis hat, den Regenten zu strafen, aber ihm doch „seine Gewalt nehmen, ihn absetzen, oder seine Verwaltung reformie-

---

[332] Auch außerhalb des § 49 findet sich in der *Rechtslehre* nahezu nichts zur ausübenden Gewalt. Von den wenigen Ausführungen zur Exekutive in der *Rechtslehre* außerhalb des § 49 sei hier nur ein Beispiel gegeben: in VI 303, 1 ist von einem „durchs Polizeigesetz geordneten Markt" die Rede. Insgesamt kann man Kersting 1993, S. 404 darin zustimmen, dass im Wesentlichen nur Andeutungen zu finden sind, die den Schluss zulassen, Kant orientiere sich lediglich an den von ihm im Preußen seiner Zeit vorgefundenen Verwaltungsstrukturen. Kersting bemerkt an selbiger Stelle aber zu Recht, dass es „auch nicht Aufgabe einer reinen Rechtslehre sein [könne], eine Staatseinrichtung bis in die letzte Behörde hinein zu entwerfen."
[333] VI 316.
[334] Vgl. Unruh, S. 181 f.
[335] Vgl. Ritter 1987, S. 346; Ritter 1971, S. 256; Unruh, S. 182.
[336] VI 316.
[337] Vgl. Langer, S. 117.

ren"³³⁸ kann. Durch die Dependenz des Regenten vom Souverän bleibt die gesamte staatliche Macht letztlich in den Händen des vereinigten Volkswillens.³³⁹ Die Abweichung von einer strikten Separierung der Staatsgewalten geschieht – wie Langer³⁴⁰ zutreffend feststellt – „also nicht zugunsten des Monarchen, wie gewöhnlich beim Verfassungstyp einer konstitutionellen Monarchie, sondern zugunsten des Parlaments."
Kant spricht sich auf der Ebene der respublica noumenon ohnehin nicht für oder gegen eine bestimmte Staatsform aus. Er trifft in der *Rechtslehre* vielmehr die architektonische Grundentscheidung, die Gewaltenteilungslehre im Kontext der respublica noumenon, die Theorie der Staatsformen hingegen im Kontext der respublica phaenomenon anzusiedeln.³⁴¹

Bei den Ausführungen zur Exekutivgewalt in § 49 lehnt sich Kant sowohl in terminologischer wie auch in konzeptioneller Hinsicht ein weiteres Mal an Rousseau an.³⁴² Dies zeigt sich vor allem darin, dass er den Begriff des Despotismus über die Thematisierung des Verhältnisses zwischen Legislativ- und Exekutivgewalt einführt. Mit Rousseau bezeichnet er eine „*Regierung*, die zugleich gesetzgebend" und einen „Gesetzgeber", der „zugleich der *Regent*" ist, gleichermaßen als „*despotisch*".³⁴³
Kant tritt wie Rousseau für eine strikte Begrenzung der Exekutivtätigkeit auf Gesetzesanwendung und Gesetzesvollzug ein.³⁴⁴ Er versteht die „*Regierung*" als bloßes Organ der Exekutive. Der „*Regent* des Staats" ist nicht souverän; er handelt nur durch „Verordnungen" und „*Dekrete* (nicht Gesetze)".³⁴⁵ Die Gesetzgebungstätigkeit bleibt „dem vereinigten Willen des Volkes"³⁴⁶ vorbehalten.

Nach Kant kann der Exekutive auch keine Prärogativgewalt eingeräumt werden.³⁴⁷ Locke hingegen gesteht aus politisch-pragmatischen Gründen der Exekutive eine solche Prärogativgewalt zu.³⁴⁸ Nach seiner Auffassung

---

[338] VI 317.
[339] Burg 1974, S. 186.
[340] Langer, S. 107.
[341] Vgl. Herb / Ludwig 1994, S. 457.
[342] Vgl. Kersting 1993, S. 404 f.; Herb / Ludwig 1994, S. 448; Herb 1999, S. 134; May, S. 116.
[343] VI 316 f.
[344] Vgl. Fetscher 1978, S. 152 ff. zum Verhältnis von Legislative und Exekutive bei Rousseau.
[345] VI 317.
[346] VI 313.
[347] Vgl. zum Folgenden Kersting 1993, S. 404 f. Zur Prärogative Lockes vgl. Böckenförde 1958, S. 25 ff.
[348] Vgl. Locke, §§ 159 ff.

sind die Gesetze zu allgemein, als dass ihnen allein eine zufrieden stellende Regelung der ständig wechselnden gesellschaftlichen Verhältnisse gelingen könnte. Daher bedürfe es eines gestalterischen Freiraums, um auf Unerwartetes rasch und effektiv reagieren zu können: „Wo die legislative und exekutive Gewalt in verschiedenen Händen liegen ... verlangt das Wohl der Gesellschaft, dass verschiedene Dinge der Entscheidung desjenigen überlassen bleiben, der die exekutive Gewalt innehat. Denn da die Gesetzgeber nicht dazu in der Lage sind, die Zukunft vorauszusehen und alles gesetzlich zu regeln, was der Gemeinschaft nützlich sein könnte, ist der Vollzieher der Gesetze, in dessen Händen die Macht liegt, nach dem Gesetz der Natur berechtigt, diese Macht zum Wohl der Gesellschaft in vielen Fällen zu gebrauchen, wo das besondere Recht des Landes keinerlei Richtlinien gibt."[349]

Kants rigorose Trennung zwischen Rechtssetzung einerseits und Rechtsanwendung andererseits gestattet eine solche Aufweichung der Bindung der Exekutive an das Gesetz nicht. Die dem Staat obliegende Aufgabe der Rechtsverwirklichung verlangt nach einer gewaltenteiligen Organisation staatlichen Handelns. Diese würde aber untergraben werden, wenn man die Exekutive mit einer Prärogativgewalt ausstattete. Letzten Endes brächte eine Prärogative „als Extrakonstitutionalität beinhaltender Verfassungsbestandteil einer in der Volkssouveränität gründenden Konstitution diese mitsamt der Volkssouveränität zu Fall."[350]

f. Die richterliche Gewalt

Kant äußert sich in der *Rechtslehre* auch zur dritten Gewalt im Staat, der richterlichen Gewalt, nur in geringem Umfang. „Endlich kann weder der Staatsherrscher noch der Regierer *richten*, sondern nur Richter, als Magistrate, einsetzen. Das Volk richtet sich selbst durch diejenigen seiner Mitbürger, welche durch freie Wahl, als Repräsentanten desselben, und zwar für jeden Akt besonders, dazu ernannt werden."[351]

Kant skizziert in § 49 das Modell eines Geschworenengerichts.[352] Dieses setzt sich zum einen aus Geschworenen („Repräsentanten") zusammen, die in freier Wahl vom Volk bestimmt werden, damit so seine Teilnahme am Gerichtsverfahren gewährleistet ist, und zum anderen aus Richtern. Ob Letztere nun vom Volk oder von der Regierung, also vom „Staatsherr-

---

[349] Locke, § 159.
[350] Kersting 1993, S. 405, Fn. 126.
[351] VI 317.
[352] Vgl. Kersting 1993, S. 406; vgl. auch Unruh, S. 183.

scher" oder vom „Regierer", bestimmt werden, ist nach der eben wiedergegebenen Textpassage nicht eindeutig ausmachbar.[353] In einer Reflexion indessen äußert sich Kant eindeutiger: „Die Regirung und der Richter sind verbunden, nach Gesetzen zu regiren und zu sprechen. Daher sind sie unter den Gesetzen, also kann der souverain weder regiren noch richten. Er hat aber *potestatem instituendi* und *inspiciendi*."[354]
Die Omnipotenz der gesetzgebenden Gewalt wird durch die Einführung der rechtsprechenden Gewalt nicht beeinträchtigt.[355] Demgemäß kommt der Rechtsprechung auf der Ebene der respublica noumenon bezüglich der Gesetzgebung auch keine Kontrollfunktion zu.[356] Nach Kant ist die Legislative per definitionem unfehlbar; „der Wille des *Gesetzgebers* ... ist untadelig".[357] Aufgrund dieser Unfehlbarkeit bzw. Untadeligkeit kann der Gesetzgeber auf der Ebene der respublica noumenon auch keiner höchstrichterlichen Normenkontrollkompetenz unterworfen werden. Hier lässt sich ein den Gesetzgeber bindendes Verfassungsrecht ebenso wie eine ihm Geltung verschaffende Verfassungsgerichtsbarkeit keinesfalls mit der kantischen Souveränitätskonzeption vereinbaren.[358]

g. Ergebnis

Nach Darlegung seiner Gewaltenteilungslehre präsentiert Kant am Ende des § 49 selbst das Ergebnis derselbigen: „Also sind es drei verschiedene Gewalten ..., wodurch der Staat ... seine Autonomie hat, d.i. sich selbst nach Freiheitsgesetzen bildet und erhält. – In ihrer Vereinigung besteht das *Heil* des Staats ...; worunter man nicht das *Wohl* der Staatsbürger und ihre *Glückseligkeit* verstehen muss; denn die kann vielleicht (wie auch *Rousseau* behauptet) im Naturzustande, oder auch unter einer despotischen Regierung, viel behaglicher und erwünschter ausfallen; sondern den Zustand der größten Übereinstimmung der Verfassung mit Rechtsprinzipien versteht, als nach welchem zu streben uns die Vernunft *durch einen kategorischen Imperativ* verbindlich macht."[359]

---

[353] Vgl. Ludwig 1988, S. 164.
[354] XIX 572.
[355] Vgl. Unruh, S. 182.
[356] Vgl. Ludwig 1988, S. 166.
[357] VI 316.
[358] Vgl. Kersting 1993, S. 407 f., Fn. 130.
[359] VI 318.

Kants in den §§ 45-49 beschriebener „Staat *in der Idee*", also der Staat, wie „er nach reinen Rechtsprinzipien sein soll" und welcher allen empirischen Staatswesen als „Richtschnur" dient[360], ist demnach gewaltenteilig organisiert. Die „Vollständigkeit ... der Staatsverfassung"[361] besteht in der Bei- und Unterordnung der drei Staatsgewalten gemäß der Vorgabe des praktischen Syllogismus. Die logische Struktur eines Vernunftschlusses liefert bei Kant den Maßstab für die Organisation des Staatswesens als Rechtssicherungs- bzw. Rechtsbestimmungsinstanz. Nur wenn sich das Handeln des Staates in der Form eines praktischen Syllogismus vollzieht, können rechtsstaatliche Essentialien wie die Gesetzmäßigkeit staatlichen Verhaltens, das Gleichbehandlungsgebot und das Willkürverbot garantiert werden. Erst durch eine personelle und institutionelle Separierung der Staatsgewalten wird die Freiheit des Individuums bzw. ein freiheitliches Staatswesen überhaupt möglich.

Kants Gewaltenteilungskonzeption basiert auf der Vorstellung einer einheitlichen Staatsgewalt. Die Einheit des Staates wurzelt dabei in dem allgemeinen vereinigten Willen als dem alleinigen Rechts- und Herrschaftssubjekt des Staates. Die drei Staatsgewalten haben also trotz ihrer funktionalen und personal-institutionellen Independenz ein identisches Rechtssubjekt, nämlich den allgemeinen vereinigten Willen, der nur in „dreifacher Person"[362] auftritt. Vermittels dieser Konstruktion schafft es Kant, das Gewaltenteilungs- und das Souveränitätsprinzip in Übereinstimmung zu bringen.

Die Gewaltenteilungslehre wird bei Kant völlig unabhängig von irgendwelchen gesellschaftlichen Kräfteverhältnissen konzipiert. Der vor allem auf Montesquieu zurückgehende Gedanke der Missbrauchsunterbindung spielt im Rahmen der kantischen Gewaltenteilungslehre keine Rolle. Daher hat die kantische Gewaltenteilungskonzeption auch nichts mit einem System von *checks and balances* gemein.

Abschließend sei an dieser Stelle noch darauf aufmerksam gemacht, dass der von Kant in den §§ 45-49 skizzierte Staat in der Idee als „Zustand der größten Übereinstimmung der Verfassung mit Rechtsprinzipien"[363] exakt der von ihm an anderer Stelle erwähnten „reinen Republik" entspricht. Die Verfassung der Letzteren bezeichnet er dort als die „einzig rechtmäßig[e] Verfassung".[364]

---

[360] Vgl. VI 313.
[361] VI 316.
[362] VI 313.
[363] VI 318.
[364] Vgl. Ludwig 1988, S. 166 ff. Vgl. auch Ludwig 2000, S. 188, 193 und ders. 1999, S. 185.

6. Der ursprüngliche Kontrakt

a. Einleitung

Es mag angesichts des notorischen Bekenntnisses Kants zum Kontraktualismus auf den ersten Blick durchaus verwundern, dass in seinen staatstheoretischen Schriften Begriff, Status und Funktion des Staatsvertrags äußerst kurz abgehandelt werden. Die meisten Informationen hierzu finden sich im zweiten Abschnitt des *Gemeinspruchs* von 1793. Im Staatsrecht der vier Jahre später erschienenen *Rechtslehre* hingegen sind die Ausführungen zum *„ursprüngliche[n] Kontrakt"*[365] sehr knapp gehalten. Dennoch ist die *Rechtslehre* im Vergleich zum *Gemeinspruch* in systematischer Hinsicht ausgereifter. In der *Rechtslehre* gelingt es Kant nämlich erstmals, seine Vertragskonzeption methodologisch reflektiert in das System einer kritischen Staatsphilosophie zu integrieren.

Der Vertrag hat bei Kant eine wesensmäßig andere Funktion als bei Hobbes, Locke und Rousseau. Kant ersetzt das spezifische kontraktualistische Legitimationskonzept seiner Vorgänger durch eine allein aus dem Rechts- bzw. Freiheitsbegriff resultierende Staatsbegründung. Der Vertragsgedanke verliert bei ihm komplett seine staatskonstitutive Bedeutung; er entfaltet also im Zusammenhang mit dem Akt der Staatserrichtung keine Wirkung und spielt nur noch bei der inhaltlichen Ausgestaltung der Staatsordnung eine Rolle.

Kant beschreibt den ursprünglichen Kontrakt als eine gedankliche Fiktion.[366] Ihm wird der Status einer objektiv-praktischen Vernunftidee zugewiesen.[367] Weil der Vertrag eine von der Erfahrung unabhängige Idee der reinen praktischen Vernunft ist, kann er auch nicht aus empirischen Grundannahmen über Natur und Geschichte des Menschen abgeleitet werden. Der Vertrag meint also kein historisches Ereignis von der Art des Rütli-Schwurs; er markiert nicht den Anfang der bürgerlichen Gesellschaft[368]:

---

[365] VI 315.
[366] Vgl. Unruh, S. 104 f., 110.
[367] Vgl. etwa Dreier 1981, S. 300; Langer, S. 81 ff.; Höffe 2000, S. 227.
[368] Vgl. Höffe 2000, S. 227; Ritter 1987, S. 339. Die Bezeichnung des Vertrags als „ursprünglich" (VI 315) scheint auf den ersten Blick die Faktizität seines Abschlusses anzudeuten. In der Terminologie Kants weist aber der Begriff des Ursprünglichen – im Unterschied zum Begriff des Uranfänglichen – keinerlei zeitliche Konnotationen auf. Er bezieht sich somit auch nicht auf den zeitlichen Anfang eines Ereignisses. Vgl. dazu Unruh, S. 110; Kersting 1993, S. 350; ders. 1994, S. 198.

„Der *Geschichtsurkunde* dieses Mechanismus nachzuspüren, ist *vergeblich*, d.i. man kann zum Zeitpunkt des Anfangs der bürgerlichen Gesellschaft nicht herauslangen (denn die Wilden errichten kein Instrument ihrer Unterwerfung unter das Gesetz, und es ist auch schon aus der Natur roher Menschen abzunehmen, dass sie es mit der Gewalt angefangen haben werden)."[369]

Der Vertrag hat bei Kant eine normativ-kritische Funktion. Er fungiert als Dijudikationskriterium jedweder Staatstätigkeit.[370] Als solches gibt er die Bedingungen an, unter denen ein Staatswesen als rechtmäßig betrachtet werden kann. Er bildet die letzte Legitimationsgrundlage aller öffentlichen Gesetze bzw. „den höchsten Maßstab, an dem sie sich als gerecht oder ungerecht ausweisen."[371]

Die hier nur übersichtsweise dargestellte kantische Vertragskonzeption soll im Folgenden genauer erläutert werden.

b. Der Funktionswandel der Vertragsfigur bei Kant

Die Vertragsfigur macht bei Kant im Vergleich zu seinen Vorgängern einen grundlegenden Funktionswandel durch. Kant begreift den Vertrag nicht mehr wie seine Vorgänger als ein Instrument der Verpflichtung der Untertanen, sondern vielmehr als ein Kriterium der Beurteilung des Oberhauptes. Hobbes versteht den Staatsvertrag noch als Unterwerfungsakt unter eine durch den Vertrag bestimmte politische Machtinstanz: Der Staat ist „*eine Person ..., bei der sich jeder einzelne einer großen Menge durch gegenseitigen Vertrag eines jeden mit jedem zum Autor ihrer Handlungen gemacht hat, zu dem Zweck, dass sie die Stärke und Hilfsmittel aller so, wie sie es für zweckmäßig hält, für den Frieden und die gemeinsame Verteidigung einsetzt. Wer diese Person verkörpert, wird Souverän genannt und besitzt, wie man sagt, höchste Gewalt, und jeder andere daneben ist sein Untertan.*"[372] Bei Hobbes kommt dem Vertrag also herrschaftskonstitutive Be-

---

[369] VI 339. Kant äußert sich zur Frage nach der tatsächlichen Entstehung der Staaten generell nur sehr spärlich. Die hier wiedergegebene Textstelle zeigt aber, dass er annimmt, der Staat werde realiter durch Gewalt konstituiert. Aufgrund seines Misstrauens gegenüber der menschlichen Natur glaubt er nicht, dass sich die Menschen aus eigenem Antrieb zu einem Staat zusammenschließen. Diese Einschätzung spielt aber weder bei der rechtslogischen Begründung der Notwendigkeit des Staates (vgl. dazu oben unter VI.1) noch in seiner Vertragskonzeption irgendeine Rolle. Vgl. Unruh, S. 105, 111 und Langer, S. 55 f.

[370] Vgl. Unruh, S. 112; Ludwig 1993, S. 222; Kater, S. 84; May, S. 121; Harzer, S. 129.

[371] Vgl. Höffe 2000, S. 227. Vgl. auch Höffe 1979a, S. 207; Kühl 1984, S. 166; Fetscher 1991, S. 138; May, S. 121.

[372] Hobbes, *Leviathan*, XVII 13 f.

deutung zu; er dient somit der Legitimation der dem Staat gegenüber bestehenden Gehorsamspflicht der Bürger.[373]

Kant dagegen gelangt zu einer ganz anderen Vertragskonzeption. Er fasst in § 47 der *Rechtslehre* – an der Schnittstelle zwischen respublica noumenon und respublica phaenomenon – sein Verständnis vom Vertragsgedanken kurz und prägnant zusammen: „Der Akt, wodurch sich das Volk selbst zu einem Staat konstituiert, eigentlich aber nur die Idee desselben, nach der Rechtmäßigkeit desselben allein gedacht werden kann, ist der *ursprüngliche Kontrakt*, nach welchem alle (*omnes et singuli*) im Volk ihre äußere Freiheit aufgeben, um sie als Glieder eines gemeinen Wesens, d.i. des Volks als Staat betrachtet (*universi*), sofort wieder aufzunehmen".[374] An dieser Formulierung kann man erkennen, dass dem Vertrag bei Kant keine herrschaftskonstitutive Bedeutung zukommt.[375] Es wird nicht etwa von einer Verpflichtung der Bürger durch den Vertrag gesprochen, sondern vielmehr von der „Rechtmäßigkeit" des Konstitutionsaktes einer Staatsverfassung, welcher lediglich vermittels der Vertragsfigur „gedacht werden kann".[376] Der Staat ist nicht etwa deshalb legitim, weil sich die Bürger durch einen Vertrag verpflichtet haben, sondern weil er – wie oben bereits ausführlich dargelegt wurde – eo ipso Rechtspflicht ist. Kant begründet die Notwendigkeit einer souveränen staatlichen Gewalt allein durch den Aufweis eines sonst gegebenen Widerspruchs zum Recht. Nur im Staat ist die Sicherung der durch das Recht zugebilligten äußeren Freiheitssphäre eines jeden Individuums und somit des Rechts selbst möglich.[377] Die Vertragsfigur hat bei Kant lediglich die Funktion, die Kompatibilität von Unterwerfung und natürlichem Freiheitsrecht bzw. von staatlichem Zwang und individueller Freiheit zu versinnbildlichen.[378]

Mit dem Nachweis der rechtlichen Notwendigkeit des Staates verabschiedet sich Kant von dem für den staatsphilosophischen Kontraktualismus konstitutiven Gedanken, die Gehorsamspflicht der Bürger gegenüber dem Staat bzw. die Verbindlichkeit positiver Gesetze in der Selbstverpflichtung rationaler und sich vertraglich bindender Individuen zu verankern. Es ist

---

[373] Vgl. Münkler, S. 107 ff.; Unruh, S. 111 f.; Herb / Ludwig 1993, S. 309; Kersting 2002a, S. 39 ff.
[374] VI 315.
[375] Vgl. Herb / Ludwig 1994, S. 442; May, S. 106 f.
[376] VI 315.
[377] Vgl. oben VI.1.
[378] Vgl. Herb / Ludwig 1993, S. 309; May, S. 109.

daher Kersting[379] zuzustimmen, wenn er in diesem Zusammenhang vom „Antivoluntarismus Kants" spricht und feststellt, dass der „obligationstheoretische Voluntarismus der traditionellen neuzeitlichen Vertragslehre ... mit Kants metaphysischer Orientierung, mit der geltungstheoretischen Strenge seines Konzepts der praktischen Vernunftgesetzgebung nicht vereinbar" sei. Kant gelingt es, das Problem der Begründung der Notwendigkeit des Staates durch einen Willensakt aller Individuen zu umgehen und „an seine Stelle den theoretischen Selbstvollzug der nackten Vernunft treten [zu] lassen."[380]

Missverständlich hingegen sind die diesbezüglichen Ausführungen Kerstings in seinem Aufsatz *Kants vernunftrechtliche Staatskonzeption*. Dort stellt er zunächst zutreffend die Entlastung der Vertragsfigur von ihrer „legitimationstheoretischen Verwendung"[381] fest. Er scheint dann allerdings in das tradierte Modell zurückzufallen, wenn er den ursprünglichen Kontrakt als einen solchen charakterisiert, „der sein soll und den zu schließen jedermann aus rechtlichen Gründen verpflichtet ist." Dadurch wird nämlich das Verpflichtungselement doch wieder in die – nun zwar normierte – Willkür der Vertragschließenden zurückgebogen und somit gerade das Spezifikum des kantischen Kontraktualismus verdeckt. Darauf, ob sich „jedermann" durch den Vertrag verpflichtet, kommt es bei Kant gerade nicht an.[382]

Wegen der Entlastung der Vertragsfigur von ihrer staatkonstitutiven Bedeutung kann auch der herkömmliche Einwand gegen die traditionelle Vertragstheorie, keinen wirklichen Grund für die Verpflichtung des Bürgers zum Gehorsam gegenüber dem Staat liefern zu können, bei Kant nicht verfangen. Bei ihm geht der kritische Hinweis darauf, dass Verträge nur eine verpflichtende Wirkung haben, weil und wenn sie realiter geschlossen wurden, nicht aber, weil der Vertragsschluss als solcher vernünftig oder gar pflichtgemäß wäre[383], ebenso ins Leere wie der Einwand, der Staat könne

---

[379] Kersting 1994, S. 194 f.
[380] Adam, S. 64.
[381] Kersting 1988, S. 112 f.
[382] Herb / Ludwig 1993, S. 310, Fn. 57 bemerken zu Recht, dass es nach Kant gar keine Pflicht zum Vertragsschluss geben kann, wenn man die kantische Konzeption des Vertrags als Idee ernst nimmt. Eine Pflicht, *in der Idee* einen Vertrag zu schließen, ist ebenso widersinnig wie eine *Pflicht*, die *Idee eines Vertrages* abzuschließen. Etwas vollkommen anderes ist es natürlich, gemäß *der Idee eines Vertrages verpflichtet* zu sein.
[383] Vgl. etwa Dworkin, S. 253 (hier gegen Rawls Stellung nehmend): „Ein hypothetischer Vertrag ist nicht einfach eine blasse Form eines wirklichen Vertrags; er ist überhaupt kein Vertrag."

als Voraussetzung von Verträgen nicht selbst Ergebnis eines Vertrages sein.[384]

Der Vertrag besitzt bei Kant ausschließlich Kriterien- und Normfunktion. So heißt es im *Gemeinspruch*, dass der Vertrag „eine *bloße Idee* der Vernunft [ist], die aber ihre unbezweifelte (praktische) Realität hat: nämlich jeden Gesetzgeber zu verbinden, dass er seine Gesetze so gebe, als sie aus dem vereinigten Willen eines ganzen Volks haben entspringen *können*, und jeden Untertan, sofern er Bürger sein will, so anzusehen, als ob er zu einem solchen Willen mit zusammengestimmt habe. Denn das ist der Probierstein der Rechtmäßigkeit eines jeden öffentlichen Gesetzes."[385]

Auch in § 52 der *Rechtslehre* zeigt sich, dass der ursprüngliche Kontrakt im Annäherungsprozess eines empirischen Staatswesens an das normative Ideal des Staates in der Idee den Leitfaden rechtmäßiger Herrschaftsausübung gibt[386]: „[D]er *Geist* jenes ursprünglichen Vertrages (*anima pacti originarii*) enthält die Verbindlichkeit der konstituierenden Gewalt, die *Regierungsart* jener Idee angemessen zu machen, und so sie, wenn es nicht auf einmal geschehen kann, allmählich und kontinuierlich dahin zu verändern, dass sie mit der einzig rechtmäßigen Verfassung, nämlich der einer reinen Republik[387], *ihrer Wirkung nach* zusammenstimme".[388]

Bei Kant generiert der Vertrag keine Pflichten auf Seiten der Bürger, sondern nur auf Seiten des Souveräns. Während der Souverän bei Hobbes in seinem Handeln von jeglichen materialen Prinzipien entbunden ist[389], sind die Rechte des Souveräns nach der kantischen Konzeption durch die Idee des ursprünglichen Vertrags restringiert. Der empirische Souverän hat sich als Repräsentant des Vertragswillens und seine Herrschaftsausübung als empirisch-geschichtliche Stellvertretung des vernunftrechtlichen Souveräns zu begreifen.[390] Er muss sich demnach stets um die Rechtmäßigkeit seiner wie auch immer erlangten Herrschaft bemühen und seine Machtausübung

---

[384] Nach Jellinek, S. 216 nimmt die Vertragsthese einen oder mehrere Sätze einer bestehenden staatlichen Ordnung, um aus ihr den Staat herzuleiten. Dies sei nichts anderes als ein naives hysteron proteron.
[385] VIII 297.
[386] Vgl. Ludwig 1988, S. 167 f.
[387] Wie oben unter VI.5.g. bereits erwähnt, entspricht die hier in § 52 erwähnte „rein[e] Republik", deren Verfassung Kant zufolge die „einzig rechtmäßig[e] Verfassung" ist, exakt dem von ihm in den §§ 45 ff. skizzierten Staat in der Idee, dem „Zustand der größten Übereinstimmung der Verfassung mit Rechtsprinzipien" (VI 318).
[388] VI 340.
[389] Vgl. Unruh, S. 111; Fetscher 1998, S. XXV f.
[390] Kersting 1993, S. 352; ders. 1994, S. 200.

derart gestalten, dass mit jeder seiner Handlungen dem Vertragswillen Geltung verschafft wird.[391]

Der Vertrag dient als Dijudikationsregel für die Rechtmäßigkeit positiver Gesetze. Er fordert den empirischen Gesetzgeber auf, jedes seiner Gesetze daraufhin zu überprüfen, ob alle Bürger ihm hätten zustimmen können. Selbstverständlich zeichnet der Vertrag als Dijudikationsregel nicht andere Gesetze als unrechtmäßig aus als das allgemeine Rechtsgesetz auch. Die von Kant stereotyp wiederholte Formel, der Gesetzgeber könne nicht über das Volk beschließen, was das ganze Volk nicht über sich selbst beschließen könne,[392] ist nichts anderes als eine Explikation der vom allgemeinen Rechtsgesetz geforderten Verallgemeinerung. Insofern folgt aus dem Vertragskriterium also keine Erkenntnis, die nicht auch ohne es zu gewinnen wäre.[393] Der Vertrag selbst fügt keine neuen materialen Gerechtigkeitsprinzipien hinzu.[394]

Es wäre aber verfehlt, den Vertrag auf ein systematisch belangloses Zitat zu reduzieren. Kants antivoluntaristische Staatsbegründung macht den Vertrag – trotz seiner eben festgestellten epistemologischen Redundanz – nicht überflüssig. Denn ohne Rekurs auf die Vertragsidee lässt sich die Figur des Souveräns nicht mit dem Freiheitsgesetz in Einklang bringen. Nur vermittels des Vertrags ist die Kompatibilität von Unterwerfung und natürlichem Freiheitsrecht bzw. von staatlichem Zwang und individueller Freiheit zu versinnbildlichen. Ohne Rückgriff auf den Vertrag ist keine Staatsphilosophie konstruierbar, die jeden empirischen Souverän als Stellvertreter des vernunftrechtlichen Souveräns („der, nach Freiheitsgesetzen betrachtet, kein Anderer als das vereinigte Volk selbst sein kann")[395] begreift und ihn verpflichtet, durch Anwendung des Vertragskriteriums bei seiner Gesetzgebung dem Vertragswillen Geltung zu verschaffen.[396]

Herb / Ludwig[397] machen zu Recht darauf aufmerksam, dass die Vertragsidee – so universell sie in ihrer vernunftrechtlichen Geltung ist – „in ihren Anwendungsbezügen ... politisch depotenziert" ist. Denn im Hinblick auf die kantische Unterscheidung zwischen innerer (moralischer) und äußerer

---

[391] Vgl. Kersting 1993, S. 362.
[392] Vgl. VI 327, 31-33; VI 329, 12-14.
[393] Vgl. Hespe 1998, S. 319 f. Ähnlich Kersting 1993, S. 353; ders. 1994, S. 202.
[394] Ludwig 1988, S. 168, Fn. 148.
[395] VI 315.
[396] Vgl. dazu Kersting 1994, S. 202 f.; Herb / Ludwig 1993, S. 309, 311.
[397] Herb / Ludwig 1994, S. 454. Vgl. auch Ludwig 1988, S. 167.

(rechtlicher) Gesetzgebung[398] erweist sich die Verpflichtung zur vertragskonformen Herrschaftsausübung für den Souverän nur als eine *Tugendpflicht*. Kant verpflichtet den Herrscher allein vor seinem Gewissen, quasi in foro interno. Aus der Vertragsidee sind keine strikt rechtlichen Herrscherpflichten ableitbar, denen Zwangsbefugnisse auf Seiten der Untertanen korrespondierten: „[D]er Herrscher im Staat hat gegen den Untertan lauter Rechte und keine (Zwangs-)Pflichten."[399]

Kant lehnt demgemäß jede Verweigerung des Gehorsams durch den Bürger, die sich auf die Idee des Vertrags zu berufen sucht, strikt ab. Die Nachforschung nach der „*Geschichtsurkunde*" der Staatsverfassung „in der Absicht anzustellen, um allenfalls die jetzt bestehende Verfassung mit Gewalt abzuändern, ist sträflich."[400] Der Vertrag ist nach der Konzeption Kants kein Mittel bürgerlicher Rechtspolitik. Die Bürger sind unabhängig davon, wie weit die staatliche Machtausübung von der Vertragsidee abweicht, mithin auch beim gröbsten denkbaren Verstoß gegen die Vertragsidee, zum Gehorsam gegenüber dem Staat verpflichtet.[401] Kant lehnt jegliches Recht zum Widerstand gegen den Staat ab.

Die Ablehnung des Widerstandsrechts durch Kant wird weiter unten noch genauer erläutert.[402] Zunächst wird nun Kants Auseinandersetzung mit der Vertragskonzeption Rousseaus nachvollzogen.

---

[398] Vgl. hierzu oben III.
[399] VI 319. Vgl. auch XIX 504: „Die idee des socialcontracts ist nur die Richtschnur der Beurtheilung des Rechts und der Unterweisung der prinzen imgleichen einer möglichen Vollkommenen Staatserrichtung, aber nach dieser idee hat das Volk nicht wirkliche rechte."
[400] VI 339 f.
[401] Herb / Ludwig 1994, S. 454 f.; May, S. 147.
[402] Vgl. unten VI.8.

c. Kants Auseinandersetzung mit der rousseauschen Vertragskonzeption

Kants Konzeption des ursprünglichen Vertrags orientiert sich im Wesentlichen am rousseauschen Gesellschaftsvertrag. Dieser wurde von Rousseau zur Lösung des folgenden Problems entwickelt: „Es muss eine Gesellschaftsform gefunden werden, die mit der gesamten gemeinsamen Kraft aller Mitglieder die Person und die Habe eines jeden einzelnen Mitglieds verteidigt und beschützt; in der jeder Einzelne, mit allen verbündet, nur sich selbst gehorcht und so frei bleibt wie zuvor".[403] Rousseau begreift den Vertragsschluss nicht wie Hobbes als einen Unterwerfungsakt. Nach seiner Auffassung müssen die Prinzipien des Staatsrechts ihre Grundlage in der unveräußerlichen Freiheit der Individuen haben. Die Freiheit als unveräußerliches Menschenrecht verträgt sich nicht mit einer Staatstheorie, die nur in der unbedingten Unterwerfung unter einen absoluten Herrscher einen Weg aus dem status naturalis erblickt. Rousseau hält es für amoralisch und rechtswidrig, einen Vertrag zu schließen, der den vollkommenen Freiheitsverzicht als Preis der Sicherheit fordert.[404]

Wie Rousseau und im Unterschied zu Hobbes versteht Kant den Vertrag nicht als einen Unterwerfungsvertrag; bei ihm verlangt der Übertritt in den Staat keinerlei Freiheitseinbuße bzw. Rechtsverzicht.[405] Das Recht wird bei Kant – wie bereits gezeigt wurde – ohne Rücksicht auf einen wirklichen oder idealen Gesellschaftskonsens, die historische und kulturelle Entwicklung einer Gesellschaft oder das Verhältnis von Recht und Staat entwickelt. Der Staat als Institution spielt für die Begründung des Rechts keine Rolle.[406] Das Recht kann vom Vertrag weder ganz noch teilweise kassiert werden. Durch den Vertrag kann vielmehr das angeborene Recht des Menschen und eine mit ihm kompatible Rechtserwerbspraxis erst realisiert werden.[407]

Durch den ursprünglichen Kontrakt wird also lediglich die Modalität der Freiheit, nicht aber deren Umfang verändert: „[M]an kann nicht sagen: der Mensch im Staate habe einen Teil seiner angeborenen äußeren Freiheit einem Zwecke aufgeopfert, sondern er hat die wilde, gesetzlose Freiheit

---

[403] Rousseau, Vom Gesellschaftsvertrag, I 6.
[404] Vgl. Kersting 1993, S. 358; ders. 2000, S. 46 f.; ders. 2002a, S. 44 ff.
[405] Vgl. Kühl 1984, S. 165; Adam, S. 189 f. Vgl. auch Höffe 1979a, S. 207 zum Unterschied der Verträge bei Kant und Hobbes.
[406] Vgl. oben IV.
[407] Kersting 1993, S. 351.

gänzlich verlassen, um seine Freiheit überhaupt in einer gesetzlichen Abhängigkeit, d.i. in einem rechtlichen Zustande, unvermindert wiederzufinden; weil diese Abhängigkeit aus seinem eigenen gesetzgebenden Willen entspringt."[408] Der Vertrag bildet insoweit das Konstituens der äußeren Freiheit im Staat.[409]

Im Folgenden soll auf drei Aspekte eingegangen werden, in denen die kantische von der rousseauschen Vertragskonzeption abweicht:

1. Wie bereits im vorhergehenden Gliederungsabschnitt ausgeführt wurde, generiert der Vertrag bei Kant keine Pflichten auf Seiten der Bürger. Er wird bei ihm vielmehr von seinen verpflichtungstheoretischen Aufgaben entbunden und somit vollkommen frei für kriteriologische Zwecke. Bei Rousseau hingegen liefert der Vertrag den exklusiven Verpflichtungsgrund der Bürger.[410] In seiner Staatsrechtskonzeption ist der Vertrag das legitimationstheoretische Zentrum: Er allein trägt die gesamte legitimationstheoretische Begründungslast. Der Staat als freiheitseinschränkende Instanz kann sich nur noch aus den freiheitskonformen Bedingungen seiner Errichtung legitimieren. Er ist demnach legitim, weil er zum einen auf den Momenten der Freiwilligkeit und der strikten Reziprozität des Vertrages und zum anderen auf der Permanenz der kollektiven Gesetzgebung, die den Gesetzen Selbstverpflichtungscharakter verleiht, gründet: „Die Verpflichtungen, die uns mit der Gesellschaft verbinden, sind nur wegen ihrer Gegenseitigkeit zwingend; ihr Wesen ist, dass man bei ihrer Erfüllung nicht für andere arbeiten kann, ohne für sich selbst zu arbeiten."[411] Die Vertragsfigur löst damit bei Rousseau das Grundproblem des Staates, nämlich die Vereinigung von Freiheit und Zwang. Das Handeln des Staates ist danach rechtmäßig, „weil es den Gesellschaftsvertrag zur Grundlage hat; ein billiges Übereinkommen, weil es allen gemeinsam ist; ein nützliches Übereinkommen, weil es kein anderes Ziel als das Gemeinwohl haben kann; ein dauerhaftes Übereinkommen, weil es von der Staatsgewalt und der höchsten Macht garantiert wird. Solange die Untertanen nur solchen Übereinkommen unterworfen sind, gehorchen sie niemandem außer ihrem eigenen Willen."[412]

---

[408] VI 315 f.
[409] Vgl. Langer, S. 63; Unruh, S. 113.
[410] Vgl. zum Folgenden Herb / Ludwig 1994, S. 450; May, S. 118 f.; Herb 1999, S. 62 f.
[411] Rousseau, Vom Gesellschaftsvertrag, II 4.
[412] Rousseau, Vom Gesellschaftsvertrag, II 4.

2. Ein weiterer fundamentaler Unterschied zwischen der Konzeption Kants und der Rousseaus liegt darin, dass Letzterer annimmt, die Individuen würden beim Eintritt in den status civilis von individualistischen, instinktgesteuerten Einzelwesen zu an der *volonté générale* orientierten, moralischen Gemeinschaftswesen.[413] Rousseau verlässt hier seinen kontraktualistischen Begründungsansatz, wonach dem Individuum gegenüber dem Gemeinwesen grundsätzlich der Vorrang gebührt, und greift auf Motive der Polistheorie zurück, wenn er behauptet, der Einzelne finde erst als citoyen seine Erfüllung als Mensch.[414]

Nach Kant unterscheidet sich der Naturzustand vom Staat nicht durch eine zustandsspezifische *Natur des Menschen*, da diese in beiden Zuständen ganz und gar identisch ist. Der Unterschied zwischen den beiden liegt vielmehr in der Natur des Zusammenlebens der Menschen, mithin in der spezifischen *Natur des Zustands* selbst.[415] Die Vertragschließenden werden mit der Staatserrichtung demnach nicht zu „moralisch besseren" bzw. „rechtstreueren" Menschen. Nach Kant geht mit dem Eintritt in den status civilis keine eigentümliche Wandlung des Menschen, wie sie Rousseau[416] annimmt, einher.[417] Bei ihm ist der Vertrag eben „keine Stätte der Verwandlung, die die Kontrahenten als Wölfe betreten und als Patrioten verlassen."[418]

Es ist Kersting[419] zuzustimmen, wenn er meint, „der contrat social" Rousseaus erscheine „als merkwürdig unangemessene begriffliche Erfassung einer geheimnisvollen Verwandlung der isolierten Naturzustandsbewohner zu Gemeinschaftsmenschen, einer Versittlichung und Entindividualisierung, die Allgemeinwille und Allgemeininteresse zum selbstverständlichen Handlungsprinzip eines jeden macht." Die rousseausche Vorstellung einer durch den Vertrag inszenierten Versittlichung des Menschen lässt sich keinesfalls mit der kantischen Staatskonzeption in Einklang bringen, denn im kantischen Staat bleibt der Einzelne, was er außerhalb seiner staatlichen Existenz war: ein sinnliches Vernunftwesen, das – angesichts des Umstandes, dass es sich mit anderen die Erdoberfläche teilen muss – einer äußeren

---

[413] Vgl. Unruh, S. 113; Brockard, S. 224; Brandt 1973, S. 96.
[414] Herb / Ludwig 1994, S. 451; May, S. 120.
[415] Vgl. oben VI.1.
[416] Vgl. Rousseau, *Vom Gesellschaftsvertrag*, I 8.
[417] Rousseau begreift im Gegensatz zu Kant die Dichotomie von natürlichem und bürgerlichem Zustand nicht allein als rechtstheoretisches Konstrukt für analytische Zwecke, sondern zugleich als ein geschichtsphilosophisches und kulturkritisches Modell (vgl. Herb / Ludwig 1993, S. 301, Fn. 35 und May, S. 63, Fn. 114).
[418] Kersting 1993, S. 362.
[419] Kersting 1993, S. 361.

Beschränkung der Freiheit bedarf. Für eine weiter gehende Telosspekulation lässt das kantische Staatsrecht keinen Raum.[420]

3. Es ist weiterhin auffällig, dass der rousseausche Vertragsbegriff eine eigentümliche Unschärfe aufweist, weil Rousseau in seinem Werk – im Unterschied zu Kant – zwischen der realistischen Beschreibung des Vertragsaktes und dessen kriteriologischer Funktion schwankt.[421]
In seinem *Discours sur l'économie politique* von 1755 hebt Rousseau die kriteriologische Funktion der volonté générale noch deutlich hervor. Dort stellt er sie – der kantischen Konzeption nahe kommend – als juridisches Dijudikationsprinzip zur Bestimmung der Grenzen der Regierungsgewalt vor.[422]
Im *Discours sur l'Inégalité parmi les Hommes* von 1755 wird dagegen der Begriff der volonté générale von Rousseau überhaupt nicht verwendet. Hier betrachtet er die Vertragsfigur aus einer sowohl entwicklungsgeschichtlichen wie auch rechtsphilosophischen Warte; der Ursprung der bürgerlichen Gesellschaft wird im Spannungsverhältnis zwischen genetischer Rekonstruktion und normativer Konstruktion entwickelt.
Im *Gesellschaftsvertrag* von 1762 verabschiedet sich Rousseau dann explizit von allen genetischen Rekonstruktionsversuchen. Nicht mehr die Entstehung, sondern vielmehr die Legitimität der bürgerlichen Gesellschaft rückt ins Zentrum seiner Aufmerksamkeit. Über diese allgemeine Problemstellung hinaus finden sich aber nahezu keine methodologischen Ausführungen zum Status seiner Grundbegriffe.
Wenn nun gelegentlich von Rousseaus *Idee des Vertrags* die Rede ist, so kann zumindest der *Gesellschaftsvertrag* hierfür keinen Anlass gegeben haben. Eine ausdrückliche Charakterisierung des Vertrags als Idee, wie dies bei Kant der Fall ist, lässt sich hier nämlich nicht ausfindig machen. Es findet sich keine über die realistische Schilderung des Vertragsaktes und seiner rechtlichen Folgen[423] hinausgehende methodische Reflexion, die auf den idealen Charakter der Konzeption hindeuten würde.

---

[420] Herb / Ludwig 1994, S. 449; May, S. 118; Kersting 1993, S. 361 f.
[421] Vgl. zum Folgenden Herb / Ludwig 1994, S. 451 ff. und May, S. 122 f.
[422] Vgl. Rousseau, *Discours sur l'économie politique*, OC III, 245: „[C]ette volonté générale, qui tend toûjours à la conservation et au bien-être du tout et de chaque partie, et qui est la source des lois, est pour tous les membres de l'état par rapport à eux et à lui, la regle du juste et de l'injuste." Hier muss allerdings darauf hingewiesen werden, dass im *Discours sur l'économie politique* der allgemeine Wille noch nicht notwendig durch das Volk selbst dargestellt werden muss. Auch wird hier das Problem der vertraglichen Kreation dieses Willens nicht untersucht. Dies wird von Rousseau erst im *Gesellschaftsvertrag* geleistet.
[423] Vgl. Rousseau, *Vom Gesellschaftsvertrag*, I 6-8.

Die Grundbegriffe des Vertrags und der volonté générale bleiben bei Rousseau in ihrem Status im Wesentlichen unbestimmt. Dieser ergibt sich – wie Herb / Ludwig[424] richtigerweise feststellen – nur „mittelbar ... aus den inhaltlichen Momenten der Begriffe (,toujours droit', ,inaltérable' etc.) sowie aus der Zugehörigkeit zu einer Theorie, die das juridische Problem der Legitimität des staatlichen Zwangs thematisiert."
Kant hingegen lässt zu keinem Zeitpunkt Zweifel am methodischen Status des Vertrages aufkommen. So heißt es schon in einer Reflexion aus den 70er Jahren: „Der *Contractus originarius* ist nicht das Princip der Erklärung des Ursprungs des *status civilis*, sondern wie er seyn soll".[425] Wie oben gezeigt wurde, ist der Vertrag bei Kant von jeglicher Ursprungsmetaphorik befreit und besitzt nur noch Kriterien- und Normfunktion.

Abschließend wird nun gezeigt, dass es Kant – wenngleich er schon seit den 70er Jahren durchgängig auf der Idealität des Vertrages insistiert – erst in der *Rechtslehre* gelingt, seine Vertragskonzeption methodologisch reflektiert in das System einer kritischen Staatsphilosophie zu integrieren und somit den eigentlich entscheidenden Schritt über Rousseau hinaus zu tätigen.[426]

Auch im *Gemeinspruch* und im *Ewigen Frieden* hebt Kant die Idealität des Vertrags hervor, dennoch stehen die Ursprungsmetaphorik und die Ausführungen zum kriteriologischen Zweck des Vertrags noch unvermittelt nebeneinander. Zu Beginn des zweiten Abschnitts des *Gemeinspruchs* spricht Kant vom „Vertrag der Errichtung einer *bürgerlichen Verfassung*".[427] In den darauf folgenden Passagen des *Gemeinspruchs* finden sich aber noch keine Anhaltspunkte, die auf die Idealität der kantischen Vertragskonzeption hinweisen würden. Es zeigt sich vielmehr, dass zunächst noch die realistische Interpretation des Vertrags vorausgesetzt ist, wenn dort die Vertragsfigur als Konstruktionsprinzip des status civilis argumentativ untermauert wird: „Alles Recht hängt nämlich von Gesetzen ab. ... Hierzu aber ist kein anderer Wille als der des gesamten Volks (da alle über alle, mithin ein je-

---

[424] Herb / Ludwig 1994, S. 453. Diese zeigen an gleicher Stelle, dass Rousseau in seiner Schrift *Émile ou de l'éducation* immerhin „eine verhaltene Reflexion auf den methodischen Status seiner staatsrechtlichen Begriffe" liefert. Rousseau nimmt hier „eine Qualifizierung des Status der Theorie des Contrat Social vor", womit er „gewissermaßen die Möglichkeit einer Interpretation des Vertragsbegriffs im Kantischen Sinne" eröffnet.
[425] XIX 504. In XIX 564 heißt es: „*contractus originarius non est principium fiendi* (Errichtungsgrund) *sed cognoscendi* (Verwaltungsgrund) des Staats".
[426] Vgl. zum Folgenden Herb / Ludwig 1993, S. 455 ff. und May, S. 123 ff.
[427] VIII 289.

der über sich selbst beschließt) möglich; denn nur sich selbst kann niemand unrecht tun. Ist es aber ein anderer, so kann der bloße Wille eines von ihm Verschiedenen über ihn nichts beschließen, was nicht unrecht sein könnte; folglich würde sein Gesetz noch ein anderes Gesetz erfordern, welches seine Gesetzgebung einschränkte, mithin kann kein besonderer Wille für ein gemeinsames Wesen gesetzgebend sein."[428]
Kant fasst das Ergebnis der eben wiedergegebenen Überlegung wie folgt zusammen: „Es müssen aber auch *alle*, die dieses Stimmrecht haben, zu diesem Gesetz der öffentlichen Gerechtigkeit zusammenstimmen; denn sonst würde zwischen denen, die dazu nicht übereinstimmen, und den ersteren ein Rechtstreit sein, der selbst noch eines höheren Rechtsprinzips bedürfte, um entschieden zu werden. Wenn also das erstere von einem ganzen Volk nicht erwartet werden darf, mithin nur eine Mehrheit der Stimmen, und zwar nicht der Stimmenden unmittelbar (in einem großen Volke), sondern nur der dazu Delegierten als Repräsentanten des Volks dasjenige ist, was allein man als erreichbar voraussehen kann; so wird doch selbst der Grundsatz, sich diese Mehrheit genügen zu lassen, als mit allgemeiner Zusammenstimmung, also durch einen Kontrakt angenommen, der oberste Grund der Errichtung einer bürgerlichen Verfassung sein müssen."[429]
Im Anschluss daran folgert er schließlich: „Allein dieser Vertrag ... ist keineswegs als ein *Faktum* vorauszusetzen nötig". Er ist vielmehr eine *„bloße Idee* der Vernunft, die aber ihre unbezweifelte (praktische) Realität hat".[430]
Kant setzt hier aber die vorhergehende Einführung der Vertragsfigur über das klassische *volenti non fit iniuria*-Argument nicht mit der Idealisierung des Vertrags in einen systematischen Zusammenhang; sie stehen vielmehr unvermittelt nebeneinander. Der kantischen Konzeption fehlt demzufolge im *Gemeinspruch* noch eine genauere metatheoretische Lokalisierung des Vertragsbegriffs. Die realistische Darstellung des Vertrags ist hier noch nicht methodologisch reflektiert in das System einer kritischen Staatphilosophie eingebunden. Zwar weist Kant auch im Gemeinspruch schon auf die kriteriologische Funktion des Vertrags hin, dennoch bleibt der systematische Zusammenhang zwischen der realistischen Darstellung des Vertrags und seines kriteriologischen Gebrauchs im Verborgenen.

Ganz anders verhält es sich diesbezüglich in der *Rechtslehre*. Kant gelangt dort zu einer eindeutigen Konzeption der Vertragsfigur. Zwar nimmt er in

---

[428] VIII 294 f.
[429] VIII 296.
[430] VIII 297.

der *Rechtslehre* die Klärung des methodologischen Status des Vertrages eher beiläufig vor. Dass es sich beim Vertrag um eine Idee handelt, wird hier nur am Rande erwähnt. Kant begnügt sich bei der Introduktion der Vertragsfigur mit einer Parenthese, um auf die Idealität des Vertrags aufmerksam zu machen: Der Gründungsakt der bürgerlichen Gesellschaft ist der „ursprüngliche Vertrag", aber „eigentlich ... nur die Idee desselben".[431] Die Beiläufigkeit der Klärung des Vertragsstatus erscheint aber vom Begründungsverlauf der *Rechtslehre* her durchaus einsichtig: Da Kant zum einen den Staat in den §§ 42, 44 – ohne dabei auf die Vertragsfigur zu rekurrieren – legitimiert und zum anderen die Vertragsfigur im Kontext des Staates in der Idee verortet, versteht sich die Idealität des Vertrags gewissermaßen von selbst.[432]
In der *Rechtslehre* bleibt der systematische Zusammenhang zwischen der realistischen Darstellung des Vertrags und seinem kriteriologischen Gebrauch – anders als noch im *Gemeinspruch* – nicht mehr im Dunkeln. Kant präsentiert die Vergesellschaftung der Individuen in § 46 der *Rechtslehre* zwar auch in der realistischen Diktion des „*volenti non fit iniuria*"[433], dennoch nimmt schon deren Verortung im Kontext des Staates in der Idee jenem kantischen Realismus von vornherein jegliche Ambivalenz. Was im Staat in der Idee als realer Vertrag erscheint, wird für die empirischen Staatswesen „zum heuristischen Prinzip der Verrechtlichung."[434]
Der Fortschritt der *Rechtslehre* gegenüber dem *Gemeinspruch* besteht demzufolge nicht etwa darin, dass sie eine neuartige Argumentation beinhaltet, sondern allein darin, dass sie der tradierten Argumentation eine größere Überzeugungskraft verschafft, indem sie ihr im Kontext der Theorie der *respublica noumenon* einen adäquaten systematischen Ort zuweist.

d. Ergebnis

Die vorangegangenen Ausführungen haben gezeigt, dass die Vertragsfigur bei Kant im Vergleich zu seinen Vorgängern einen fundamentalen Funktionswandel durchgemacht hat: Während die Vorgänger Kants den Vertrag noch als Instrument der Verpflichtung der Bürger konzipierten, wird er bei Kant zum Kriterium der Beurteilung des Oberhaupts. Der Vertrag dient also nicht der Legitimierung der staatlichen Herrschaft, sondern fungiert als vernunftrechtliche Organisationsnorm bzw. Verfassungsprinzip des in sei-

---

[431] VI 315.
[432] Vgl. Herb / Ludwig 1993, S. 451; May, S. 121 f.
[433] Vgl. VI 313.
[434] Herb / Ludwig 1994, S. 457.

ner rechtlichen Notwendigkeit vertragsunabhängig begründbaren Staates. Er gibt im Prozess der Annäherung eines empirischen Staatswesens an das normative Ideal des Staates in der Idee den Leitfaden rechtmäßiger Herrschaftsausübung.

Die abschließende Klärung des methodischen Status des Vertrages kann ohne weiteres als das entscheidende Verdienst Kants und als zentrales Ereignis in der Entwicklung des neuzeitlichen Kontraktualismus betrachtet werden. Es hat sich aber gezeigt, dass es Kant – wenngleich er schon in den frühen Reflexionen, im *Ewigen Frieden* und im *Gemeinspruch* mit großem Nachdruck auf die Idealität des Vertrages hinweist – erst in der *Rechtslehre* gelingt, seine Vertragskonzeption methodologisch reflektiert in das System einer kritischen Staatsphilosophie zu integrieren und somit den entscheidenden Schritt über Rousseau hinaus zu tätigen. Der von Kant erzielte Fortschritt in puncto methodischer Eindeutigkeit ist demnach zuallererst der Architektonik des Staatsrechts der *Rechtslehre* zu verdanken. Dort wird der Vertrag – nunmehr systematisch eindeutig – in den Kontext des Staates in der Idee gestellt, so dass der beständige Hinweis auf die Idealität und Ahistorizität des Vertrags vollständig obsolet wird.

7. Die Staatsformenlehre Kants

a. Einleitung

Kant belässt es nicht bei der Konzipierung des Staates in der Idee. Die Darstellung der Formen seiner Realisierung ist vielmehr ein unverzichtbarer Bestandteil der kantischen Staatsrechtskonzeption. Kant geht es also nicht nur darum, ein Staatsideal zu entwerfen, sondern vor allem auch darum, „mit der Freiheit der Menschen hier und jetzt ernst zu machen."[435]

In § 51 führt Kant eine Unterscheidung ein, die die dichotome Grundstruktur seines Staatsrechts nochmals deutlich vor Augen führt: „Die drei Gewalten im Staat, die aus dem Begriff eines *gemeinen Wesens* überhaupt (*res publica latius dicta*) hervorgehen, sind nur soviel Verhältnisse des vereinigten, *a priori* aus der Vernunft abstammenden, Volkswillens und eine reine Idee von einem Staatsoberhaupt, welche objektive praktische Realität hat. Dieses Oberhaupt (der Souverän) aber ist sofern nur ein (das gesamte Volk vorstellendes) *Gedankending*, als es noch an einer physischen Person

---

[435] Ludwig 1999, S. 176.

mangelt, welche die höchste Staatsgewalt vorstellt, und dieser Idee Wirksamkeit auf den Volkswillen verschafft."[436]

Kant unterscheidet hier also die „Idee von einem Staatsoberhaupt" vom Begriff einer „physischen Person ..., welche die höchste Staatsgewalt vorstellt, und dieser Idee Wirksamkeit auf den Volkswillen verschafft." Genau an dieser Textstelle schafft Kant den Übergang von der Beschreibung einer Idee hin zur Erörterung der Möglichkeit ihrer Verwirklichung, mithin den Übergang von der Darstellung der intelligiblen Welt zur Darstellung der Praxisanforderungen in der Erscheinungswelt.

Kant trifft in der *Rechtslehre* die architektonische Grundentscheidung, die Gewaltenteilungslehre im Kontext des Staates in der Idee bzw. der respublica noumenon anzusiedeln und die Staatsformenlehre im Kontext der respublica phaenomenon. Demgemäß wurde auch der erste der in § 51 genannten Begriffe, der von einem (rein juridischen) Staatsoberhaupt, in den §§ 45 ff. im Rahmen der Erörterung von Souveränität und Gewaltenteilung erläutert. Die Bestimmung des zweiten Begriffs von einem (physischen) Staatsoberhaupt hingegen ist Gegenstand einer gleichsam idealtypischen Präsentation der drei klassischen Staatsformen Monarchie, Aristokratie und Demokratie in der nachfolgenden Staatsformenlehre der *Rechtslehre*.[437]

Das Verhältnis der „physischen Person", verstanden als empirisches Staatsoberhaupt, zum Untertan „ist ... auf dreierlei verschiedene Art denkbar":

1. Wenn „*Einer* im Staate über alle" gebietet, dann liegt eine autokratische Staatsform vor. „Der Ausdruck *monarchisch*, statt autokratisch ist nicht dem Begriffe, den man hier will, angemessen; denn *Monarch* ist der, welcher die *höchste*, *Autokrator* aber oder *Selbstherrscher* der, welcher *alle Gewalt* hat; dieser ist der Souverän, jener repräsentiert ihn bloß."

2. Wenn „*Einige*, die einander gleich sind, vereinigt, über alle andere" gebieten, dann liegt eine aristokratische Staatsform vor.

---

[436] VI 338.
[437] Vgl. Ludwig 1999, S. 174 f.; Herb / Ludwig 1994, S. 434 f.

3. Wenn „*Alle* zusammen über einen jeden, mithin auch über sich selbst gebieten", so liegt eine demokratische Staatsform vor.[438]

Die Gewaltenteilung, welche bei der inhaltlichen Ausformung des Staates in der Idee von essentieller Bedeutung war, wird im Rahmen der Staatsformendiskussion nun gar nicht mehr problematisiert.[439] Kant geht bei der Erörterung der Staatsformen von der realistischen Prämisse aus, dass in den empirischen Staatswesen die Legislativgewalt nicht tatsächlich durch einen empirischen Volkswillen getragen wird. Nach seiner Konzeption verschafft vielmehr die Person, welche „die höchste Staatsgewalt" darstellt, der Idee eines Oberhaupts „Wirksamkeit auf den Volkswillen", indem sie *alle drei* Gewalten in *einer* physischen Person vorstellt.[440] Bei Kant sind die drei klassischen Staatsformen die spezifischen Organisationsformen der Souveränität selbst und nicht etwa – wie bei Rousseau – die dem souveränen Willen des Volkes untergeordneten Formen der Exekutive. Dies zeigt sich zum einen in der oben bereits wiedergegebenen Textpassage, in der es Kant für adäquater hält, den Monarchen im Rahmen der Staatsformenlehre als „Autokrator" bzw. die Monarchie als „Autokratie" zu bezeichnen.[441] Ein Monarch im eigentlichen, begrifflich korrekten Sinn repräsentiere nämlich bloß den gesetzgebenden Souverän, der Autokrator dagegen sei selbst der Souverän.[442] Zum anderen weist Kant ausdrücklich darauf hin, dass in einer „autokratisch[en] Staatsform ... nur *Einer* der Gesetzgeber ist."[443]

Die Frage nach der Gewaltenteilung spielt hier ganz offensichtlich keine Rolle mehr. Die Staatsformen als solche sind, wie Kant betont, „nur der *Buchstabe* ... der ursprünglichen Gesetzgebung im bürgerlichen Zustande, und sie mögen also bleiben, solange sie, als zum Maschinenwesen der

---

[438] Vgl. VI 338 f. Zur Verfassungslehre Kants und ihrem Verhältnis zur aristotelischen Tradition vgl. Kersting 1993, S. 413 ff.; Bien 1976, S. 77 ff. Kersting 1993, S. 415 ff. weist wiederum auf den Zusammenhang zwischen der Konzeption Kants und der Jean Bodins hin.

[439] Vgl. zum Folgenden Ludwig 1999, S. 177 f.; ders. 1997a, S. 108 f.; ders. 2000, S. 191; Herb / Ludwig 1994, S. 458.

[440] VI 338.

[441] Vgl. VI 338 f.

[442] Der Autokrator ist ein Selbstherrscher und nicht bloß ein „Selbstregierer" (vgl. Ludwig 1999, S. 178). Vgl. auch XIX 572: „Der allein nicht unter dem Gesetze steht, ist der Monarch. Wenn er allein nicht zugleich Gesetze giebt, ist *er* der Souverain (*Autokrator*). Wenn er zugleich das Gesetz in besonderen Fällen in Ausübung bringt, administrirt oder richtet, so ist er despot." Herb / Ludwig 1994, S. 458, Fn. 106 machen richtigerweise darauf aufmerksam, dass im *Ewigen Frieden* der Begriff des Autokrators zwar auch auftaucht, aber nicht im Sinne dieser terminologischen Regel.

[443] VI 339.

Staatsverfassung gehörend, durch alte und lange Gewohnheit (also nur subjektiv) für notwendig gehalten werden."⁴⁴⁴

b. *Die systematische Entkoppelung von Staatsformenlehre und Despotismusdoktrin*

Eine wichtige Konsequenz der Entscheidung Kants, die Gewaltenteilung nur im Rahmen der respublica noumenon, aber nicht mehr im Rahmen der respublica phaenomenon zu thematisieren, zeigt sich in seiner Despotismusdoktrin[445]: In der Diktion der *Rechtslehre* bezeichnet der Begriff der Despotie eine Perversion des Staates in der Idee, nämlich die Usurpation der Legislative durch die Exekutive.[446] Infolgedessen wird die Despotie von Kant auch nicht unmittelbar mit einer spezifischen äußeren Organisationsform des Staates verknüpft bzw. von vornherein mit einer der drei Staatsformen in einen begrifflichen Zusammenhang gesetzt. Als respublica phaenomenon ist – so Herb / Ludwig[447] zutreffend – „*e definitione* keine der drei Staatsformen notwendig gewaltenteilig."
Die Despotismus-Frage kann ausschließlich mit Blick auf das Staatsideal erörtert werden. Ein Staat, in dem das Oberhaupt – bestehe es aus einem, mehreren oder allen – den gesetzgebenden Willen als seinen Privatwillen begreift, entspricht mehr dem *Ideal der Despotie* als dem *Ideal der Republik*. Während die Staatsformenlehre ausschließlich die Binnenstruktur der respublica phaenomenon festlegt, gehört die Gegenüberstellung von Despotie und Republik allein zur noumenalen Sphäre. Hier hat die Staatsformenfrage keine selbständige Bedeutung mehr. Im Hinblick auf das *Ideal der Republik* aber können empirische Staatswesen entweder auf „*republikanisch[e]*"[448] bzw. „*patriotisch[e]*"[449] oder auf „*despotisch[e]*"[450] Weise regiert werden.

---

[444] VI 340. Bloch, S. 82 missversteht die kantische Staatskonzeption, wenn er meint, Kant habe zunächst „ganz im Sinne Rousseaus versichert, dass das Volk der einzige Gesetzgeber sei und der Fürst bloß Exekutor; doch wenige Seiten später" werde, „in vollem Widerspruch, der Fürst als Gesetzgeber eingeführt". Er übersieht hier, dass bei Kant statt eines Widerspruchs eine explizite Theorie der Vermittlung zweier Ebenen vorliegt.

[445] Vgl. zum Folgenden Ludwig 1999, S. 179 f.; ders. 1997a, S. 109 f.; ders. 2000, S. 192 f.; Herb / Ludwig 1994, S. 459 f.

[446] Vgl. § 49, VI 316 f.

[447] Herb / Ludwig 1994, S. 459.

[448] VII 91.

[449] VI 317. In der *Rechtslehre* taucht der auch aus der *Friedensschrift* (VIII 352) und der *Streitschrift* (VII 91) bekannte Terminus *republikanisch* nicht auf. Kant verwendet dort stattdessen den Terminus *patriotisch* (wie auch schon im *Gemeinspruch*, vgl. VIII 291). Es lässt sich aber kein wesentlicher Unterschied zwischen den beiden Termini ausmachen.

Über die Regierungsart erfährt der Leser der *Rechtslehre* nicht viel.[451] Die republikanische bzw. patriotische Regierungsart ist jedoch naturgemäß diejenige, die die gewaltenteilige, „rein[e] Republik" antizipiert und mit der Verfassung derselben „ihrer *Wirkung nach*"[452] zusammenstimmt. Bei einer solchen Regierungsart wird „der öffentliche Wille" vom Regenten nicht als „sein Privatwille gehandhabt."[453] Das Oberhaupt regiert vielmehr nach Gesetzen, die es zwar selbst erlässt, die aber gleichwohl mit der Vertragsidee übereinstimmen; der Staat behandelt seine Untertanen „als Staatsbürger", also nach „Gesetzen ihrer eigenen Selbständigkeit".[454] Eine despotische Regierungsart liegt hingegen dann vor, wenn die „Regierung ... zugleich gesetzgebend"[455] ist und das Oberhaupt den öffentlichen Willen als seinen Privatwillen begreift und nach Gesetzen regiert, die nicht mit der Idee des ursprünglichen Vertrages vereinbar sind.

Der Begriff *despotisch* wird – wie oben bereits dargelegt wurde – konsequenterweise schon in § 49 im Rahmen der Explizierung des Staates in der Idee definitorisch eingeführt. Auf diese Einführung greift die Staatsformenlehre nun zurück, indem sie – wie Ludwig[456] richtigerweise feststellt – „der Idee der reinen, gewaltenteiligen Republik die Despotie mit ihrer Kontaminierung der Gewalten gegenüberstellt."

Im *Ewigen Frieden* von 1795 findet sich die systematische Entkoppelung von Despotismusdoktrin und Staatsformenlehre noch nicht.[457] Während sich in der *Rechtslehre* die begrifflichen Unterscheidungen von Despotie und Republik einerseits und der drei Staatsformen andererseits – ganz im Sinne einer kritischen Philosophie – jeweils auf *Idee* und *Erscheinung* eines Staatswesens beziehen, werden in der *Friedensschrift* beide Unterscheidungen gleichermaßen auf die „Formen eines Staates" angewandt: zum einen als „Form der Beherrschung (*forma imperii*)" und zum anderen als „Form der Regierung (*forma regiminis*)".[458] Dabei behandelt die erste Unterscheidung die Person des Herrschers in den drei klassischen Staatsformen. Die zweite hingegen zielt auf den Unterschied von Republikanis-

---

[450] VI 316.
[451] Vgl. zur Regierungsart die (umfangreichen) Stellungnahmen von Kersting 1993, S. 418 ff.; Unruh, S. 61 ff.; Langer, S. 106 ff.; Sassenbach, S. 117 ff.
[452] VI 340.
[453] Vgl. VIII 352.
[454] VI 317. Vgl. dazu Ludwig 1988, S. 169.
[455] Vgl. VI 316 f.
[456] Vgl. Ludwig 1999, S. 180. Vgl. auch Ludwig 2000, S. 193; Herb / Ludwig 1994, S. 460.
[457] Vgl. dazu Ludwig 1999, S. 180; ders. 1997a, S. 110 f.; Herb / Ludwig 1994, S. 460 f.
[458] VIII 352.

mus und Despotismus, mithin auf die Trennung von Herrscher- und Exekutivgewalt. Kant möchte an dieser Stelle vor allem nachweisen, dass Republikanismus und Demokratie keineswegs gleichzusetzen sind. Letztere sei vielmehr „notwendig ein *Despotism*".[459]
In der *Friedensschrift* wird also die Despotie noch unmittelbar mit einer spezifischen äußeren Organisationsform des Staates, nämlich mit der Demokratie, verknüpft. In der *Rechtslehre* hingegen liegen die begrifflichen Unterscheidungen von Despotie und Republik einerseits und der drei Staatsformen andererseits auf ganz unterschiedlichen Ebenen.

c. *Die repräsentative Demokratie als größtmögliche Annäherung an den Staat in der Idee*

Die systematische Entkoppelung von Despotismusdoktrin und Staatsformenlehre in der *Rechtslehre* stellt nicht bloß ein belangloses architektonisches Detail dar. Sie hat durchaus auch politische Konsequenzen, insbesondere was die Rangordnung der Staatsformen anbelangt.[460]
Wie sich diese Rangordnung von der *Friedensschrift* zur *Rechtslehre* gewandelt hat, soll im Folgenden dargestellt werden. Dabei wird zunächst auf eine Vorarbeit zum *Ewigen Frieden* zurückgegriffen, mit deren Hilfe sich dieser Wandel genauer nachzeichnen lässt.

In dieser Vorarbeit bestimmt Kant zunächst, dass die „Regierungsform ... in zwey Arten eingetheilt werden" kann: „sie ist nämlich entweder republikanisch ... oder despotisch".[461] Eine „demokratische Verfassung in einem repräsentativen System" ist dabei republikanisch. Die „bloße Demokratie" (die Demokratie, in der der „Souverän zugleich die Regierung" führt, mithin die nicht-repräsentative Demokratie) ist hingegen „der Regierungsart nach despotisch". Die Monarchie und die Aristokratie, die „als Oberhäupter zugleich" das Volk „repräsentiren", sind ebenso „der Regierungsart nach despotisch ... wenn sie nicht vorsatzlich Principien der Republikanischen Regierungsart zu allmäliger Einschränkung ihrer Staatsgewalt durch die Stimme des Volkes angenommen haben." Haben sie aber diese „Principien" angenommen, dann sind auch die Monarchie und die Aristokratie „der Regierungsart nach" republikanisch.

---

[459] VIII 352.
[460] Vgl. zum Folgenden Ludwig 1999, S. 180 ff.; ders. 1997a, S. 111 ff.; Herb / Ludwig 1994, S. 461 ff.; Herb 1999, S. 135 ff.
[461] XXIII 166.

Ein König, der das Volk „rechtskräftig ... repräsentirt", ist aber „unter allen Despoten der beste", die Aristokratie ist „schon übler", „am Meisten" übel ist aber die Despotie als Demokratie. Die zwei entscheidenden Merkmale des Republikanismus sind hier demnach das Prinzip der Gewaltenteilung und das der Repräsentation, verstanden als die faktische Trennung von Volk und Staatsoberhaupt.[462] Volk und Oberhaupt sind weder in der Monarchie noch in der Aristokratie identisch. Diese beiden Staatsformen erfüllen daher von vornherein die Forderung nach Repräsentation und sind somit durch die bloße Aufnahme einer die Gewaltenteilung antizipierenden Regierungsart zum Republikanismus fähig. Daneben kann nach Kant aber offensichtlich auch die repräsentative Demokratie republikanisch sein. Der Vorarbeit zufolge ist die repräsentative Demokratie sogar diejenige, die am ehesten eine den Rechtsbegriffen gemäße Form der Regierung zulässt. Ganz anders verhält es sich hingegen mit der nicht-repräsentativen Demokratie: In dieser führt das Volk „als Souverän zugleich die Regierung welches Despotie ist."[463]

Diese letzte negative Beurteilung der nicht-repräsentativen Demokratie findet sich bekanntlich auch in der *Friedensschrift*. In der veröffentlichten Textfassung unterschlägt Kant allerdings seine Ausführungen zur repräsentativen Demokratie, so dass seine Kritik an der Demokratie „im eigentlichen Verstande des Worts"[464], d.h. an der direkten Demokratie, verstanden als direkte Gesetzgebung und Regierung aller im Sinne der attischen Staatsverfassung[465], als eine Kritik an der Demokratie schlechthin erscheinen muss. Kant suggeriert somit eine umstandslose Identifizierung von Nicht-Repräsentation und Demokratie und damit von Demokratie und Despotie. Einzig die unmittelbar anschließende Bemerkung, dass „[a]lle Regierungsform nämlich, die nicht *repräsentativ* ist, ... eigentlich eine *Un*-

---

[462] Vgl. dazu auch Langer, S. 110 f.; Kersting 1993, S. 420 f.; Unruh, S. 63.
[463] XXIII 166.
[464] VIII 352.
[465] Kant identifiziert die nicht-repräsentative Demokratie umstandslos mit der attischen Demokratie (vgl. Herb / Ludwig 1994, S. 465, Fn. 137; Ludwig 1997a, S. 116, Fn. 21). In dieser erstreckte sich die politische Tätigkeit – so Bleicken, S. 306 – „nicht lediglich auf den Besuch der Volksversammlung, sondern auf alle öffentlichen Funktionen, und es waren folglich der Idee nach alle Athener, faktisch möglich viele von ihnen Souverän, Regierung, Amtsträger und Gerichtsherr zugleich." Vgl. Kants Stellungnahme zur attischen Demokratie in einer Reflexion: „Selbst die Demokratie kann despotisch sein, wenn ihre Constitution ohne Einsicht ist, z.B. wie die athenische, welche ohne rechtliche Ursachen nach vorgeschriebenen Gesetzen jemand bloß durch Mehrheit der Stimmen zu verurteilen erlaubte" (XIX 595).

form"[466] sei, lässt durchblicken, dass seine Kritik eigentlich nur der direkten Demokratie gilt.[467] Weshalb aber Kant hier ausschließlich die nichtrepräsentative Demokratie erörtert und nicht auch – wie noch in der eben angeführten Vorarbeit – mit der Konzeption einer repräsentativen Demokratie operiert, bleibt im Verborgenen. Man kann nur vermuten, dass Kant mit der auf diese Weise möglich gewordenen kategorischen Ablehnung der Demokratie die politische Akzeptanz seiner Schrift in turbulenten Zeiten erhöhen wollte.[468] Seine Bemerkung, dass die Demokratie „eine dem *Geiste* eines repräsentativen Systems gemäße Regierungsart" nicht annehmen könne, „weil alles da Herr sein will"[469], vermag jedenfalls – wie Herb / Ludwig[470] zu Recht betonen – „ein Argument nicht zu ersetzen."

In der *Friedensschrift* führt Kants Forderung nach möglichst umfassender Repräsentation letzen Endes zu einer absoluten Bevorzugung der Monarchie. Dieser attestiert er die größte Affinität zum Republikanismus: „Man kann daher sagen: je kleiner das Personale der Staatsgewalt (die Zahl der Herrscher), je größer die Repräsentation derselben, desto mehr stimmt die Staatsverfassung zur Möglichkeit des Republikanism, und sie kann hoffen, durch allmähliche Reformen sich dazu endlich zu erheben. Aus diesem Grunde ist es in der Aristokratie schon schwerer als in der Monarchie, in der Demokratie aber unmöglich, anders als durch gewaltsame Revolution zu dieser einzigen vollkommen rechtlichen Verfassung zu gelangen."[471]

Diese Rangfolge übernimmt Kant in die zwei Jahre später erschienene *Rechtslehre*. Er betont aber zugleich, dass sie nur unter dem Gesichtspunkt der Praktikabilität gilt: „Man wird leicht gewahr, dass die autokratische Staatsform die *einfachste* sei, nämlich von Einem (dem Könige) zum Volke, mithin wo nur *Einer* der Gesetzgeber ist. ... Was die *Handhabung* des Rechts im Staat betrifft, so ist freilich die einfachste auch zugleich die beste".[472] Kant verzichtet in der *Rechtslehre* – anders als noch im *Ewigen*

---

[466] VIII 352.
[467] Vgl. Langer, S. 122.
[468] Vgl. Langer, S. 122 f. „Die Absicht solcher Zurückhaltung liegt auf der Hand. Die von Kant offerierte Möglichkeit, im Rahmen der Monarchie republikanische Prinzipien zu verwirklichen, muss um so mehr die ‚Geneigtheit des Monarchen' finden, als es ihm gelingt, ihre Gefahrlosigkeit durch Abgrenzung von der Demokratie darzutun, und Gewaltenteilung und Repräsentation, an dieser Stelle zumindest im Vagen belassen, nicht an die Substanz des monarchischen Staates zu rühren scheinen" (Langer, S. 123).
[469] VIII 352 f.
[470] Vgl. Herb / Ludwig 1994, S. 462; vgl. auch Ludwig 1999, S. 182; ders. 1997a, S. 113.
[471] VIII 353.
[472] VI 339.

Frieden – weitestgehend auf eine rein juridische Axiologie der Staatsformen. Er geht vielmehr von der grundsätzlichen juridischen Gleichwertigkeit der Staatsformen aus. Letztlich schließt er sich damit der seit Aristoteles gängigen Ansicht an, dass die Frage der Staatsform sekundär ist.[473] Kant hält es allerdings für möglich, die Tauglichkeit der drei Staatsformen im Hinblick auf die Antizipation der Republik gegeneinander abzuwägen. Hierbei sieht er sich nunmehr veranlasst, sein Urteil aus dem *Ewigen Frieden*, das zur kategorischen Ablehnung der Demokratie und zur absoluten Favorisierung der Monarchie bzw. Autokratie führte, zu revidieren. So erfährt man aus der Fortsetzung der obigen Erörterungen: „aber, was das *Recht* selbst anlangt, [ist die Autokratie] die gefährlichste fürs Volk, in Betracht des Despotismus, zu dem sie so sehr einladet. Das Simplifizieren ist zwar im Maschinenwerk der Vereinigung des Volks durch Zwangsgesetze die vernünftige Maxime: wenn nämlich alle im Volk passiv sind, und Einem, der über sie ist, gehorchen; aber das gibt keine Untertanen als *Staatsbürger*."[474]

Die Bewertung der Staatsformen unterliegt hier offenbar einem beträchtlichen Wandel: Die Monarchie bzw. Autokratie wird in der *Rechtslehre* von 1797 nun zum Einfallstor des Despotismus, während dieser im *Ewigen Frieden* von 1795 noch notwendiges Attribut der Demokratie war. Somit fällt der kritischen Unterscheidung des Staatsrechts von 1797 in der Tat eine zentrale Position von 1795 zum Opfer.[475]

Anders als noch im *Ewigen Frieden* wird der Begriff der Repräsentation in der *Rechtslehre* nicht mehr verwendet, um die Demokratie als Staatsform in Misskredit zu bringen. Die „rein[e] Republik"[476] ist nicht repräsentativ.[477] Sie ist als Staat in der Idee der Inbegriff der Selbstherrschaft des Volkes. In der reinen Republik werden Gesetze nicht mit einer (wie auch immer qualifizierten) Mehrheit der Stimmen aller an der Gesetzgebung Teilnehmenden beschlossen. Vielmehr beschließt in ihr gemäß § 46 „ein jeder über Alle

---

[473] Diese Auffassung tritt auch schon deutlich in den Vorarbeiten zu Tage, vgl. XXIII 160, 164.
[474] VI 339.
[475] Ludwig 1999, S. 184; ders. 1997a, S. 115; Herb / Ludwig 1994, S. 464; Herb 1999, S. 136.
[476] VI 340.
[477] Kant ist deshalb – wie Herb / Ludwig 1994, S. 465, Fn. 138 zu Recht feststellen – in der *Rechtslehre* „an einer Stelle ... inkonsequent, indem er für die Judikative bereits innerhalb der Erörterung über den Staat in der Idee das Wort ‚Repräsentanten' bemüht."

und Alle über einen jeden ebendasselbe".[478] In ihr werden also alle Gesetze einstimmig beschlossen.[479]

Ganz anders verhält es sich hingegen mit der Republik in der Erscheinung. Diese ist – da hier Oberhaupt und Untertan personal nicht identisch sind – stets repräsentativ. Die Republik in der Erscheinung hat jedoch mit der Idee einer staatsformenunabhängigen „reinen Republik ... *ihrer Wirkung nach*"[480] zusammenzustimmen. Sie muss folglich verwaltet werden, als ob sie von einer personal getrennten Exekutive nach Gesetzen, die dem vereinigten Volkswillen hätten entspringen können, regiert würde.

Wenn nun in § 52 von der „wahre[n] Republik"[481] die Rede ist, dann ist damit „die weitestgehend vollkommene Darstellung der ‚Idee der Republik' in einem realen Staatswesen gemeint."[482] Jene ist nicht bloß repräsentativ, sondern darüber hinaus ein „*repräsentatives System* des Volks, um im Namen desselben, durch alle Staatsbürger vereinigt, vermittelst ihrer Abgeordneten (Deputierten) ihre Rechte zu besorgen."[483]

Demnach stellt die repräsentative Demokratie für Kant die unter empirischen Bedingungen größtmögliche Annäherung an den Staat in der Idee bzw. die respublica noumenon dar. Sie bringt die respublica noumenon in der Wirklichkeit am angemessensten zur Darstellung.[484] Solange eine solche repräsentative Demokratie nicht realiter besteht, ist es – wie Kant in seiner *Streitschrift* formuliert – „Pflicht der Monarchen, ob sie gleich *autokratisch* herrschen, dennoch *republikanisch* (nicht demokratisch) zu regieren, d.i. das Volk nach Prinzipien zu behandeln, die dem Geist der Freiheitsgesetze (wie ein Volk mit reifer Vernunft sie sich selbst vorschreiben würde) gemäß sind, wenngleich dem Buchstaben nach es um seine Einwilligung nicht befragt würde."[485]

---

[478] VI 314.
[479] Vgl. oben unter VI.5.c. die Ausführungen zur gesetzgebenden Gewalt.
[480] VI 340.
[481] VI 341.
[482] Herb / Ludwig 1994, S. 466. Vgl. auch Ludwig 1999, S. 185 f.; ders. 2000, S. 193; ders. 1997a, S. 117. Siehe auch „Beispiel" und „wahre ... Verfassung" im *Streit der Fakultäten* (VII 90, 14 ff.).
[483] VI 341. Will man also der das ganze kantische Staatsrecht durchdringenden kritischen Unterscheidung zwischen Norm und normkonformer Wirklichkeit gerecht werden, darf der Begriff der *reinen* Republik keinesfalls mit dem der *wahren* Republik gleichgesetzt werden.
[484] Vgl. Kersting 1993, S. 451.
[485] VII 91.

Über die konkrete Ausgestaltung der repräsentativen Demokratie gibt Kant nur spärlich Auskunft.[486] Sie kann aber im Hinblick auf seine Souveränitätskonzeption als Darstellung bzw. Umsetzung des Verfahrens zur Ermittlung des Allgemeinwillens unter empirischen Bedingungen begriffen werden. Sein Begriff einer demokratischen Staatsverfassung hat jedenfalls nichts mit der direkten Demokratie rousseauscher Spielart gemein.[487] Maus[488] irrt sich, wenn sie glaubt in § 52 eine von der Kant-Literatur „vernachlässigte Aussage Kants" gefunden zu haben, „die nicht nur die Möglichkeit nichtrepräsentativer Gesetzgebung stärkt, sondern sogar jede repräsentative Version unter einen grundsätzlichen Vorbehalt stellt". Maus bezieht sich dabei auf folgende „Aussage Kants": „Sobald aber ein Staatsoberhaupt, der Person nach (es mag sein König, Adelsstand oder die ganze Volkszahl, der demokratische Verein), sich auch repräsentieren lässt, so *repräsentiert* das vereinigte Volk nicht bloß den Souverän, sondern es *ist* dieser selbst; denn in ihm (dem Volk) befindet sich ursprünglich die oberste Gewalt, von der alle Rechte der Einzelnen, als bloßer Untertanen (allenfalls als Staatsbeamten) abgeleitet werden müssen, und die nunmehr errichtete Republik hat nun nicht mehr nötig, die Zügel der Regierung aus den Händen zu lassen".[489] Hier liegt seitens Kants eine Identifizierung des Volks mit dessen Repräsentanten vor. Kant meint mit „Volk" an dieser Stelle also nicht etwa die Volksmenge, sondern vielmehr dessen Repräsentanten.[490] Vollends deutlich wird dies, wenn er in der Anmerkung zu § 52 darauf aufmerksam macht, dass durch die Einberufung der Generalstände seitens Ludwigs XVI. die „Herrschergewalt des Monarchen gänzlich verschwand ... und aufs Volk [!] überging".[491] Für Kant sind hier die Generalsstände „das Volk". Somit erweist sich jede weitere Spekulation über eine womöglich verborgene Forderung nach der direkten Demokratie als falsch.[492]

---

[486] Vgl. Kersting 1993, S. 449 f.; Unruh, S. 176 f.; Herb 1999, S. 139 f.; Ludwig 1997a, S. 116, Fn. 21; Herb / Ludwig 1994, S. 465, Fn. 137.
[487] Vgl. Unruh, S. 176; Fetscher 1976, S. 281.
[488] Maus, S. 199.
[489] VI 341.
[490] So auch Fetscher 1976, S. 281.
[491] VI 341. Einer Reflexion zufolge ist das französische Volk in der Nationalversammlung „selbst gegenwärtig"(XIX 595 f.). Kants Rede vom Volk erweist sich also als völlig unmissverständlich.
[492] Auch Kersting 1993, S. 433 meint, dass Kant hier „verfassungstypologisch gesehen eine parlamentarische Demokratie, eine ‚demokratische Verfassung in einem repräsentativen System'" im Blick hatte.

Bei einem adäquaten Verständnis der Architektonik der *Rechtslehre* erübrigen sich aber solche Spekulationen ohnehin, denn Kant weist der nichtrepräsentativen Form der Volksherrschaft – wie oben gezeigt wurde – im Rahmen seiner Staatsrechtssystematik lediglich den Status einer Idee zu.[493]

Schließlich sei noch darauf hingewiesen, dass die Maßstabsfunktion des Staates in der Idee bzw. der respublica noumenon auch dann nicht verloren geht, wenn in der Praxis eine repräsentative Demokratie errichtet ist. Ein empirisches Staatswesen bleibt selbst dann, wenn es den Staat in der Idee aufs Genaueste zu verwirklichen versucht, immer hinter diesem zurück. So lässt sich beispielsweise die im Staat in der Idee vorfindbare unvermittelte und einstimmige Gesetzgebung aller über alle nur näherungsweise institutionell realisieren.[494] Der vernunftrechtliche Souverän wird stets eine Vernunftidee bleiben; das Faktische wird die Idee niemals völlig erreichen. Infolgedessen bleibt auch die repräsentative Demokratie auf die approximative Verwirklichung des Staats in der Idee verpflichtet.[495] Auch sie bleibt der Rechtspflicht unterworfen, den Vertragswillen zu verwirklichen und ihre Binnenstruktur unaufhörlich zu verbessern. Der evolutionäre Rechtsfortschritt kommt mit der Etablierung einer parlamentarischen Demokratie mitnichten zum Stillstand, gleichwohl finden sich in ihr und ihrer deliberativen Öffentlichkeit die besten institutionellen Voraussetzungen für den Rechtsfortschritt.[496]

d. *Kants Motive für die Neukonzeption seines Staatsrechts*

Für Kant gab es – neben dem augenfälligen Gewinn an theoretischer Adäquanz – auch äußere Veranlassungen für die Neukonzeption des Staatsrechts in der *Rechtslehre*.[497]

---

[493] Vgl. Herb / Ludwig 1994, S. 467; Herb 1999, S. 141; Ludwig 1999, S. 187; ders. 1997a, S. 118; König, S. 280.

[494] Steigleder, S. 202, Fn. 12 führt weitere Punkte an, an denen sich dieses notwendige Zurückbleiben hinter der Idee zeigt. Auch Langer, S. 104 meint, „mit dem Erreichen der Staatsform einer repräsentativen Demokratie [sei] das Ziel einer Republik" keineswegs erreicht, denn „[f]ür die Verwirklichung der Prinzipien der Freiheit und Gleichheit" gebe es „keinen Endzustand." Ähnlich sieht dies Sulaiman-Khil, S. 99.

[495] Vgl. dazu Steigleder, S. 202; Unruh, S. 178; Kersting 1994, S. 204. Herb / Ludwig 1994, S. 467, Fn. 146 sind allerdings der Ansicht, „[d]as kritische Potential der Kantischen Staatstheorie gegenüber den zur Zeit bestehenden westlichen Demokratien" sei „letztlich marginal".

[496] Vgl. Kersting 1994, S. 204.

[497] Vgl. dazu Ludwig 1999, S. 187 ff.; ders. 2000, S. 194 f.; ders. 1997a, S. 118 ff.; Herb / Ludwig 1994, S. 468 ff.

Die veränderte Stellungnahme zu Demokratie und Monarchie in den Schriften nach 1795 hat einen *politischen* Hintergrund. Vielen Zeitgenossen erschien das Frankreich unter der Konventsverfassung von 1793 als Reinkarnation der athenischen Demokratie. Genau diese Phase der Revolution liefert bei Kant die Folie für seine Staatsformenlehre im *Ewigen Frieden*: Demokratie als eine „*Unform*", in der „alles Herr sein will"[498] und die keine Gewaltenteilung kennt. Die Ablösung der politischen (Un-)Ordnung in Frankreich durch die Einsetzung des Direktoriums im Oktober 1795, kurz nach der Publikation der *Friedensschrift* also, bewirkte dann eine Wende in der Diskussion um die richtige Staatsform. In der von Kant jetzt ausdrücklich so genannten „Republik Frankreich" musste die Exekutive (das „Directorium") nun endlich „den das gesammte Volk repräsentirenden Rath befragen".[499] Für Kant zeichnet sich damit – wie Ludwig[500] richtigerweise feststellt – „die historische Chance einer ,demokratischen Republikanisierung' nach den bürgerkriegsähnlichen Revolutionswirren ab."
Den entscheidenden äußeren Anstoß für die Entwicklung des *theoretischen* Instrumentariums für die kritische Staatstheorie gab – dies können Herb / Ludwig[501] nachweisen – Friedrich Schlegels *Versuch über den Begriff des Republikanismus, veranlasst durch die Kantische Schrift zum ewigen Frieden*, welcher im Juli 1796 in der Zeitschrift *Deutschland* veröffentlicht wurde. So findet sich dort unter anderem ein Vorbild für die (neue) Rede vom Oberhaupt als einer „physischen Person"[502], welche die drei Gewalten in sich vereinigt.[503] Schlegel liefert Kant des Weiteren in äußerst komprimierter Form die Skizze für den Bauplan des neuen Staatsrechts: Seine Bemerkung, es „würde ... widersinnig sein, den echten (republikanischen) Staat nach der Form seiner Regierung einzuteilen"[504], hat – mit der strikten Trennung von Staatsidee und Staatsform – ihren unmittelbaren Niederschlag in der kritischen Architektonik der *Rechtslehre* gefunden.
Da eine tiefergehende Erläuterung der hier nur kurz dargestellten äußeren Motive Kants für die Neukonzeption seines Staatsrechts in der *Rechtslehre*

---

[498] VIII 352 f.
[499] XIX 606.
[500] Ludwig 1999, S. 188. So auch ders. 2000, S. 194; ders. 1997a, S. 119.
[501] Herb / Ludwig 1994, S. 470 ff. Vgl. auch Ludwig 1997a, S. 119 ff.
[502] Vgl. § 51, VI 338.
[503] Vgl. Schlegel, S. 13 f.: „Der Gesetzgeber, Vollzieher (und Richter) sind zwar durchaus verschiedene *politische* Personen ..., aber es ist physisch möglich, dass eine *physische* Person diese verschiedenen politischen Personen *in sich vereinigen* könne. Es ist auch *politisch möglich*, d.h. es ist nicht widersprechend, dass der allgemeine Volkswille beschlösse, auf eine bestimmte Zeit Einem alle Staatsgewalt zu übertragen".
[504] Schlegel, S. 19.

den Rahmen der vorliegenden Untersuchung sprengen würde, muss an dieser Stelle der Verweis auf die eben angeführte Literatur genügen.

e. Ergebnis

Kant begnügt sich in der *Rechtslehre* nicht mit der Entwicklung einer respublica noumenon. Im Rahmen der Staatsformenlehre stellt er auch die möglichen Formen ihrer Verwirklichung dar.

Dabei hat die architektonische Grundentscheidung, die Gewaltenteilungslehre im Kontext des Staates in der Idee bzw. der respublica noumenon, die Staatsformenlehre hingegen im Kontext der respublica phaenomenon anzusiedeln, zur Konsequenz, dass auch die Despotismusdoktrin und die Staatsformenlehre auf unterschiedlichen Ebenen liegen. Da Kant unter dem Begriff der Despotie die Usurpation der Legislative durch die Exekutive versteht, führt er ihn bereits in § 49 im Rahmen der Erörterung der Gewaltenteilung bzw. des Staates in der Idee ein.

Die systematische Entkoppelung von Despotismusdoktrin und Staatsformenlehre stellt aber nicht bloß ein belangloses architektonisches Detail dar, sondern hat durchaus auch politische Konsequenzen. So unterliegt die Bewertung der Staatsformen einem beträchtlichen Wandel: Kant revidiert sein Urteil aus dem *Ewigen Frieden*, das zur kategorischen Ablehnung der Demokratie und zur absoluten Favorisierung der Monarchie bzw. Autokratie führte, weil er Letztere in größter Affinität zum Republikanismus sah. In der *Rechtslehre* wird nun die Monarchie bzw. Autokratie zum Einfallstor des Despotismus. Die repräsentative Demokratie hingegen gilt hier als die größtmögliche Annäherung an die respublica noumenon unter menschlichen Bedingungen; sie bringt den Staat in der Idee in der Wirklichkeit am angemessensten zur Darstellung.

Die in der Literatur gemeinhin vorzufindende Vorstellung der Kontinuität des kantischen Staatsrechts in den neunziger Jahren erweist sich an dieser Stelle also als verfehlt. Sie übersieht die systematische Neukonzeption des Staatsrechts der *Rechtslehre*, die im Vergleich zum *Ewigen Frieden* – wie gezeigt wurde – erhebliche inhaltliche Differenzen hervorbringt.[505]

Oben wurde bereits darauf hingewiesen, dass sich Kant kaum zur inneren Ausgestaltung der repräsentativen Demokratie äußert. Daher finden sich im Staatsrecht – auch auf phänomenaler Ebene – keinerlei Ausführungen in

---

[505] So interpretieren etwa Kersting 1993, S. 413 ff.; Langer, S. 106; aber auch Ludwig 1988, S. 6, 165 die staatstheoretischen Schriften der neunziger Jahre als einen einheitlichen Entwurf. Vgl. dazu Herb / Ludwig 1994, S. 460, Fn. 114 bzw. S. 464, Fn. 133.

Bezug auf die Notwendigkeit von Kontrollmechanismen zur Gewährleistung von Freiheit und Gleichheit sowie der Einhaltung der demokratisch-parlamentarischen Regeln des Gesetzgebungsverfahrens.[506] Auf noumenaler Ebene erwiesen sich solche Kontrollmechanismen als nicht mit der kantischen Souveränitätskonzeption vereinbar.[507] Auf der Ebene der respublica phaenomenon wären aber Ausführungen insbesondere zu einem den Gesetzgeber bindenden und Grundrechte garantierenden Verfassungsrecht sowie zur Institutionalisierung einer Verfassungsgerichtsbarkeit zu erwarten gewesen. Solche Kontrollmechanismen verhindern, dass es in einer parlamentarischen Demokratie zu einem Parlamentsabsolutismus kommt, der – wie eine absolutistische Monarchie – das natürliche Menschenrecht absorbieren könnte. Erst eine Verfassung, die in Form von Menschen- und Grundrechten die vernunftrechtlichen Prinzipien eines Gemeinwesens positiviert, die die Legislative an sich bindet und deren Entscheidungen zugleich einer höchstrichterlichen Kontrolle unterwirft, hebt die Omnipotenz des Gesetzgebers auf und wirkt so einem Mehrheitsabsolutismus entgegen.

Schlussendlich darf aber beim Aufweis solcher Defizite nicht vergessen werden, dass es Kant in der *Rechtslehre* nicht darum geht, ein bis ins letzte Detail ausdifferenziertes Verfassungssystem zu entwerfen, sondern nur darum, die Grundprinzipien von Recht und Staat darzulegen. Abgesehen davon ist fraglich, ob eine Schrift, die detaillierte Ausführungen zur Verfassung einer parlamentarischen Demokratie zum Inhalt hat, die Zensur überhaupt passiert hätte.[508]

8. Kursorischer Überblick über die Widerstandsrechtsproblematik

a. Einleitung

Die meisten Staatstheoretiker der Neuzeit sprachen dem Bürger bei einer eklatanten Abweichung des positiven Rechts vom Naturrecht ein Widerstandsrecht gegenüber dem Staat zu.[509] Kant selbst führt im *Gemeinspruch* als ein Beispiel für diese Philosophen den „in seinen Lehren des Naturrechts sehr behutsamen, bestimmten und bescheidenen *Achenwall*" an.[510] Als weitere Beispiele sind hier Althusius, Grotius, Locke, Pütter, Wolff

---

[506] Vgl. dazu Unruh, S. 178 ff.; Kersting 1993, S. 451 ff.
[507] Vgl. die Ausführungen unter VI.5.f.
[508] Zur Zensur im zeitgenössischen Preußen vgl. Höffe 2000, S. 37 ff.
[509] Vgl. Sandermann, S. 319; Unruh, S. 196.
[510] VIII 301.

und Pufendorf zu nennen. Die ersten Menschenrechtserklärungen von Virginia und der Französischen Revolution zählen das Recht auf Widerstand zu den Menschenrechten.[511]

Hobbes allerdings lehnt – gestützt auf seine Staatszwecklehre und die daraus resultierende Souveränitätslehre – ein Widerstandsrecht ab. Jegliche Revolution erscheint ihm als Unrecht: „Denn die Natur dieses Verbrechens liegt in der Aufkündigung der Unterwerfung, was ein Rückfall in den Kriegszustand bedeutet, gewöhnlich Rebellion genannt. Und diejenigen, die sich auf diese Weise vergehen, werden nicht als Untertanen, sondern als Feinde bestraft. Denn *Rebellion* bedeutet nichts anderes als Erneuerung des Kriegs."[512]

Kant schreitet mit seiner strikten Ablehnung des Widerstandsrechts auf diesem von Hobbes bereiteten Weg fort, womit er sich im Gegensatz zur herrschenden Meinung des zeitgenössischen Naturrechts befand und viele seiner Anhänger überraschte und enttäuschte.[513]

b.   Kants Argumentation in der „Rechtslehre"

Kant thematisiert das Widerstandsproblem vor allem im *Gemeinspruch*[514] und in der *Rechtslehre*.[515] In beiden Schriften lehnt er das Mittel des gewaltsamen umstürzlerischen Widerstands zur Verbesserung der politischen Umstände als unbedingt verwerflich ab. Demgemäß heißt es in der Allgemeinen Anmerkung A der *Rechtslehre*: „Wider das gesetzgebende Oberhaupt des Staats gibt es also keinen rechtmäßigen Widerstand des Volks; denn nur durch Unterwerfung unter seinen allgemein-gesetzgebenden Willen ist ein rechtlicher Zustand möglich; also kein Recht des *Aufstandes* (*seditio*), noch weniger des *Aufruhrs* (*rebellio*), am allerwenigsten gegen ihn als einzelne Person (Monarch), unter dem Vorwande des Missbrauchs seiner Gewalt (*tyrannis*), *Vergreifung* an seiner Person, ja an seinem Leben (*monarchomachismus sub specie tyrannicidii*). Der geringste Versuch hierzu ist *Hochverrat* (*proditio eminens*), und der Verräter dieser Art kann als einer, der sein *Vaterland umzubringen* versucht (*parricida*), nicht minder

---

[511] Vgl. Höffe 2000, S. 232; Ritter 1987, S. 344.
[512] Hobbes, *Leviathan*, XXVIII 22.
[513] Die von Kants kritischer Philosophie beeinflussten Vertreter des so genannten jüngeren Naturrechts traten schon zu Beginn des 19. Jahrhunderts für ein Widerstandsrecht ein. Vgl. dazu Kühl 1990, S. 91 m.w.N. in Lit. Vgl. des Weiteren Unruh, S. 196; Westphal, S. 171 f.; Kersting 1993, S. 487, Fn. 250.
[514] Vgl. VIII 299 ff.
[515] Burg 1974, S. 201 ff. und Ritter 1971, S. 304 ff. informieren über die Genese der kantischen Widerstandstheorie.

als mit dem Tode bestraft werden." Das Volk ist Kant zufolge verpflichtet, „selbst den für unerträglich ausgegebenen ... Missbrauch der obersten Gewalt ... zu ertragen."[516]
Wie Kant die Ablehnung des aktiven Widerstandsrechts im Einzelnen begründet, wird im Folgenden gezeigt, wobei vor allem auf die Argumentation innerhalb der *Rechtslehre* Bezug genommen wird. Dabei muss beachtet werden, dass die Widerstandsproblematik innerhalb der dichotomen Struktur der *Rechtslehre* nur auf der phänomenalen Ebene eine Rolle spielt. Im Staat in der Idee, dem per definitionem vernunftgemäß organisierten und handelnden Staat, hat diese Problematik naturgemäß keine Relevanz.[517]

Kant bemüht zunächst ein logisches Argument.[518] Danach kann der „Widerstand wider die höchste Gesetzgebung selbst niemals anders als gesetzwidrig, ja als die ganze gesetzliche Verfassung zernichtend gedacht werden ... . Denn, um zu demselben befugt zu sein, müsste ein öffentliches Gesetz vorhanden sein, welches diesen Widerstand des Volks erlaubte, d.i. die oberste Gesetzgebung enthielte eine Bestimmung in sich, nicht die oberste zu sein, und das Volk, als Untertan, in einem und demselben Urteile zum Souverän über den zu machen, dem es untertänig ist; welches widerspricht, und wovon der Widerspruch durch die Frage alsbald in die Augen fällt, wer denn in diesem Streit zwischen Volk und Souverän Richter sein sollte (denn es sind rechtlich betrachtet doch immer zwei verschiedene moralische Personen); wo sich dann zeigt, dass das erstere es in seiner eigenen Sache sein will."[519]
Die Gewährung eines Widerstandsrechts wäre demnach insofern widersprüchlich, als dass sie zugleich die ungeteilte und unteilbare Souveränität aufheben würde. Im Streit zwischen Volk und Souverän über die Recht- bzw. Unrechtmäßigkeit der Herrschaft entstünde im Falle der Gewährung eines Widerstandsrechts nämlich eine zweite *souveräne* Gewalt. Ein Kon-

---

[516] VI 320.
[517] Vgl. Unruh, S. 194 f.
[518] Vgl. dazu Steigleder, S. 212; Unruh, S. 199; Kersting 1993, S. 467 f.; Ritter 1987, S. 344 f.; Gurwitsch, S. 332 f.; Höffe 2000, S. 232 f.; Zotta 2000, S. 212 ff.; Kater, S. 68 f.; Deggau, S. 269 f.; Fetscher 1976, S. 282 f.
[519] VI 320. Im *Gemeinspruch* (VIII 299 f.) heißt es entsprechend: „Der Grund davon ist: weil bei einer schon subsistierenden bürgerlichen Verfassung das Volk kein zu Recht beständiges Urteil mehr hat, zu bestimmen, wie jene solle verwaltet werden. Denn man setze: es habe ein solches und zwar dem Urteile des wirklichen Staatsoberhaupts zuwider; wer soll entscheiden, auf wessen Seite das Recht sei? Keiner von beiden kann es als Richter in eigener Sache tun."

flikt zwischen beiden wäre mangels einer für alle verbindlichen Entscheidungsinstanz unauflöslich. Der aus der oben erläuterten Gewaltenteilungslehre resultierende einheitliche Souveränitätsbegriff duldet keine Aufweichung.[520] Die Gewährung eines Widerstandsrechts ist Kant zufolge bereits aus logischen Gründen nicht mit dem einheitlichen Souveränitätsbegriff zu vereinbaren.

Kant möchte mittels der rigorosen Ablehnung des Widerstandsrechts vor allem die Gefahr eines Rückfalls in die desaströsen Rechtsbedingungen des Naturzustands a limine ausschließen. Aus dem Blickwinkel eines bestehenden Rechtszustands betrachtet, hat der status naturalis für Kant – wie schon für Hobbes – die Funktion eines ausschließlich negativen Kontrastmodells, gegen das sich jede Form staatlicher Herrschaft positiv abhebt. So defizitär sich faktische Herrschaft im Hinblick auf das jedem kraft seiner Menschheit zukommende Freiheitsrecht im Einzelnen auch realisieren mag, so verkörpert sie nach Kants Auffassung doch immer schon ein Minimum an Rechtsgesetzlichkeit, womit sie dem „noch viel ärgeren, aller [!] äußeren Gerechtigkeit entbehrenden Naturzustand"[521] prinzipiell überlegen ist.[522] Jedes empirische Staatswesen weist – unabhängig davon, wie weit es vom Staat in der Idee abweichen bzw. wie ungerecht es darin zugehen mag – eine vernunftrechtliche Legitimation auf, da es den Naturzustand überwunden hat und somit als Ausgangspunkt für Reformen dienen kann. Jeder wirkliche Staat stellt gegenüber dem Naturzustand schon allein deswegen einen Fortschritt dar, weil er überhaupt eine staatliche Ordnung etabliert hat.[523] Eine Revolution negiert hingegen den Bestand der staatlichen Ordnung, beseitigt das Subjekt aller möglichen Reform und stellt somit die Aufgabe aller bereits erreichten Vernünftigkeit dar.[524] Sie bedeutet Rückkehr in den Naturzustand, in den „Zustand der Anarchie mit allen ihren Greueln."[525]

---

[520] Demgemäß meint Kant im Beschluss von 1798: „Gegen diese Machtvollkommenheit noch einen Widerstand zu erlauben (der jene oberste Gewalt einschränkte), heißt sich selbst widersprechen; denn alsdann wäre jene (welcher widerstanden werden darf) nicht die gesetzliche oberste Gewalt, die zuerst bestimmt, was öffentlich recht sein soll oder nicht" (VI 372).
[521] VI 334. Vgl. auch VI 340: „Meuterei aber, in einer schon bestehenden Verfassung, ist ein Umsturz aller bürgerlich-rechtlichen Verhältnisse, mithin alles [!] Rechts, d.i. nicht Veränderung der bürgerlichen Verfassung, sondern Auflösung derselben".
[522] Vgl. Herb / Ludwig 1993, S. 315; Steigleder, S. 203, 212; May, S. 131 ff.; Kühl 1990, S. 88 f.; ders. 1984, S. 170; Luf 1978, S. 180 f.; Nagler, S. 61.
[523] Vgl. Unruh, S. 201; Kater, S. 71.
[524] Vgl. Spaemann, S. 349 f.
[525] VIII 302, Fußnote.

Die Transformation einer ungerechten in eine gerechte Verfassung darf Kant zufolge nicht mittels eines revolutionären Bruchs erfolgen. Sie muss sich vielmehr im Rahmen des positiven Rechts vollziehen.[526] Demgemäß meint er: „Eine Veränderung der (fehlerhaften) Staatsverfassung, die wohl bisweilen nötig sein mag, kann also nur vom Souverän selbst durch *Reform*, aber nicht vom Volk, mithin durch *Revolution* verrichtet werden".[527] Eine gerechte freiheitliche Verfassung kann nach Kant nicht anders als durch allmähliche Reform eines Anfangszustandes entstehen, „dessen einzige Rechtlichkeit zunächst in der Existenz eines staatlichen Gewaltmonopols besteht."[528] Am Ende des Reformprozesses steht freilich die repräsentative Demokratie.[529]
Kants Staatstheorie bestimmt den jeweiligen Machthaber zum Medium der Rechtsreform. Zu dieser Konzeption der Selbstreform des jeweils Machthabenden sieht er keine Alternative.

Auf den ersten Blick erscheint es durchaus verwunderlich, dass Kant zwar einerseits mit Vehemenz ein Recht auf tätlichen Widerstand ablehnt, andererseits aber die Französische Revolution begrüßt. Wie Unruh[530] zutreffend ausführt, liegt „[d]ie argumentative Pointe innerhalb der Kantischen Auseinandersetzung mit der an seinen eigenen Maßstäben gemessenen Legitimität der Französischen Revolution ... darin, dass sie nach seiner Anschauung gar keine war." Kant versucht, der Französischen Revolution nachträglich den Schrecken zu nehmen, indem er sie als Abdankung Ludwigs XVI. durch Übergabe der Steuerhoheit interpretiert, durch welche der König die Staatsmacht auf die Generalstände übertragen habe.[531] Für Kant hat es somit zu keiner Zeit einen Bruch in der Legitimationskette aufeinander folgender Souveräne bzw. einen Rückfall in den status naturalis gegeben.[532]

Die Gründe, die Kant für die strikte Ablehnung des Widerstandsrechts nennt, führen ihn auch zu der Auffassung, dass die Ergebnisse einer erfolgreichen Revolution anzuerkennen sind: „Übrigens, wenn eine Revolution einmal gelungen und eine neue Verfassung gegründet ist, so kann die Un-

---

[526] Unruh, S. 201.
[527] VI 321 f.
[528] Spaemann, S. 348. Vgl. auch Fetscher 1976, S. 283.
[529] Vgl. dazu die Ausführungen zu VI.7.c. und Ludwig 2000, S. 196.
[530] Unruh, S. 206.
[531] Vgl. die Anmerkung zu § 52, VI 341.
[532] Vgl. dazu Unruh, S. 206 f.; Ludwig 1999, S. 193 f.; Williams, S. 211 ff.; Burg 1974, S. 209 ff.; Kater, S. 75 f.; Spaemann, S. 350 f.; Henrich, S. 363 f.

rechtmäßigkeit des Beginnens und der Vollführung derselben die Untertanen von der Verbindlichkeit, der neuen Ordnung der Dinge sich, als gute Staatsbürger, zu fügen, nicht befreien, und sie können sich nicht weigern, derjenigen Obrigkeit ehrlich zu gehorchen, die jetzt die Gewalt hat."[533] Darin ist weder eine Inkonsequenz noch ein versteckter Hinweis darauf, dass das Widerstandsverbot doch nicht so ernst zu nehmen sei, zu sehen. Die herausgestellte Dignität einer faktischen staatlichen Obrigkeit ist von der Geschichte ihres Zustandekommens independent. Auch die durch Revolution entstandene, neue faktische staatliche Ordnung ist dem status naturalis überlegen. Deshalb muss auch die neue Ordnung ohne weiteres anerkannt werden. Es darf unter keinen Umständen der Rückfall in den Naturzustand durch einen Versuch der Wiederherstellung der alten Ordnung riskiert werden.[534]

Von größter Inkonsequenz ist es aber, wenn Kant im Anschluss feststellt: „Der entthronte Monarch (der jene Umwälzung überlebt) kann wegen seiner vorigen Geschäftsführung nicht in Anspruch genommen, noch weniger aber gestraft werden, wenn er, in den Stand eines Staatsbürgers zurückgetreten, seine und des Staats Ruhe dem Wagstück vorzieht, sich von diesem zu entfernen, um als Prätendent das Abenteuer der Wiedererlangung desselben, es sei durch insgeheim angestiftete Gegenrevolution, oder durch Beistand anderer Mächte, zu bestehen. Wenn er aber das Letztere vorzieht, so bleibt ihm, weil der Aufruhr, der ihn aus seinem Besitz vertrieb, ungerecht war, sein Recht an demselben unbenommen."[535] Diese Ausführungen Kants stehen im Widerspruch zu seinem übrigen Staatsrecht. Kant begreift hier das Herrschaftsrecht auf einmal nicht mehr „öffentlich-rechtlich als imperium, sondern privatrechtlich als dominium", und die „Revolution gewinnt den Charakter eines ordinären Diebstahls".[536]

c. Das passive Widerstandsrecht

Das generelle Verbot des aktiven Widerstands impliziert für Kant aber keineswegs die uneingeschränkte Gehorsamspflicht der Untertanen. Er lässt einen „*negative[n] Widerstand*"[537] zu, der dem Volk über seine Repräsentanten im Parlament gestattet, Forderungen der Regierung zu verweigern: „In einer Staatsverfassung, die so beschaffen ist, dass das Volk durch seine

---

[533] VI 323.
[534] Vgl. Steigleder, S. 213 f.; Kersting 1993, S. 474 f.
[535] VI 323.
[536] Kersting 1993, S. 474, Fn. 229. Vgl. auch Unruh, S. 206.
[537] VI 322.

Repräsentanten (im Parlament) jener und dem Repräsentanten derselben (dem Minister) gesetzlich *widerstehen* kann – welche dann eine eingeschränkte Verfassung heißt –, ist gleichwohl kein aktiver Widerstand (der willkürlichen Verbindung des Volks, die Regierung zu einem gewissen tätigen Verfahren zu zwingen, mithin selbst einen Akt der ausübenden Gewalt zu begehen), sondern nur ein *negativer Widerstand*, d.i. *Weigerung* des Volks (im Parlament) erlaubt und jener, in den Forderungen, die sie zur Staatsverwaltung nötig zu haben vorgibt, nicht immer zu willfahren".

Des Weiteren verlangt Kant vom Untertan, den Gehorsam schuldig zu bleiben, wenn die staatlichen Anordnungen mit den ethischen Pflichten kollidieren.[538] Der Gehorsamsanspruch des empirischen Souveräns endet nämlich dort, wo auch das Recht seine prinzipielle Grenze findet. Nur was seinem Gegenstand nach überhaupt vom Recht geregelt werden kann, steht zur gesetzgeberischen Disposition des Souveräns. Was über die Regelung der Kompatibilität äußerer Freiheitssphären hinausgeht, darf keinerlei Normierung unterworfen werden. In den nicht-rechtlichen Bereich darf nicht mit rechtlichen Mitteln regulierend eingegriffen werden. Demgemäß erlischt der Gehorsamsanspruch des Souveräns „da, wo die Domäne der moralischen Vernunft beginnt."[539] Der Untertan hat lediglich „in allem, was nicht dem inneren Moralischen widerstreitet"[540], Gehorsam zu leisten. Kollidiert die Gehorsamspflicht mit grundlegenden ethischen Pflichten, so ist der auch unter dem Sittengesetz stehende Untertan nicht nur berechtigt, sondern sogar verpflichtet, den Letzteren Priorität einzuräumen.

Verlangt der Staat also die Verletzung grundlegender ethischer Pflichten, so muss der Untertan gegen ihn Widerstand leisten. Dieser Widerstand darf aber nur passiver Natur sein. Der Untertan darf also nur den Gehorsam verweigern. Auch „Religionszwang, Zwang zu unnatürlichen Sünden: Meuchelmord etc. etc."[541] rechtfertigen keinen offenen Aufruhr, keine tätige Gehorsamsaufkündigung. Insofern behalten die Argumente gegen den aktiven Widerstand ihre unverminderte Geltung.

Demnach beinhaltet Kants Widerstandslehre – wie Kersting[542] richtigerweise ausführt – zum einen ein „staatliche[s] Verbot des aktiven Widerstands" und zum anderen eine „moralisch[e] Gehorsamsverweigerungspflicht" der Untertanen im Fall, dass sie vom Staat zu einer sittenwidrigen Handlung

---

[538] Vgl. zum Folgenden Unruh, S. 205; Kersting 1993, S. 478 ff.
[539] Kersting 1993, S. 479.
[540] VI 371.
[541] XIX 594 f.
[542] Kersting 1993, S. 482.

genötigt werden. Sie reflektiert damit genau die für die neuzeitliche Politik charakteristische Unterscheidung zwischen einer „öffentlich-rechtlich-politischen" Sphäre und einer „individuell-privat-moralischen" Sphäre.

d. Die Freiheit der Feder

Kant verpflichtet das Volk nicht nur auf stumme Passivität. Der Untertan hat bei ihm zwar kein Recht auf aktiven Widerstand, wohl aber das Recht, staatlichen Maßnahmen „*Beschwerden (gravamina)*" entgegenzusetzen, wenn sie etwa gegen „das Gesetz der Gleichheit" verstoßen.[543]

In der Meinungsäußerungs- und Publikationsfreiheit erblickt Kant einen wesentlichen Motor für Reformen[544]: „Der nicht-widerspenstige Untertan muss annehmen können, sein Oberherr *wolle* ihm nicht unrecht tun. Mithin da jeder Mensch doch seine unverlierbaren Rechte hat, die er nicht einmal aufgeben kann, wenn er auch wollte, und über die er selbst zu urteilen befugt ist; das Unrecht aber, welches ihm seiner Meinung nach widerfährt, nach jener Voraussetzung nur aus Irrtum oder Unkunde gewisser Folgen aus Gesetzen der obersten Macht geschieht: so muss dem Staatsbürger, und zwar mit Vergünstigung des Oberherrn selbst, die Befugnis zustehen, seine Meinung über das, was von den Verfügungen desselben ihm ein Unrecht gegen das gemeine Wesen zu sein scheint, öffentlich bekannt zu machen. Denn, dass das Oberhaupt auch nicht einmal irren oder einer Sache unkundig sein könne, anzunehmen, würde ihn als mit himmlischen Eingebungen begnadigt und über die Menschheit erhaben vorstellen. Also ist die *Freiheit der Feder* – in den Schranken der Hochachtung und Liebe für die Verfassung, worin man lebt, durch die liberale Denkungsart der Untertanen, die jene noch dazu selbst einflößt, gehalten (und dahin beschränken sich auch die Federn einander von selbst, damit sie nicht ihre Freiheit verlieren), – das einzige Palladium der Volksrechte."[545]

Der letzte Satz zeigt, dass bei Kant die „*Freiheit der Feder*" aber nicht schrankenlos gewährt wird. Eine Kritik, die nicht auf die Verbesserung des bestehenden Herrschaftssystems, sondern auf dessen Abschaffung abzielt, ist nicht mehr von ihren Schutzbereich umfasst. Kant sieht in einer solchen Kritik die Vorstufe zu einer Revolution, die es um jeden Preis zu verhindern gilt.[546]

---

[543] VI 319.
[544] Vgl. Steigleder, S. 215; Fetscher 1976, S. 286; Bien 1974, S. 617 ff.; Bevc, S. 190 ff.
[545] VIII 304.
[546] Vgl. Unruh, S. 198; Kersting 1993, S. 471.

e. Kritische Würdigung der Widerstandsproblematik bei Kant

Kants Plädoyer für ein absolutes Verbot des aktiven Widerstands hat bereits nach seiner ersten öffentlichen Verbreitung im *Gemeinspruch* von 1793 eine lebhafte Kontroverse ausgelöst.[547] Diese Diskussion hält bis heute an. Sie kann hier aber aufgrund ihres immensen Umfangs nicht einmal in groben Züge wiedergegeben werden, so dass im Folgenden nur auf einzelne Aspekte eingegangen wird.[548]

Zunächst ist festzustellen, dass sich der oben dargestellten Argumentation Kants durchaus etwas abgewinnen lässt. Es bestünde in der Tat „ein Widerspruch zur vernunftrechtlich begründeten Forderung, einen Rechtszustand zu schaffen, wenn jedermann beliebig durch Berufung auf sein vermeintlich höheres (Natur-)Recht den Naturzustand partiell in der bürgerlichen Verfassung aufrechterhalten dürfte."[549]
Haensel kommt nun in seiner Untersuchung *Kants Lehre vom Widerstandsrecht* zum Ergebnis, die Widerstandslehre Kants missachte die seiner Rechtsphilosophie implizite Vorrangigkeit des Vernunftrechts vor dem positiven Recht. Nach Haensels Auffassung weisen die vernunftrechtlichen Grundlagen der kantischen Rechtsphilosophie selbst den Weg zu einem Widerstandsrecht. Ein solches könne unmittelbar auf die „heiligen Rechte der Menschheit, ... ohne Vermittlung des Vertragsgedankens" gegründet werden.[550] Haensels These muss jedoch widersprochen werden, da – so Kühl[551] zutreffend – „[s]ein Schluss von der sog. logischen Priorität des natürlichen Privatrechts vor dem bürgerlichen Recht auf die vorrangige Geltung des Naturrechts vor dem diesem widersprechenden positiven Recht ... die friedensstiftende Funktion des Rechtszustandes" übersieht.
Dennoch ist Kant hier der Vorwurf zu machen, dass er dieser friedensstiftenden Funktion und damit der Idee der Rechtssicherheit gegenüber der Idee der Gerechtigkeit eine disproportionale Bedeutung zumisst.[552]
Es ist durchaus noch einleuchtend, wenn Kant den Bürger aus Gründen des Rechtsfriedens bzw. der Rechtssicherheit nicht schon bei jedem rechtsstaat-

---

[547] Vgl. dazu Klenner 1988, S. 224 ff.; Klippel, S. 193; Gurwitsch, S. 338 ff.
[548] Einen Überblick über den Streitstand verschaffen z.B. Unruh, S. 207 ff. und Zotta 2000, S. 218 ff.
[549] Kühl 1990, S. 91.
[550] Haensel, S. 56. Auch Dulckeit, S. 56 ist der Auffassung, aus Kants System folge „mit geradezu zwingender Notwendigkeit" ein „Widerstandsrecht gegen den empirischen Gesetzgeber".
[551] Kühl 1990, S. 91.
[552] Vgl. Kühl 1990, S. 91.

lichen Defizit des Staates bzw. bei jeder Abweichung des von diesem gesetzten Rechts vom Naturrecht von seiner Gehorsamspflicht entbindet und ihm ein Recht zum tätigen Widerstand einräumt. Grundsätzlich ist nämlich ein Rechtssicherheit bietender Rechtszustand – wenngleich er auch teilweise ein vom Naturrecht divergierendes positives Recht sichern mag – in vernunftrechtlicher Hinsicht gegenüber dem status naturalis ein Fortschritt. Insofern kann auch dem vom Naturrecht abweichenden positiven Recht ein zumindest loser Vernunftrechtsbezug zugesprochen werden.[553]
Ein solcher Vernunftrechtsbezug kann aber spätestens dann nicht mehr angenommen werden, wenn der Staat Gesetze erlässt oder Anordnungen trifft, die vernunftrechtliche Vorgaben nicht nur verfehlen, sondern zu diesen in krassem Widerspruch stehen. In solchen Fällen kann die Gehorsamspflicht der Untertanen gegenüber dem Staat vernunftrechtlich nicht mehr begründet werden. Bedauerlicherweise unterscheidet Kant aber keine grob ungerechten Anordnungen bzw. Gesetze von solchen, die bloß vernunftrechtswidrig sind, und verbietet den Untertanen, sich gegen Anordnungen oder Gesetze, die evident in krassem Widerspruch zu elementaren Gerechtigkeitsanforderungen stehen, aktiv zu widersetzen.[554]

Wie oben bereits gezeigt wurde, begreift Kant jedes empirische Staatswesen als einen (Ausgangs-)Zustand, der durch bloße Reformen – seien es auch nur solche von oben – in einen gerechten Zustand transformiert werden kann. Freilich findet sich bei ihm keine These, die es den Untertanen gestatten würde, einen an großen rechtsstaatlichen Defiziten leidenden (Unrechts-)Zustand, der nur noch durch Revolution in einen reformierbaren Rechtszustand transformiert werden kann, notfalls gewaltsam zu beseitigen.[555]
Für das Fehlen einer solchen These kann man durchaus eine Erklärung finden: Kant konnte solch totalitäre Unrechtssysteme, wie sie erst das 20. Jahrhundert etwa in Form des Nationalsozialismus hervorgebracht hat, noch gar nicht vor Augen haben, als er sein striktes Widerstandsverbot konzipierte.[556] Er lässt – wie Ritter[557] zutreffend feststellt – nirgends erken-

---

[553] Zum Problem der Geltung des vom Naturrecht divergierenden positiven Rechts vgl. Kühl 1990, S. 88 ff.; Kersting 1993, S. 502 ff.; Vosgerau, S. 238 ff.
[554] Vgl. Kühl 1990, S. 89 f.
[555] Vgl. zum Folgenden Kühl 1990, S. 91 ff.
[556] Vgl. Kriele, S. 133 ff., 140. Das Widerstandsverbot bei Kant thematisieren vor dem Hintergrund des Nationalsozialismus z.B. auch noch Zotta 2000, S. 216 ff.; Mulholland, S. 385; Murphy, S. 136 f.; Dreier 1986, S. 27 f.; Kersting 1988, S. 129; ders. 1993, S. 488 ff.; Burg 1988, S. 23; Maus, S. 112 f.; Rückert, S. 183 f.; Wetzel, S. 139 ff.
[557] Ritter 1987, S. 345.

nen, dass er sich einen Zustand empirischer Herrschaft ohne ein „Minimum" von verwirklichtem Naturrecht „auch nur vorstellen konnte." Dennoch ist es angesichts des Geltungsanspruchs der vernunftrechtlichen Begründung des Revolutions- bzw. Widerstandsverbots keinesfalls – wie Kersting[558] meint – „müßig, Kants Widerstandslehre auf den Hintergrund des Hitlerstaates zu projizieren", weil ihr „historisches Bezugsfeld" nur „der aufgeklärte Wohlfahrtsabsolutismus der heimischen Fürstenstaaten und ... die französische Revolution" sei. Schließlich fußen die von Kant mit apriorischer Dignität dargelegten Argumente nicht auf historischen, sondern ausschließlich auf prinzipiellen Überlegungen, „die unabhängig von gegebenen Kontexten Relevanz reklamieren."[559]

Es ist Kant daher – ungeachtet der Tatsache, dass er Unrechtssysteme wie das NS-Regime bei der Konzipierung des Widerstandsverbots noch nicht im Blickfeld haben konnte – der Vorwurf zu machen, dass seine Rechtslehre keine inhaltlichen Kriterien für die Abgrenzung eines zwar mit rechtsstaatlichen Defiziten behafteten, aber doch reformierbaren Anfangs- bzw. *Rechtszustandes* von einem absoluten *Unrechtszustand* liefert und den Untertanen, im Falle des Vorliegens eines Unrechtszustands, kein aktives Widerstandsrecht zuspricht.

Es stellt sich überhaupt die Frage, welche Oppositionsmöglichkeiten den Untertanen noch bleiben, wenn die Regierung – wie etwa im Fall des Religionsedikts von Wöllner[560] – die „*Freiheit der Feder*"[561] verweigert oder sich über den „*negative[n] Widerstand*"[562] des Parlaments hinwegsetzt. Es findet sich an keiner Stelle der Hinweis, dass in einem solchen Falle die unbedingte Gehorsamspflicht erlöschen würde.[563]

Auch über die Handlungsalternativen derjenigen, die im Rahmen ihres passiven Widerstandsrechts den sittenwidrigen staatlichen Anordnungen den Gehorsam verweigern, äußert sich Kant nicht. Kersting[564] und Unruh[565] sehen lediglich zwei Handlungsalternativen: die positiv-rechtlichen Folgen der Gehorsamsverweigerung hinnehmen oder sich ihnen durch das Exil entziehen. Dieses Ergebnis vermag in keinster Weise zu befriedigen.

---

[558] Kersting 1993, S. 489 f., Fn. 253.
[559] Zotta 2000, S. 217. Vgl. auch Nagler, S. 63, Fn. 70; Höffe 2000, S. 232.
[560] Vgl. dazu Stangneth, S. XIV ff.; Höffe 2000, S. 37 ff.
[561] VIII 304.
[562] VI 322.
[563] Vgl. Zotta 2000, S. 233; Unruh, S. 211; Höffe 2000, S. 233.
[564] Kersting 1993, S. 480.
[565] Unruh, S. 205.

Letzten Endes kann die kantische Widerstandslehre nur vor dem Hintergrund einer auch das Staatsrecht umfassenden reformistisch-evolutionären Geschichtstheorie begriffen, wenngleich auch nicht gerechtfertigt werden.[566] Diese auf dem Fortschrittsglauben basierende geschichtsphilosophische Perspektive muss aber – da der Fortschritt alleine, wie die Geschichte etwa mit der NS-Diktatur bewiesen hat, gravierende Rückschritte nicht verhindern kann – „durch eine rechtsphilosophische Theorie des Widerstandsrechts über *Kant* hinaus ergänzt werden."[567] Der Staat ist bei Kant – wie oben bereits dargelegt wurde[568] – eine Rechtsinstitution zweiter Ordnung. Deswegen ist er auch kein Selbstzweck, sondern an die Rechtsinstitutionen erster Ordnung (Menschenrechte etc.), die er sichern soll, zurückgebunden. Wo der Staat diese in eklatanter Weise verletzt, kann man ihn – so zu Recht Höffe[569] – „nicht als ‚heilig und unverletzlich' behaupten und jeden Widerstand *von vornherein* verbieten."

---

[566] Vgl. Sandermann, S. 331; König, S. 289; Zotta 2000, S. 238; Unruh, S. 211 f.
[567] Kühl 1990, S. 93. Vgl. auch Unruh, S. 212.
[568] Vgl. oben VI.1.d.
[569] Höffe 2000, S. 233.

VII. Schlussbetrachtung: Staatstheorie und Geschichte

Mit der Unterscheidung von noumenalen und phänomenalen Momenten des Staatsbegriffs hat Kant in der *Rechtslehre* das theoretische Instrumentarium gewonnen, vermittels dessen er die Zusammenführung von Staatsidee und Geschichte ermöglichen will[1]: Das normative Ideal der Republik dient als Orientierung für die Reformpolitik empirischer Staaten. Die Verbindlichkeit einer empirischen staatlichen Ordnung resultiert dabei weder aus einem Vertragsschluss noch aus der faktischen Übereinstimmung mit dem Vertragskriterium. Es ist allein die Antizipation der „wahre[n] Republik"[2] als eines Beispiels für die Darstellung der respublica noumenon in der Erfahrung, die dem empirischen Staatswesen seine Legitimität verschafft.

Die von Kant in der *Rechtslehre* in den Blick genommene Vermittlung zwischen Staatsidee und Staatswirklichkeit erweist sich letztendlich auch als klarer Vorzug gegenüber der Staatskonzeption Rousseaus, der sich einer solchen Vermittlung heftig widersetzt hatte.[3] Rousseau hätte weder die kantische Vorstellung einer Approximation von Idee und Wirklichkeit im Medium der Geschichte geteilt noch hätte er jenen Formen vertraut, in denen für Kant der Prozess der Annäherung des empirischen Staatswesens an den Ideenstaat verlaufen sollte.
Bei Rousseau behauptet sich das Prinzip der Unrepräsentierbarkeit des allgemeinen Willens durch sämtliche Konkretisierungsstufen seines Staatsideals hindurch.[4] Kant hingegen weist das rousseausche Prinzip als originäres Moment der respublica noumenon aus und die Repräsentation als notwendiges Moment der respublica phaenomenon.
Der rousseauschen Klage über die geschichtliche Überholtheit des Republikideals begegnet Kant mit der Aufforderung, im Geiste der Idee der Republik zu regieren, auch wenn die real existierenden politischen Institutionen dieser Idee extrem entgegengesetzt sind. Kant zufolge lässt sich auch unter Bedingungen des Despotismus im Sinne der Idee der Republik regieren: „Aber der *Geist* jenes ursprünglichen Vertrages (*anima pacti originarii*) enthält die Verbindlichkeit der konstituierenden Gewalt, die *Regierungsart* jener Idee angemessen zu machen, und so sie, wenn es nicht auf

---

[1] Vgl. Herb / Ludwig 1994, S. 472.
[2] VI 341.
[3] Vgl. zum Folgenden Herb / Ludwig 1994, S. 475 f.; Herb 1999, S. 185 ff., 198 ff.
[4] Zur Unrepräsentierbarkeitsthese Rousseaus vgl. Kersting 2002a, S. 83 ff.; Herb 2000, S. 167 ff. Nach Kaufmann, S. 10 ist diese These Rousseaus der „größte und folgenschwerste staatstheoretische Irrtum, der je ausgesprochen wurde".

einmal geschehen kann, allmählich und kontinuierlich dahin zu verändern, dass sie mit der einzig rechtmäßigen Verfassung, nämlich der einer reinen Republik, *ihrer Wirkung nach* zusammenstimme, und jene alten empirischen (statutarischen) Formen, welche bloß die *Untertänigkeit* des Volks zu bewirken dienten, sich in die ursprüngliche (rationale) auflösen, welche allein die *Freiheit* zum Prinzip, ja zur Bedingung alles *Zwanges* macht, der zu einer rechtlichen Verfassung, im eigentlichen Sinne des Staats, erforderlich ist, und dahin auch dem Buchstaben nach endlich führen wird."[5]

Wenngleich Kant und Rousseau die Chancen für die geschichtliche Einholung des Republikideals unterschiedlich bewerten, so teilen sie doch dieselbe „juridische Endvision."[6] In seinen *Considérations sur le gouvernement de Pologne* meint Rousseau: „Mettre la loi au-dessus de l'homme est un problème en politique, que je compare à celui de la quadrature du cercle en géométrie. Résolvez bien ce problème, et le gouvernement fondé sur cette solution sera bon et sans abus. Mais jusques là soyez surs qu'où vous croirez faire régner les loix, ce seront les hommes qui régneront."[7] Kant folgt mit seiner Rede von der *Selbstherrschaft des Gesetzes* nahezu wörtlich der rousseauschen Vorgabe: „Dies ist die einzig bleibende Staatsverfassung, wo das *Gesetz* selbstherrschend ist, und an keiner besonderen Person hängt; der letzte Zweck alles öffentlichen Rechts, der Zustand, in welchem allein jedem das Seine *peremtorisch* zugeteilt werden kann; indessen, dass, solange jene Staatsformen dem Buchstaben nach ebensoviel verschiedene, mit der obersten Gewalt bekleidete, moralische Personen vorstellen sollen, nur ein *provisorisches* inneres Recht, und kein absolut-rechtlicher Zustand der bürgerlichen Gesellschaft zugestanden werden kann."[8]

Trotz der Übereinstimmung von Kant und Rousseau bezüglich der Endvision des Staatsrechts, verhindert die unterschiedliche Position zum Thema der Repräsentation eine Übereinstimmung bezüglich der Erreichbarkeit dieses Ideals. Schon die Tatsache, dass Rousseau den Prozess der Errichtung einer Republik als politische *Quadratur des Kreises* bezeichnet, zeigt, dass seiner politischen Philosophie ein resignativer Zug anhaftet. Rousseau war sich durchaus darüber im Klaren, dass sich seine Konzeption vom *Ideal des Bürgerbundes* in der Dynamik der politischen Moderne nicht etablieren können würde. Seine Auffassung von der Unrepräsentierbarkeit des allgemeinen Willens schloss die Möglichkeit einer theoretischen Vermitt-

---

[5] VI 340.
[6] Herb / Ludwig 1994, S. 467.
[7] Rousseau, Considérations sur le gouvernement de Pologne, OC III, 955.
[8] VI 340.

lung von noumenaler und phänomenaler Republik von vornherein aus. Damit setzte er sich – so zutreffend Herb / Ludwig[9] – „in vollem Bewusstsein dem Gedanken einer möglichen Einschreibung seines politischen Ideals in die Geschichte entgegen."
Kant hingegen gelingt es, dem rousseauschen Ideal eine optimistische, geschichtseröffnende Perspektive zu geben. Bei ihm erweisen sich die Vertragsidee und das Exeundum-Prinzip als zwei tragende Säulen eines genuinen vernunftrechtlichen Reformismus.[10] Die Unterscheidung zwischen der normativen Ebene des reinen Staatsrechts und der Staatswirklichkeit, zwischen dem vernunftrechtlichen und dem empirischen Souverän setzt Kants Staatsphilosophie in ein kritisch-entspanntes Verhältnis zur geschichtlichen Wirklichkeit. Dies unterscheidet die kantische Konzeption maßgeblich von der seines Vorgängers.
Die rousseausche Konzeption dient weniger der Herrschaftslegitimation oder der Korrektur der bestehenden Herrschaftsverhältnisse als vielmehr deren absoluter Infragestellung. Sie vermag lediglich die zwischen Idee und geschichtlicher Realität bestehende Kluft deutlich sichtbar zu machen. So erweist sich das Republikideal in rousseauscher Lesart zwangsläufig als das, was Kant in seiner *Streitschrift* als „leeres Hirngespinst"[11] bezeichnet hat.[12] Seinem *Gesellschaftsvertrag* fehlt der Bezug zur politischen Wirklichkeit. Er zeigt keine rationalen Prinzipien auf, die auf die von ihm tatsächlich vorgefundenen Verhältnisse anwendbar wären und als normatives Fundament eines rechtsstaatlichen Reformismus dienen könnten.[13] Kein empirischer Gesetzgeber kann im *Gesellschaftsvertrag* die Grundlagen gerechter Politik finden. Die dort vorfindbare Konzeption einer rechts- und freiheitsbewahrenden Lebensgemeinschaft befindet sich in einem krassen Gegensatz zur politischen Realität. Der *Gesellschaftsvertrag* Rousseaus ist eben „ein Traum von einem guten und gerechten Leben, wie es ein den Sternen entstammender göttlicher Gesetzgeber und herzenskundiger Erzieher einrichten würde."[14]

---

[9] Herb / Ludwig 1994, S. 477. Vgl. dazu auch Herb 1999, S. 128 ff.
[10] Vgl. dazu Kersting 1994, S. 203 f.; ders. 1993, S. 362 f. Mit dem Thema der Reform bei Kant beschäftigt sich vor allem Langer, S. 42 ff.
[11] VII 91.
[12] Vgl. Herb / Ludwig 1994, S. 477.
[13] Vgl. Kersting 1993, S. 363; ders. 1994, S. 204. Auch Hobbes' Theorie entfaltet kein normativ-kritisches Potential. Sie mündet ohne jeglichen normativen Überschuss in die vorfindbare staatliche Realität ein.
[14] Kersting 1993, S. 363. Auch Unruh, S. 113 meint, bei Rousseau fehle die „Anbindung der Vertragstheorie an [die] politische Realität in faktisch existierenden Gemeinwesen." Er

Im Gegensatz dazu buchstabiert Kant im Staatsrecht der *Rechtslehre* einen Prozess, der als kontinuierliche Republikanisierung bezeichnet werden kann.[15] Dieser führt vom Republikanismus zu einer Republik, in der das Prinzip der Volkssouveränität den absolutistischen Staat überwunden hat und im Rahmen eines demokratisch-repräsentativen Systems seine verfassungsrechtliche Verwirklichung findet. Kants transzendental-juridische Begründung des Staatsrechts löst den Gegensatz zwischen der reinen Republik und der geschichtlichen Herrschaftsordnung reformistisch in einen zielgerichteten Prozess der Verwirklichung einer Freiheitsordnung auf.[16]
Die Vermittlung zwischen der reinen Republik und dem geschichtlichen, zufälligen Staat führt zur „*Evolution* einer *naturrechtlichen* Verfassung".[17] Durch die Republikanisierung dringen nach Kants Vorstellung allmählich freiheitsgesetzliche Elemente in die tatsächlich vorgefundenen staatlichen Herrschaftsstrukturen ein. Eine nach Freiheitsgesetzen organisierte „bürgerliche Gesellschaft ... kann nur ... mühsam erworben werden".[18] Der Weg dorthin wird nicht frei von Rückschlägen sein, aber dass dieser Weg einmal zum Ziel führen wird, dafür glaubte Kant in seiner Zeit bekanntlich untrügliche Anzeichen zu finden. Als empirischen Beleg führt er vor allem die Französische Revolution und ihre positive Aufnahme bei den „Zuschauer[n]"[19] ins Feld.[20]

Die letzte bzw. höchste Stufe der Rechtsevolution ist erreicht, wenn sich alle vernunftgemäß verfassten Staaten in einem Völkerbund zusammengeschlossen haben und auf diese Weise der Weltfrieden garantiert werden kann.[21] In Anbetracht der unvermeidlichen Interdependenz der Staaten existiert ein unauflöslicher Zusammenhang zwischen der *inner*staatlichen und der *inter*staatlichen Friedensstiftung. Daher muss die Vernunft die Staats-

---

verweigere „sich hier den Blick auf die Vermittlung zwischen Staatstheorie und Staatspraxis, ohne die politische Philosophie sinnlos wird."

[15] Die Republik ist nach Kant – wie Herb 1999, S. 142 zutreffend ausführt – „ein Zukunftsprojekt, dem sich die Staaten im Verlauf ihrer Natur- und Rechtsgeschichte *allmählich* annähern."

[16] Vgl. Kersting 1993, S. 418, 430 ff.; Herb 1999, S. 203 ff.; Zotta 2000, S. 246 ff. Letzterer wendet sich freilich gegen eine solche „harmonisierende Rezeption der Rechtslehre" (S. 247).

[17] VII 87.

[18] VII 90.

[19] VII 85.

[20] Vgl. VII 85 ff. Vgl. des Weiteren Kriele, S. 79 ff.; Kleingeld, S. 211 ff.; Herb 1999, S. 210 ff.; Funke, S. 30 ff.; Unruh, S. 57 f.; Kersting 1993, S. 431; Höffe 2000, S. 247; Fetscher 1976, S. 274 ff.; Bevc, S. 18 ff.

[21] Unruh, S. 54, 58.

rechtskonzeption um völkerrechtliche bzw. weltbürgerliche Bestimmungen erweitern, die die Verhältnisse zwischen den Staaten rechtlich regeln. Die von der Vernunft entworfene rechtliche Ordnung der äußeren Freiheit der Menschen ist erst dann komplett, wenn auch die zwischenstaatlichen Verhältnisse der normierenden Vernunft unterworfen werden.[22]
Die einzelnen Staaten befinden sich untereinander in einem Zustand des jederzeit möglichen Krieges. Dieser internationale Naturzustand wird zugunsten einer internationalen Rechts- und Friedensordnung erst dann überwunden, wenn sich alle Staaten in einem „Völkerbund, nach der Idee eines ursprünglichen gesellschaftlichen Vertrages,"[23] zusammenschließen.[24] Die kantische Rechtslehre ist – so die eindringliche Formulierung Geismanns[25] – als „(Rechts-)Friedenslehre ... in ihrer systematisch geschlossenen Summe allgemeine (Welt-)Friedenslehre." Kant selbst resümiert im Beschluss in diesem Sinne den Zweck der gesamten Rechtsphilosophie: „Man kann sagen, dass diese allgemeine und fortdauernde Friedensstiftung nicht bloß einen Teil, sondern den ganzen Endzweck der Rechtslehre innerhalb der Grenzen der bloßen Vernunft ausmache; denn der Friedenszustand ist allein der unter *Gesetzen* gesicherte Zustand des Mein und Dein in einer Menge einander benachbarter Menschen, mithin die in einer Verfassung zusammen sind, deren Regel aber nicht von der Erfahrung derjenigen, die sich bisher am besten dabei befunden haben, als einer Norm für Andere, sondern die durch die Vernunft *a priori* von dem Ideal einer rechtlichen Verbindung der Menschen unter öffentlichen Gesetzen überhaupt hergenommen werden muss, weil alle Beispiele (als die nur erläutern, aber nichts beweisen können) trüglich sind, und so allerdings einer Metaphysik bedürfen, deren Notwendigkeit diejenigen, die dieser spotten, doch unvorsichtigerweise selbst zugestehen, wenn sie z.B., wie sie es oft tun, sagen: ‚Die beste Verfassung ist die, wo nicht die Menschen, sondern die Gesetze machthabend sind.'"[26]

---

[22] Kersting 1993, S. 70; Basta, S. 41 ff. Vgl. auch Kater, S. 16: „Denn da Recht bei Kant wahrhaft nur gegeben ist in der Einheit von Staats-, Völker- und Staatsbürgerrecht, weist die Republik als vollkommene Wirklichkeit des Staatsrechts notwendig über sich hinaus auf die Frage nach den Beziehungen zwischen den Staaten und denen zwischen Individuen und Staaten." Vgl. zum Völker- und Staatsbürgerrecht der *Rechtslehre* (§§ 53 ff.) insbesondere Pinzani, S. 235 ff. bzw. Müller 1999, S. 257 ff.

[23] VI 344.

[24] Vgl. Höffe 2000, S. 234; Kersting 1993, S. 70; Asbach, S. 226 ff. Eine genaue Darstellung der kantischen Theorie einer internationalen Friedensordnung findet sich bei Geismann 1983, S. 363 ff.

[25] Geismann 1983, S. 363.

[26] VI 355.

Literaturverzeichnis

I. Werke Kants

Kant's gesammelte Schriften. Hrsg. von der Preußischen (später Deutschen) Akademie der Wissenschaften. Berlin 1902 ff.

Immanuel Kant: Der Streit der Fakultäten. Hrsg. von Klaus Reich. Hamburg 1959.

Immanuel Kant: Metaphysische Anfangsgründe der Tugendlehre. Metaphysik der Sitten. Zweiter Teil. Hrsg. von Bernd Ludwig. Hamburg 1990.

Immanuel Kant: Über den Gemeinspruch: Das mag in der Theorie richtig sein, taugt aber nicht für die Praxis / Zum Ewigen Frieden: Ein philosophischer Entwurf. Hrsg. von Heiner F. Klemme. Hamburg 1992.

Immanuel Kant: Metaphysische Anfangsgründe der Rechtslehre. Metaphysik der Sitten. Erster Teil. Hrsg. von Bernd Ludwig. 2. Aufl. Hamburg 1998.

Immanuel Kant: Die Religion innerhalb der Grenzen der bloßen Vernunft. Hrsg. von Bettina Stangneth. Hamburg 2003.

II. Sonstige Literatur

Adam, Armin: Despotie der Vernunft? Hobbes, Rousseau, Kant, Hegel. 2. Aufl. Freiburg, München 2002.

Asbach, Olaf: Internationaler Naturzustand und Ewiger Friede. Die Begründung einer rechtlichen Ordnung zwischen Staaten bei Rousseau und Kant. In: Dieter Hüning / Burkhard Tuschling (Hrsg.): Recht, Staat und Völkerrecht bei Immanuel Kant. Marburger Tagung zu Kants, Metaphysischen Anfangsgründen der Rechtslehre'. Berlin 1998, S. 203 ff.

Bachmann, Hanns-Martin: Die naturrechtliche Staatslehre Christian Wolffs. Berlin 1977.

Bartuschat, Wolfgang: Recht und Handeln. Zum Verhältnis von Privatrecht und öffentlichem Recht in Kants Rechtslehre. In: Rainer Zaczyk / Michael Köhler / Michael Kahlo (Hrsg.): Festschrift für E.A. Wolff zum 70. Geburtstag am 1.10.1998. Berlin u.a. 1998, S. 17 ff.

Bartuschat, Wolfgang: Zur kantischen Begründung der Trias „Freiheit, Gleichheit, Selbständigkeit" innerhalb der Rechtslehre. In: Götz Landwehr (Hrsg.): Freiheit, Gleichheit, Selbständigkeit. Zur Aktualität der Rechtsphilosophie Kants für die Gerechtigkeit in der modernen Gesellschaft. Göttingen 1999, S. 11 ff.

Basta, Danilo N.: Licht und Schatten der Kantischen Rechtsmetaphysik. In: Peter Wolf / Danilo N. Basta (Hrsg.): Wider die Beliebigkeit. Kants *Metaphysische Anfangsgründe der Rechtslehre* nach zwei Jahrhunderten. Belgrad 1997, S. 37 ff.

Baumann, Peter: Zwei Seiten der Kantschen Begründung von Eigentum und Staat. In: Kant-Studien Bd. 85 (1994), S. 147 ff

Berkemann, Jörg: Studien über Kants Haltung zum Widerstandsrecht. Hamburg 1972.

Bevc, Tobias: Revolution oder Reform? Kants Weg zur republikanischen Denkungsart im *Streit der Fakultäten*. In: Theo Stammen (Hrsg.): Kant als politischer Schriftsteller. Würzburg 1999, S. 173 ff.

Bien, Günther: Räsonierfreiheit und Gehorsamspflicht – Die Universität und der Prozess der Aufklärung in Kants staatsrechtlichen Schriften. In: Gerhard Funke (Hrsg.): Akten des IV. Internationalen Kant-Kongresses. Bd. II.2. Berlin, New York 1974, S. 617 ff.

Bien, Günther: Revolution, Bürgerbegriff und Freiheit. Über die neuzeitliche Transformation der alteuropäischen Verfassungstheorie in politische Geschichtsphilosophie. In: Zwi Batscha (Hrsg.): Materialien zu Kants Rechtsphilosophie. Frankfurt a.M. 1976, S. 77 ff.

Bleicken, Jochen: Die athenische Demokratie. Paderborn, München u.a.1985.

Bloch, Ernst: Naturrecht und menschliche Würde. Frankfurt a.M. 1961.

Blühdorn, Jürgen: „Kantianer" und Kant. Die Wende von der Rechtsmetaphysik zur „Wissenschaft" vom positiven Recht. In: Kant-Studien Bd. 64 (1973), S. 363 ff.

Böckenförde, Ernst-Wolfgang: Gesetz und gesetzgebende Gewalt – Von den Anfängen der deutschen Staatsrechtslehre bis zur Höhe des staatsrechtlichen Positivismus. Berlin 1958. (Schriften zum Öffentlichen Recht Band I).

Böckenförde, Ernst-Wolfgang: Staat, Gesellschaft, Freiheit. Frankfurt a.M. 1976.

Borries, Kurt: Kant als Politiker. Leipzig 1928.

Brandt, Reinhard: Rousseaus Philosophie der Gesellschaft. Stuttgart, Bad Cannstatt 1973.

Brandt, Reinhard: Eigentumstheorien von Grotius bis Kant. Stuttgart, Bad Cannstatt 1974.

Brandt, Reinhard: Vorbemerkung und Einleitung zu: ders. (Hrsg.): Rechtsphilosophie der Aufklärung. Symposium Wolfenbüttel 1981. Berlin, New York 1982, S. V und 1 ff.

Brandt, Reinhard: Zu Kants politischer Philosophie. In: Sitzungsberichte der Wissenschaftlichen Gesellschaft an der Johann-Wolfgang-Goethe-Universität Frankfurt a.M. Bd. 35, Nr. 5. Stuttgart 1997, S. 217 ff.

Brandt, Reinhard: Philosophie der Menschenrechte in der Aufklärung. In: Dieter Hüning / Gideon Stiening / Ulrich Vogel (Hrsg.): Societas rationis. Festschrift für Burkhard Tuschling zum 65. Geburtstag. Berlin 2002, S. 29 ff.

Brockard, Hans: Nachwort. In: Jean-Jacques Rousseau: Vom Gesellschaftsvertrag oder Grundsätze des Staatsrechts. Übersetzt und herausgegeben von Hans Brockard. Stuttgart 1977, S. 177 ff.

Brocker, Manfred: Kants Besitzlehre: zur Problematik einer transzendentalphilosophischen Eigentumslehre. Würzburg 1987.

Brocker, Manfred: Arbeit und Eigentum. Der Paradigmenwechsel in der neuzeitlichen Eigentumstheorie. Darmstadt 1992.

Buchda, Gerhard: Das Privatrecht Immanuel Kants. (Der erste Teil der Rechtslehre in der Metaphysik der Sitten). Ein Beitrag zur Geschichte und zum System des Naturrechts. Jena 1929.

Burg, Peter: Kant und die Französische Revolution. Berlin 1974.

Burg, Peter: Immanuel Kant, loyaler preußischer Staatsbürger und Anhänger der Französischen Revolution – ein Widerspruch? In: (o. Hrsg.): Deutscher Idealismus und Französische Revolution. Schriften aus dem Karl-Marx-Haus Bd. 37. Trier 1988, S. 9 ff.

Cavallar, Georg: Pax Kantiana. Systematisch-historische Untersuchung des Entwurfs „Zum ewigen Frieden" (1795) von Immanuel Kant. Wien, Köln, Weimar 1992.

Dahlstrom, Daniel O.: Ethik, Recht und Billigkeit. In: Jahrbuch für Recht und Ethik Bd. 5 (1997), S. 55 ff.

Dann, Otto: Gleichheit und Gleichberechtigung – Das Gleichheitspostulat in der alteuropäischen Tradition und in Deutschland bis zum ausgehenden 19. Jahrhundert. Berlin 1980. (Historische Forschungen Bd. 16).

Deggau, Hans-Georg: Die Aporien der Rechtslehre Kants. Stuttgart, Bad Cannstatt 1983.

Dietze, Gottfried: Kant und der Rechtsstaat. Tübingen 1982.

Doublet, David Roland: Die Vernunft als Rechtsinstanz. Kritik der reinen Vernunft als Reflexionsprozess der Vernunft. Oslo, Paderborn 1989.

Dreier, Ralf: Zur Einheit der praktischen Philosophie Kants. Kants Rechtsphilosophie im Kontext seiner Moralphilosophie. In: ders.: Recht – Moral – Ideologie. Frankfurt a.M. 1981, S. 286 ff. (Studien zur Rechtstheorie).

Dreier, Ralf: Rechtsbegriff und Rechtsidee. Kants Rechtsbegriff und seine Bedeutung für die gegenwärtige Diskussion. Frankfurt a.M. 1986.

Dreier, Ralf: Eigentum in rechtsphilosophischer Sicht. In: ders.: Recht – Staat – Vernunft. Frankfurt a.M. 1991, S. 168 ff. (Studien zur Rechtstheorie 2).

Druwe, Ulrich: Vertragstheorie als Staatslegitimation. In: Archiv für Rechts- und Sozialphilosophie Bd. 74 (1988), S. 394 ff.

Dulckeit, Gerhard: Naturrecht und positives Recht bei Kant. Leipzig 1932.

Dünnhaupt, Rudolf: Sittlichkeit, Staat und Recht bei Kant. Autonomie und Heteronomie in der Kantischen Ethik. Berlin, Greifswald 1926.

Dworkin, Ronald: Bürgerrechte ernstgenommen. Frankfurt a.M. 1984.

Ebbinghaus, Julius: Die Strafen für Tötung eines Menschen nach Prinzipien einer Rechtsphilosophie der Freiheit. Bonn 1968.

Ebbinghaus, Julius: Kants Rechtslehre und die Rechtsphilosophie des Neukantianismus. In: Georg Geismann / Hariolf Oberer (Hrsg.): Julius Ebbinghaus. Gesammelte Schriften Bd. 2. Philosophie der Freiheit: Praktische Philosophie 1955-1972. Bonn 1988, S. 231 ff.

Fetscher, Iring: Immanuel Kant und die Französische Revolution. In: Zwi Batscha (Hrsg.): Materialien zu Kants Rechtsphilosophie. Frankfurt a.M. 1976, S. 269 ff.

Fetscher, Iring: Rousseaus politische Philosophie. Frankfurt a.M. 1978.

Fetscher, Iring: Kommentar zu Kersting. In: Martyn P. Thompson (Hrsg.): John Locke und Immanuel Kant. Historische Rezeption und gegenwärtige Relevanz. Berlin 1991, S. 135 ff.

Fetscher, Iring: Einleitung. In: Thomas Hobbes: Leviathan oder Stoff, Form und Gewalt eines kirchlichen und bürgerlichen Staates. Hrsg. von Iring Fetscher, übers. von Walter Euchner. 8. Aufl. Frankfurt a.M. 1998, S. IX ff.

Fetscher, Iring: Grenzen der Aktualität der politischen Philosophie Kants. In: Dietmar H. Heidemann / Kristina Engelhard (Hrsg.): Warum Kant heute? Systematische Bedeutung und Rezeption seiner Philosophie in der Gegenwart. Berlin, New York 2004, S. 286 ff.

Flickschuh, Katrin: On Kant's Rechtslehre. In: European Journal of Philosophy Bd. 5 (1997), S. 50 ff.

Forschner, Maximilian: Rousseau. Freiburg, München 1977.

Fulda, Hans Friedrich: Kants Postulat des öffentlichen Rechts (RL § 42). In: Jahrbuch für Recht und Ethik Bd. 5 (1997), S. 267 ff.

Fulda, Hans Friedrich: Erkenntnis der Art, etwas Äußeres als das Seine zu haben (Erster Teil. Erstes Hauptstück). In: Otfried Höffe (Hrsg.): Immanuel Kant. Metaphysische Anfangsgründe der Rechtslehre. Berlin 1999, S. 87 ff.

Funke, Gerhard: Fiat iustitia, ne pereat mundus. Vernunftrecht der Freiheit, Vernunftstaat der Freiheit, Vernunftzweck der Freiheit im kritischen Idealismus. Mainz 1979.

Geismann, Georg: Ethik und Herrschaftsordnung. Tübingen 1974.

Geismann, Georg: Kant als Vollender von Hobbes und Rousseau. In: Der Staat Bd. 21 (1982), S. 161 ff.

Geismann, Georg: Kants Rechtslehre vom Weltfrieden. In: Zeitschrift für philosophische Forschung Bd. 37 (1983), S. 363 ff.

Geismann, Georg: Die Grundlegung des Vernunftstaates der Freiheit durch Hobbes. In: Jahrbuch für Recht und Ethik Bd. 5 (1997), S. 229 ff.

Geismann, Georg / Herb, Karlfriedrich: Hobbes über die Freiheit: Widmungsschreiben, Vorwort an den Leser und Kapitel I-III aus „De Cive" (lateinisch – deutsch). Eingeleitet und mit Scholien herausgegeben von Georg Geismann und Karlfriedrich Herb. Würzburg 1988.

Gerhardt, Volker: Recht und Herrschaft. Zur gesellschaftlichen Funktion des Rechts in der Philosophie Kants. In: Rechtstheorie Bd. 12 (1981), S. 53 ff.

Gerhardt, Volker: Rezension zu Kersting 1984. In: Allgemeine Zeitschrift für Philosophie Bd. 11 (1986), S. 79 ff.

Gerhardt, Volker: Die republikanische Verfassung. Kants Staatstheorie vor dem Hintergrund der Französischen Revolution. In: (o. Hrsg.): Deutscher Idealismus und Französische Revolution. Schriften aus dem Karl-Marx-Haus Bd. 37. Trier 1988, S. 24 ff.

Gerhardt, Volker: Vernunft und Urteilskraft. Politische Philosophie und Anthropologie im Anschluss an Immanuel Kant und Hannah Arendt. In: Martyn P. Thompson (Hrsg.): John Locke und Immanuel Kant. Historische Rezeption und gegenwärtige Relevanz. Berlin 1991, S. 317 ff.

Gerhardt, Volker / Kaulbach, Friedrich: Kant. Darmstadt 1979.

Göller, Thomas: Kants Menschenrechtsbegründung heute. In: Volker Gerhardt / Rolf-Peter Horstmann / Ralph Schuhmacher (Hrsg.): Kant und die Berliner Aufklärung. Akten des IX. Internationalen Kant-Kongresses. Bd. IV. Berlin u.a. 2001, S. 126 ff.

Gulyga, Arsenij: Immanuel Kant. Frankfurt a.M. 1981.

Gurwitsch, Alexander: Immanuel Kant und die Aufklärung. In: Zwi Batscha (Hrsg.): Materialien zu Kants Rechtsphilosophie. Frankfurt a.M. 1976, S. 331 ff.

Haensel, Werner: Kants Lehre vom Widerstandsrecht. Berlin 1926.

Hansson, Sven Ove: Kant and the revolutionary slogan »Liberté, Egalité, Fraternité«. In: Archiv für Geschichte der Philosophie Bd. 76 (1994), S. 339 ff.

Harzer, Regina: Der Naturzustand als Denkfigur moderner praktischer Vernunft. Zugleich ein Beitrag zur Staats- und Rechtsphilosophie von Hobbes und Kant. Frankfurt a.M. 1994.

Hegel, Georg Wilhelm Friedrich: Werke in zwanzig Bänden [Theorie Werkausgabe]. Auf der Grundlage der Werke von 1832-1845 neu editiert von Eva Moldenhauer / Karl Markus Michel. Frankfurt a.m. 1969 ff. **Zit.: Werktitel, TW, röm. Ziff.= Band, arab. Ziff.= Seitenzahl (Bsp.: Hegel, *Phänomenologie des Geistes*, TW III, 448).**

Henrich, Dieter: Kant über die Revolution. In: Zwi Batscha (Hrsg.): Materialien zu Kants Rechtsphilosophie. Frankfurt a.M. 1976, S. 359 ff.

Herb, Karlfriedrich: Bürgerliche Freiheit. Politische Philosophie von Hobbes bis Constant. Freiburg, München 1999.

Herb, Karlfriedrich: Verweigerte Moderne. Das Problem der Repräsentation (III 15-18, IV 1-3). In: Reinhard Brandt / Karlfriedrich Herb (Hrsg.): Jean-Jacques Rousseau. Vom Gesellschaftsvertrag oder Prinzipien des Staatsrechts. Berlin 2000, S. 167 ff.

Herb, Karlfriedrich / Ludwig, Bernd: Naturzustand, Eigentum und Staat. Immanuel Kants Relativierung des „Ideal des hobbes". In: Kant-Studien Bd. 84 (1993), S. 283 ff.

Herb, Karlfriedrich / Ludwig, Bernd: Kants kritisches Staatsrecht. In: Jahrbuch für Recht und Ethik Bd. 2 (1994), S. 431 ff.

Hespe, Franz: Der Gesellschaftsvertrag: Rechtliches Gebot oder rationale Wahl. In: Dieter Hüning / Burkhard Tuschling (Hrsg.): Recht, Staat und Völkerrecht bei Immanuel Kant. Marburger Tagung zu Kants ‚Metaphysischen Anfangsgründen der Rechtslehre'. Berlin 1998, S. 293 ff.

Hespe, Franz: „Wohl dem, der im Besitz ist". Zur Eigentumsbegründung in Kants *Rechtslehre*. In: Dieter Hüning / Gideon Stiening / Ulrich Vogel (Hrsg.): Societas rationis. Festschrift für Burkhard Tuschling zum 65. Geburtstag. Berlin 2002, S. 119 ff.

Hesse, Konrad: Grundzüge des Verfassungsrechts der Bundesrepublik Deutschland. 20. Aufl. Heidelberg 1995.

Hinske, Norbert: Staatszweck und Freiheitsrechte. Kants Plädoyer für den Rechtsstaat. In: Günter Birtsch (Hrsg.): Grund- und Freiheitsrechte von der ständischen zur spätbürgerlichen Gesellschaft. Göttingen 1987, S. 375 ff.

Hobbes, Thomas: De Cive. In: Georg Geismann / Karlfriedrich Herb (Hrsg.): Hobbes über die Freiheit: Widmungsschreiben, Vorwort an den Leser und Kapitel I-III aus „De Cive" (lateinisch – deutsch). Eingeleitet und mit Scholien herausgegeben von Georg Geismann und Karlfriedrich Herb. Würzburg 1988. **Zit.: Hobbes, *De Cive*, röm. Ziff.= Kapitel, arab. Ziff.= Absatz. (Bsp.: Hobbes, *De Cive*, I 15).**

Hobbes, Thomas: Leviathan oder Stoff, Form und Gewalt eines kirchlichen und bürgerlichen Staates. Hrsg. von Iring Fetscher, übers. von Walter Euchner. 8. Aufl. Frankfurt a.M. 1998. **Zit.: Hobbes, *Leviathan*, röm. Ziff.= Kapitel, arab. Ziff.= Absatz. (Bsp.: Hobbes, *Leviathan*, XIII 8).**

Höffe, Otfried: Recht und Moral: ein Kantischer Problemaufriss. In: Neue Hefte für Philosophie Bd. 17 (1979), S. 1 ff.

Höffe, Otfried: Zur vertragstheoretischen Begründung politischer Gerechtigkeit: Hobbes, Kant und Rawls im Vergleich. In: ders.: Ethik und Politik. Grundmodelle und -probleme der praktischen Philosophie. Frankfurt a.M. 1979, S. 195 ff. **Zit.: Höffe 1979a.**

Höffe, Otfried: Politische Gerechtigkeit – Grundzüge einer naturrechtlichen Theorie. In: Studia Philosophica Bd. 38 (1979), S. 107 ff. **Zit.: Höffe 1979b.**

Höffe, Otfried: Die Menschenrechte als Legitimation und kritischer Maßstab der Demokratie. In: Johannes Schwartländer (Hrsg.): Menschenrechte und Demokratie. Kehl, Straßburg 1981, S. 241 ff.

Höffe, Otfried: Widersprüche im Leviathan: Zum Gelingen und Versagen der Hobbesschen Staatsbegründung. In: ders. (Hrsg.): Thomas Hobbes: Anthropologie und Staatsphilosophie. Freiburg (Schweiz) 1981, S. 113 ff. **Zit.: Höffe 1981a.**

Höffe, Otfried: Politische Gerechtigkeit. Grundlegung einer kritischen Philosophie von Recht und Staat. Frankfurt a.M. 1987.

Höffe, Otfried: Den Staat braucht selbst ein Volk von Teufeln. Philosophische Versuche zur Rechts- und Staatsethik. Stuttgart 1988.

Höffe, Otfried: Kategorische Rechtsprinzipien. Ein Kontrapunkt der Moderne. Frankfurt a.M. 1990.

Höffe, Otfried: Politische Gerechtigkeit. Grundlegung einer kritischen Philosophie von Recht und Staat. 2. Aufl. Frankfurt a.M. 1994.

Höffe, Otfried: Erwiderung. In: Wolfgang Kersting (Hrsg.): Gerechtigkeit als Tausch? Auseinandersetzungen mit der politischen Philosophie Otfried Höffes. Frankfurt a.M. 1997, S. 331 ff.

Höffe, Otfried: Einführung. In: ders. (Hrsg.): Immanuel Kant. Metaphysische Anfangsgründe der Rechtslehre. Berlin 1999, S. 1 ff.

Höffe, Otfried: Der kategorische Rechtsimperativ. „Einleitung in die Rechtslehre". In: ders. (Hrsg.): Immanuel Kant. Metaphysische Anfangsgründe der Rechtslehre. Berlin 1999, S. 41 ff. **Zit.: Höffe 1999a.**

Höffe, Otfried: Vom Straf- und Begnadigungsrecht. In: ders. (Hrsg.): Immanuel Kant. Metaphysische Anfangsgründe der Rechtslehre. Berlin 1999, S. 213 ff. **Zit.: Höffe 1999b.**

Höffe, Otfried: Ist Kants Rechtsphilosophie noch aktuell? In: ders. (Hrsg.): Immanuel Kant. Metaphysische Anfangsgründe der Rechtslehre. Berlin 1999, S. 279 ff. **Zit.: Höffe 1999c.**

Höffe, Otfried: Immanuel Kant. 5. Aufl. München 2000.

Höffe, Otfried: Gerechtigkeit: Eine philosophische Einführung. München 2001.

Höffe, Otfried: »Königliche Völker«. Zu Kants kosmopolitischer Rechts- und Friedenstheorie. Frankfurt a. M. 2001. **Zit.: Höffe 2001a.**

Hoffmann, Thomas Sören: Kant und das Naturrechtsdenken. In: Archiv für Rechts- und Sozialphilosophie Bd. 87 (2001), S. 449 ff.

Hössl, David: Recht und Zwangsbefugnis bei Kant. In: Volker Gerhardt / Rolf-Peter Horstmann / Ralph Schuhmacher (Hrsg.): Kant und die Berliner Aufklärung. Akten des IX. Internationalen Kant-Kongresses. Bd. IV. Berlin u.a. 2001, S. 161 ff.

Hüning, Dieter: Von der Tugend der Gerechtigkeit zum Begriff der Rechtsordnung: Zur rechtsphilosophischen Bedeutung des suum cuique tribuere bei Hobbes und Kant. In: ders. / Burkhard Tuschling (Hrsg.): Recht, Staat und Völkerrecht bei Immanuel Kant. Marburger Tagung zu Kants ‚Metaphysischen Anfangsgründen der Rechtslehre'. Berlin 1998, S. 53 ff.

Hüning, Dieter: Freiheit und Herrschaft in der Rechtsphilosophie des Thomas Hobbes. Berlin 1998. **Zit.: Hüning 1998a.**

Ilting, Karl-Heinz: Diskussionsbeitrag. In: Jürgen Blühdorn / Joachim Ritter (Hrsg.): Recht und Ethik. Zum Problem ihrer Beziehung im 19. Jahrhundert. Frankfurt a.M. 1970, S. 59 ff.

Ilting, Karl-Heinz: Gibt es eine kritische Ethik und Rechtsphilosophie Kants? In: Archiv für Geschichte der Philosophie Bd. 63 (1981), S. 325 ff.

Imboden, Max: Montesquieu und die Lehre von der Gewaltenteilung. In: ders.: Staat und Recht. Ausgewählte Schriften und Vorträge. Basel 1971, S. 55 ff.

Irrlitz, Gerd: Kant-Handbuch. Leben und Werk. Stuttgart, Weimar 2002.

Jellinek, Georg: Allgemeine Staatslehre. 3. Aufl., 6. Neudruck. Darmstadt 1959.

Joerden, Jan C.: Das Prinzip der Gewaltenteilung als Bedingung der Möglichkeit eines freiheitlichen Staatswesens. In: Jahrbuch für Recht und Ethik Bd. 2 (1994), S. 207 ff.

Ju, Gau-Jeng: Kants Lehre vom Menschenrecht und von den staatsbürgerlichen Grundpflichten. Bonn 1985.

Kaehler, Klaus E.: Die Asymmetrie von apriorischer Rechtslehre und positivem Recht bei Kant. In: Jahrbuch für Recht und Ethik Bd. 1 (1993), S. 103 ff.

Kater, Thomas: Politik, Recht, Geschichte: Zur Einheit der politischen Philosophie Immanuel Kants. Würzburg 1999.

Kaufmann, Erich: Zur Problematik des Volkswillens. Berlin, Leipzig 1931.

Kaulbach, Friedrich: Moral und Recht in der Philosophie Kants. In: Jürgen Blühdorn / Joachim Ritter (Hrsg.): Recht und Ethik. Zum Problem ihrer Beziehung im 19. Jahrhundert. Frankfurt a.M. 1970, S. 43 ff.

Kelsen, Hans: Reine Rechtslehre. 2. Aufl. Wien 1960 (unveränderter Nachdruck 1967).

Kersting, Wolfgang: Neuere Interpretationen der Kantischen Rechtsphilosophie. In: Zeitschrift für philosophische Forschung Bd. 37 (1983), S. 282 ff.

Kersting, Wolfgang: Wohlgeordnete Freiheit. Immanuel Kants Rechts- und Staatsphilosophie. Berlin, New York 1984.

Kersting, Wolfgang: Rezension zu Deggau 1983. In: Kant-Studien Bd. 77 (1986), S. 241 ff.

Kersting, Wolfgang: Rezension zu Kühl 1984. In: Zeitschrift für philosophische Forschung Bd. 40 (1986), S. 309 ff. **Zit.: Kersting 1986a.**

Kersting, Wolfgang: Kants vernunftrechtliche Staatskonzeption. In: prima philosophia Bd.1 (1988), S. 107 ff.

Kersting, Wolfgang: Rezension zu Ludwig 1986. In: Archiv für Geschichte der Philosophie Bd. 71 (1989), S. 100 ff.

Kersting, Wolfgang: Die verbindlichkeitstheoretischen Argumente der Kantischen Rechtsphilosophie. In: Ralf Dreier (Hrsg.): Rechtspositivismus und Wertbezug des Rechts. Vorträge der Tagung der deutschen Sektion der Internationalen Vereinigung für Rechts- und Sozialphilosophie in der Bundesrepublik Deutschland, Göttingen 12.-14. Oktober 1988. ARSP Beiheft 37. Stuttgart 1990, S. 62 ff.

Kersting, Wolfgang: Eigentum, Vertrag und Staat. In: Martyn P. Thompson (Hrsg.): John Locke und Immanuel Kant. Historische Rezeption und gegenwärtige Relevanz. Berlin 1991, S. 109 ff.

Kersting, Wolfgang: Wohlgeordnete Freiheit. Immanuel Kants Rechts- und Staatsphilosophie. Mit einer Einleitung zur Taschenbuchausgabe 1993: Kant und die politische Philosophie der Gegenwart. Frankfurt a.M. 1993.

Kersting, Wolfgang: Die politische Philosophie des Gesellschaftsvertrags. Darmstadt 1994.

Kersting, Wolfgang: Recht, Gerechtigkeit und demokratische Tugend. Abhandlungen zur praktischen Philosophie der Gegenwart. Frankfurt a.M. 1997.

Kersting, Wolfgang: Die Vertragsidee des *Contrat social* und die Tradition des neuzeitlichen Kontraktualismus (I 1-9; II 1-2). In: Reinhard Brandt / Karlfriedrich Herb (Hrsg.): Jean-Jacques Rousseau. Vom Gesellschaftsvertrag oder Prinzipien des Staatsrechts. Berlin 2000, S. 45 ff.

Kersting, Wolfgang: Verteilungsgerechtigkeit in der politischen Philosophie der Neuzeit. In: ders. (Hrsg.): Politische Philosophie des Sozialstaats. Weilerwist 2000, S. 22 ff. **Zit.: Kersting 2000a.**

Kersting, Wolfgang: Der Geltungsgrund von Moral und Recht bei Kant. In: Günter Dux / Frank Welz (Hrsg.): Moral und Recht im Diskurs der Moderne. Zur Legitimation gesellschaftlicher Ordnung. Opladen 2001, S. 193 ff.

Kersting, Wolfgang: Kant und das Problem der Sozialstaatsbegründung. In: Volker Gerhardt / Rolf-Peter Horstmann / Ralph Schuhmacher (Hrsg.): Kant und die Berliner Aufklärung. Akten des IX. Internationalen Kant-Kongresses. Bd. I. Berlin u.a. 2001, S. 151 ff.
Zit.: Kersting 2001a.

Kersting, Wolfgang: Kritik der Gleichheit. Über die Grenzen der Gerechtigkeit und der Moral. Göttingen 2002.

Kersting, Wolfgang: Jean-Jacques Rousseaus „Gesellschaftsvertrag". Darmstadt 2002. **Zit.: Kersting 2002a.**

Kienzle, Bertram: Freiheit, Gleichheit, Brüderlichkeit bei Kant. In: Archiv für Geschichte der Philosophie Bd. 73 (1991), S. 171 ff.

Kleingeld, Pauline: Fortschritt und Vernunft: Zur Geschichtsphilosophie Kants. Würzburg 1995.

Klemme, Helner F.: Das „angeborene Recht der Freiheit". Zum inneren Mein und Dein in Kants *Rechtslehre*. In: Volker Gerhardt / Rolf-Peter Horstmann / Ralph Schuhmacher (Hrsg.): Kant und die Berliner Aufklärung. Akten des IX. Internationalen Kant-Kongresses. Bd. IV. Berlin u.a. 2001, S. 180 ff.

Klenner, Hermann: Über Kants Krummholz-Metapher. Eine Marginalie zu seiner Rechtslehre. In: Arthur Kaufmann / Ernst-Joachim Mestmäcker / Hans F. Zacher (Hrsg.): Rechtsstaat und Menschenwürde. Festschrift für Werner Maihofer zum 70. Geburtstag. Frankfurt a.M. 1988, S. 223 ff.

Klenner, Hermann: Rezension zu Ludwig 1988. In: Deutsche Literaturzeitung für Kritik der internationalen Wissenschaft Bd. 110 (1989), S. 371 ff.

Klippel, Diethelm: Politische Freiheit und Freiheitsrechte im deutschen Naturrecht des 18. Jahrhunderts. Paderborn 1976.

König, Siegfried: Zur Begründung der Menschenrechte: Hobbes – Locke – Kant. Freiburg, München 1994.

Koslowski, Peter: Staat und Gesellschaft bei Kant. Tübingen 1985.

Kriele, Martin: Die demokratische Weltrevolution. Warum sich die Freiheit durchsetzen wird. München 1987.

Kühl, Kristian: Eigentumsordnung als Freiheitsordnung. Zur Aktualität der Kantischen Rechts- und Eigentumslehre. Freiburg, München 1984.

Kühl, Kristian: Naturrecht und positives Recht in Kants Rechtsphilosophie. In: Ralf Dreier (Hrsg.): Rechtspositivismus und Wertbezug des Rechts. Vorträge der Tagung der deutschen Sektion der Internationalen Vereinigung für Rechts- und Sozialphilosophie in der Bundesrepublik Deutschland, Göttingen 12.-14. Oktober 1988. ARSP Beiheft 37. Stuttgart 1990, S. 75 ff.

Kühl, Kristian: Die Bedeutung der Kantischen Unterscheidungen von Legalität und Moralität sowie Rechtspflichten und Tugendpflichten für das Strafrecht – ein Problemaufriss. In: Heike Jung / Heinz Müller-Dietz / Ulfrid Neumann (Hrsg.): Recht und Moral: Beiträge zu einer Standortbestimmung. Baden-Baden 1991, S. 139 ff.

Kühl, Kristian: Rehabilitierung und Aktualisierung des kantischen Vernunftrechts. Die westdeutsche Debatte um die Rechtsphilosophie Kants in den letzten Jahrzehnten. In: Robert Alexy / Ralf Dreier/ Ulfrid Neumann (Hrsg.): Rechts- und Sozialphilosophie in Deutschland heute. Beiträge zur Standortbestimmung. ARSP Beiheft 44. Stuttgart 1991, S. 212 ff. **Zit.: Kühl 1991a.**

Kühl, Kristian: Zur Aktualität der Prinzipien der Kantischen Rechts- und Eigentumslehre. In: Rainer Zaczyk / Michael Köhler / Michael Kahlo (Hrsg.): Festschrift für E.A. Wolff zum 70. Geburtstag am 1.10.1998. Berlin u.a. 1998, S. 273 ff.

Kühl, Kristian: Von der Art, etwas Äußeres zu erwerben, insbesondere vom Sachenrecht (§§ 10-17). In: Otfried Höffe (Hrsg.): Immanuel Kant. Metaphysische Anfangsgründe der Rechtslehre. Berlin 1999, S. 117 ff.

Kühl, Kristian: Recht und Moral. In: Marcus Düwell / Christoph Hübenthal / Micha H. Werner (Hrsg.): Handbuch Ethik. Stuttgart 2002, S. 469 ff.

Küsters, Gerd-Walter: Recht und Vernunft: Bedeutung von Recht und Rechtsphilosophie bei Kant. Zur jüngeren Interpretationsgeschichte der Rechtsphilosophie Kants. In: Philosophische Rundschau Bd. 30 (1985), S. 209 ff.

Küsters, Gerd-Walter: Kants Rechtsphilosophie. Darmstadt 1988.

Lange, Ulrich: Teilung und Trennung der Gewalten bei Montesquieu. In: Der Staat Bd. 19 (1980), S. 213 ff.

Langer, Claudia: Reform nach Prinzipien. Untersuchungen zur politischen Theorie Immanuel Kants. Stuttgart 1986.

Larenz, Karl: Sittlichkeit und Recht. In: ders. (Hrsg.): Reich und Recht in der deutschen Philosophie. Bd. 1. Stuttgart, Berlin 1943, S. 169 ff.

Lehmann, Gerhard: Kants Besitzlehre. In: ders.: Beiträge zur Geschichte und Interpretation der Philosophie Kants. Berlin 1969, S. 195 ff.

Lisser, Kurt: Der Begriff des Rechts bei Kant. Berlin 1922.

Locke, John: Die zweite Abhandlung über die Regierung. In: ders.: Zwei Abhandlungen über die Regierung. Hrsg. von Walther Euchner. Frankfurt a.M. 1967.

Lorz, Ralph Alexander: Modernes Grund- und Menschenrechtsverständnis und die Philosophie der Freiheit Kants. Eine staatstheoretische Untersuchung an Maßstäben des Grundgesetzes für die Bundesrepublik Deutschland. Stuttgart u.a. 1992.

Losurdo, Domenico: Immanuel Kant – Freiheit, Recht und Revolution. Köln 1987.

Ludwig, Bernd: Der Platz des rechtlichen Postulats der praktischen Vernunft innerhalb der Paragraphen 1-6 der kantischen Rechtslehre. In: Reinhard Brandt (Hrsg.): Rechtsphilosophie der Aufklärung. Symposium Wolfenbüttel 1981. Berlin, New York 1982, S. 218 ff.

Ludwig, Bernd: Rezension zu Kühl 1984. In: Archiv für Rechts- und Sozialphilosophie Bd. 73 (1987), S. 153 ff.

Ludwig, Bernd: Kants Rechtslehre. Mit einer Untersuchung zur Drucklegung Kantischer Schriften von Werner Stark. Hamburg 1988. (Kant Forschungen Bd. 2).

Ludwig, Bernd: Kants Verabschiedung der Vertragstheorie – Konsequenzen für eine Theorie sozialer Gerechtigkeit. In: Jahrbuch für Recht und Ethik Bd. 1 (1993), S. 221 ff.

Ludwig, Bernd: Postulat, Deduktion und Abstraktion in Kants Lehre vom intelligibelen Besitz. Einige Reflexionen im Anschluss an den vorstehenden Aufsatz von Y. Saito. In: Archiv für Rechts- und Sozialphilosophie Bd. 82 (1996), S. 250 ff.

Ludwig, Bernd: Hobbes – Kant – Höffe. Eine moderne Renaissance des Naturrechtsdenkens? In: Wolfgang Kersting (Hrsg.): Gerechtigkeit als Tausch? Auseinandersetzungen mit der politischen Philosophie Otfried Höffes. Frankfurt a.M. 1997, S. 96 ff.

Ludwig, Bernd: Staatsideal und politische Form. Die Staatstheorie in Kants ‚Metaphysik der Sitten' als Antwort auf eine gelungene Revolution. In: Peter Wolf / Danilo N. Basta (Hrsg.): Wider die Beliebigkeit. Kant's *Metaphysische Anfangsgründe der Rechtslehre* nach zwei Jahrhunderten. Belgrad 1997, S. 103 ff. **Zit.: Ludwig 1997a.**

Ludwig, Bernd: Einleitung. In: Immanuel Kant: Metaphysische Anfangsgründe der Rechtslehre. Metaphysik der Sitten. Erster Teil. Hrsg. von Bernd Ludwig. 2. Aufl. Hamburg 1998, S. XIII ff.

Ludwig, Bernd: Kommentar zum Staatsrecht (II) §§ 51-52; Allgemeine Anmerkung A; Anhang, Beschluss. In: Otfried Höffe (Hrsg.): Immanuel Kant. Metaphysische Anfangsgründe der Rechtslehre. Berlin 1999, S. 173 ff.

Ludwig, Bernd: Politik als „ausübende Rechtslehre". Zum Politikverständnis Immanuel Kants. In: Lietzmann, Hans J. / Nitschke Peter (Hrsg.): Klassische Politik. Politikverständnisse von der Antike bis ins 19. Jahrhundert. Opladen 2000, S. 175 ff.

Luf, Gerhard: Freiheit und Gleichheit. Die Aktualität im politischen Denken Kants. Wien, New York 1978.

Luf, Gerhard: Menschenwürde als Rechtsbegriff. Überlegungen zum Kant-Verständnis in der neueren deutschen Grundrechtstheorie. In: Rainer Zaczyk / Michael Köhler / Michael Kahlo (Hrsg.): Festschrift für E.A. Wolff zum 70. Geburtstag am 1.10.1998. Berlin u.a. 1998, S. 307 ff.

Luf, Gerhard: Kant und die Menschenrechte. In: Götz Landwehr (Hrsg.): Freiheit, Gleichheit, Selbständigkeit. Zur Aktualität der Rechtsphilosophie Kants für die Gerechtigkeit in der modernen Gesellschaft. Hamburg 1999, S. 27 ff.

Malibabo, Balimbanga: Kants Konzept einer kritischen Metaphysik der Sitten. Würzburg 2000.

Maus, Ingeborg: Zur Aufklärung der Demokratietheorie. Rechts- und demokratietheoretische Überlegungen im Anschluss an Kant. Frankfurt a.M. 1992.

Mautner, Thomas: Kant's Metaphysics of Morals. A Note on the Text. In: Kant-Studien Bd. 72 (1981), S. 356 ff.

May, Stefan: Kants Theorie des Staatsrechts zwischen dem Ideal des Hobbes und dem Bürgerbund Rousseaus. Frankfurt a.M. 2002.

Medick, Hans: Naturzustand und Naturgeschichte der bürgerlichen Gesellschaft. Göttingen 1973.

Metzger, Wilhelm: Untersuchungen zur Sitten- und Rechtslehre Kants und Fichtes. Heidelberg 1912.

Metzger, Wilhelm: Gesellschaft, Recht und Staat in der Ethik des deutschen Idealismus. Heidelberg 1917.

Montesquieu, Charles de: Vom Geist der Gesetze. Übersetzt und herausgegeben von Ernst Forsthoff. 1. Band. 2. Aufl. Tübingen 1992.

Mulholland, Leslie Arthur: Kant's System of Rights. New York, Oxford 1990.

Müller, Andreas: Das Verhältnis von rechtlicher Freiheit und sittlicher Autonomie in Kants *Metaphysik der Sitten*. Frankfurt a.M., Berlin u.a. 1996.

Müller, Jörg Paul: Das Weltbürgerrecht (§ 62) und Beschluss. In: Otfried Höffe (Hrsg.): Immanuel Kant. Metaphysische Anfangsgründe der Rechtslehre. Berlin 1999, S. 257 ff.

Müller, Volker: Staatstätigkeit in den Staatstheorien des 19. Jahrhunderts. Opladen 1991.

Münkler, Herfried: Thomas Hobbes. 2. Aufl. München 2001.

Murphy, Jeffrie G.: Kant: The Philosophy of Rights. London 1970.

Nagler, Michael: Über die Funktion des Staates und des Widerstandsrechts. Sankt Augustin 1991.

Naucke, Wolfgang: Kants Kritik der empirischen Rechtslehre. In: Sitzungsberichte der Wissenschaftlichen Gesellschaft an der Johann-Wolfgang-Goethe-Universität Frankfurt a.M. Bd. 34, Nr. 4. Stuttgart 1996, S. 185 ff.

Oberer, Hariolf: Ist Kants Rechtslehre kritische Philosophie? In: Kant-Studien Bd. 74 (1983), S. 218 ff.

Oberer, Hariolf: Sittengesetz und Rechtsgesetze a priori. In: ders. (Hrsg.): Kant. Analysen – Probleme – Kritik. Bd. 3. Würzburg 1997, S. 157 ff.

Parma, Vinicio: „Es war einmal *eine Metaphysik der Sitten* ...". In: Kant-Studien Bd. 91 (2000) Sonderheft, S. 42 ff.

Peters, Hans: Das Recht auf freie Entfaltung der Persönlichkeit in der höchstrichterlichen Rechtsprechung. Köln 1963.

Pfordten, Dietmar von der: „Rechtsethik". In: Julian Nida-Rümelin (Hrsg.): Angewandte Ethik. Die Bereichsethiken und ihre theoretische Fundierung. Ein Handbuch. Stuttgart 1996, S. 200 ff.

Pfordten, Dietmar von der: Rechtsethik. München 2001.

Pieroth, Bodo / Schlink, Bernhard: Grundrechte. Staatsrecht II. 12. Aufl. Heidelberg 1996.

Pinzani, Alessandro: Das Völkerrecht (§§ 53-61). In: Otfried Höffe (Hrsg.): Immanuel Kant. Metaphysische Anfangsgründe der Rechtslehre. Berlin 1999, S. 235 ff.

Reich, Klaus: Rousseau und Kant. Tübingen 1936.

Riedel, Manfred: Herrschaft und Gesellschaft. Zum Legitimationsproblem des Politischen in der Philosophie. In: Zwi Batscha (Hrsg.): Materialien zu Kants Rechtsphilosophie. Frankfurt a.M. 1976, S. 125 ff.

Ritter, Christian: Der Rechtsgedanke Kants nach den frühen Quellen. Frankfurt a.M. 1971.

Ritter, Christian: Rezension zu Brandt 1974. In: Zeitschrift für Rechtsgeschichte der Savigny-Stiftung, Romanistische Abteilung Bd. 93 (1976), S. 512 ff.

Ritter, Christian: Recht, Staat und Geschichtsfinalität. Bemerkungen zu neuen Kant-Interpretationen. In: Der Staat Bd. 16 (1977), S. 250 ff.

Ritter, Christian: Immanuel Kant. In: Michael Stolleis (Hrsg.): Staatsdenker im 17. und 18. Jahrhundert. Reichspublizistik, Politik, Naturrecht. 2. Aufl. Frankfurt a.M. 1987, S. 332 ff.

Römpp, Georg: Exeundum esse e statu naturali. In: Archiv für Rechts- und Sozialphilosophie Bd. 74 (1988), S. 461 ff.

Rosen, Allen D.: Kant's theory of justice. Ithaca, London 1993.

Rousseau, Jean-Jacques: Œuvres complètes. Hrsg. von Bernard Gagnebin und Marcel Raymond. Paris 1959 ff., bisher 5 Bände (Bibliothèque de la Pléiade). Zit.: Werktitel, OC, röm. Ziff.= Band, arab. Ziff.= Seitenzahl (Bsp.: Rousseau, *Considérations sur le gouvernement de Pologne*, OC III, 955).

Rousseau, Jean-Jacques: Vom Gesellschaftsvertrag oder Prinzipien des Staatsrechts. In: Jean-Jacques Rousseau: Politische Schriften Bd. 1. Paderborn 1977, S. 59 ff. **Zit.: Rousseau, *Vom Gesellschaftsvertrag*, röm. Ziff.= Buch, arab. Ziff.= Kapitel (Bsp.: Rousseau, *Vom Gesellschaftsvertrag*, I 6).**

Rückert, Joachim: Kant-Rezeption in juristischer und politischer Theorie (Naturrecht, Rechtsphilosophie, Staatslehre, Politik) des 19. Jahrhunderts. In: Martyn P. Thompson (Hrsg.): John Locke und Immanuel Kant. Historische Rezeption und gegenwärtige Relevanz. Berlin 1991, S. 144 ff.

Ryffel, Hans: Zur Problematik der Rechtfertigung des Staates bei Hobbes. In: Ottfried Höffe (Hrsg.): Thomas Hobbes: Anthropologie und Staatsphilosophie. Freiburg (Schweiz) 1981, S. 199 ff.

Saage, Richard: Eigentum, Staat und Gesellschaft bei Immanuel Kant. Mit einem Vorwort von Franco Zotta. Baden-Baden 1994.

Saage, Richard: Kants *Metaphysik der Sitten* und der Besitzindividualismus. In: Peter Wolf / Danilo N. Basta (Hrsg.): Wider die Beliebigkeit. Kant's *Metaphysische Anfangsgründe der Rechtslehre* nach zwei Jahrhunderten. Belgrad 1997, S. 9 ff.

Saito, Yumi: War die Umstellung von § 2 der Kantischen „Rechtslehre" zwingend? In: Archiv für Rechts- und Sozialphilosophie Bd. 82 (1996), S. 238 ff.

Saito, Yumi: Die Debatte weitet sich aus – zu Bernd Ludwigs vorstehender Replik. In: Archiv für Rechts- und Sozialphilosophie Bd. 82 (1996), S. 259 ff. **Zit.: Saito 1996a.**

Sandermann, Edmund: Die Moral der Vernunft. Transzendentale Handlungs- und Legitimationstheorie in der Philosophie Kants. Freiburg, München 1989.

Sänger, Monika: Die kategoriale Systematik in den „Metaphysischen Anfangsgründen der Rechtslehre". Berlin, New-York 1982

Sassenbach, Ulrich: Der Begriff des Politischen bei Immanuel Kant. Würzburg 1992.

Schaumann, Johann Christian Gottlieb: Versuch eines neuen Systems des natürlichen Rechts. Halle 1796.

Schild, Wolfgang: Freiheit – Gleichheit – "Selbständigkeit" (Kant): Strukturmomente der Freiheit. In: Johannes Schwartländer (Hrsg.): Das Recht der Menschen auf Eigentum. Kehl 1981, S. 135 ff.

Schlegel, Friedrich: Versuch über den Begriff des Republikanismus veranlaßt durch die Kantische Schrift zum ewigen Frieden. In: Ernst Behler (Hrsg.): Kritische Friedrich-Schlegel-Ausgabe. Bd. 7. München, Paderborn u.a. 1966, S. 11 ff.

Schmid, Carl Christian Erhard: Grundriß des Naturrechts. Für Vorlesungen. Jena, Leipzig 1795.

Schmitz, Heinz-Gerd: Kantisches Vernunftrecht und seine gegenwärtige rechtsphilosophische Reinterpretation. In: Dietmar H. Heidemann / Kristina Engelhard (Hrsg.): Warum Kant heute? Systematische Bedeutung und Rezeption seiner Philosophie in der Gegenwart. Berlin, New York 2004, S. 306 ff.

Scholz, Gertrud: Das Problem des Rechts in Kants Moralphilosophie. Köln 1972.

Schopenhauer, Arthur: Die Welt als Wille und Vorstellung. Unveränderter Nachdruck der ersten Auflage von 1819 (Leipzig). Frankfurt a.M. 1987.

Selbach, Ralf: Staat, Universität und Kirche. Die Institutionen- und Systemtheorie Immanuel Kants. Frankfurt a.M. u.a. 1993.

Selbach, Ralf: Institutionen als Systeme: Kants Konzeption von Staat, Universität und Kirche. In: Allgemeine Zeitschrift für Philosophie Heft 19.1 (1994), S. 19 ff.

Seubert, Sandra: Gerechtigkeit und Wohlwollen. Bürgerliches Tugendverständnis nach Kant. Frankfurt a.M., New York 1999.

Smid, Stefan: Freiheit und Rationalität. Bemerkungen zur Auseinandersetzung mit der Philosophie Kants in Stellungnahmen der neueren Literatur. In: Archiv für Rechts- und Sozialphilosophie Bd. 71 (1985), S. 404 ff.

Spaemann, Robert: Kants Kritik des Widerstandsrechts. In: Zwi Batscha (Hrsg.): Materialien zu Kants Rechtsphilosophie. Frankfurt a.M. 1976, S. 347 ff.

Stammler, Rudolf: Theorie der Rechtswissenschaft. Halle 1911.

Stangneth, Bettina: »Kants schädliche Schriften«. Eine Einleitung. In: Immanuel Kant: Die Religion innerhalb der Grenzen der bloßen Vernunft. Hrsg. von Bettina Stangneth. Hamburg 2003, S. IX ff.

Stark, Christian: Ist der Kategorische Imperativ ein Prinzip des Sozialstaates? In: Zeitschrift für Rechtspolitik Bd. 14 (1981), S. 97 ff.

Stark, Werner: Zu Kants Mitwirkung an der Drucklegung seiner Schriften. In: Bernd Ludwig: Kants Rechtslehre. Mit einer Untersuchung zur Drucklegung Kantischer Schriften von Werner Stark. Hamburg 1988, S. 7 ff.

Steigleder, Klaus: Kants Moralphilosophie. Die Selbstbezüglichkeit reiner praktischer Vernunft. Stuttgart, Weimar 2002.

Strangas, Johannes: Kritik der Kantischen Rechtsphilosophie. Ein Beitrag zur Herstellung der Einheit der praktischen Philosophie. Köln, Wien 1988.

Stratenwerth, Günther: Kritische Anfragen an eine Rechtslehre nach „Freiheitsgesetzen". In: Rainer Zaczyk / Michael Köhler / Michael Kahlo (Hrsg.): Festschrift für E.A. Wolff zum 70. Geburtstag am 1.10.1998. Berlin u.a. 1998, S. 495 ff.

Struck, Peter: Ist Kants Rechtspostulat der praktischen Vernunft aporetisch? Ein Beitrag zur neuerlich ausgebrochenen Kontroverse um Kants Rechtsphilosophie. In: Kant-Studien Bd. 78 (1987), S. 471 ff.

Süchting, Gerald: Eigentum und Sozialhilfe. Die eigentumstheoretischen Grundlagen des Anspruchs auf Hilfe zum Lebensunterhalt gem. § 11 BSHG nach der Privatrechtslehre Immanuel Kants. Berlin 1995.

Sulaiman-Khil, Masouda: Eine Untersuchung der politischen Philosophie Immanuel Kants. Leipzig 1996.

Tenbruck, Friedrich: Über eine notwendige Textkorrektur in Kants „Metaphysik der Sitten". In: Archiv für Philosophie Bd. 3 (1949), S. 216 ff.

Tretter, Friedrich: Willkürfreiheit, Freiheit, Recht und Rechtsgültigkeit bei Kant. In: Hariolf Oberer (Hrsg.): Kant. Analysen – Probleme – Kritik. Bd. 3. Würzburg 1997, S. 201 ff.

Tuschling, Burkhard: Die „offene" und die „abstrakte" Gesellschaft: Habermas und die Konzeption von Vergesellschaftung der klassisch-bürgerlichen Rechts- und Staatsphilosophie. Berlin 1978.

Tuschling, Burkhard: Das „rechtliche Postulat der praktischen Vernunft": seine Stellung und Bedeutung in Kants „Rechtslehre". In: Hariolf Oberer / Gerhard Seel (Hrsg.): Kant. Analysen – Probleme – Kritik. Würzburg 1988, S. 273 ff.

Unruh, Peter: Die Herrschaft der Vernunft: Zur Staatsphilosophie Immanuel Kants. Baden-Baden 1993.

Volkmann-Schluck, Karl-Heinz: Politische Philosophie. Thukydides – Kant – Tocqueville. Frankfurt a.M. 1974.

Vosgerau, Ulrich: Der Begriff des Rechts bei Kant. In: Rechtstheorie Bd. 30 (1999), S. 227 ff.

Wenzel, Uwe Justus: Recht und Moral der Vernunft. Kants Rechtslehre: Neue Literatur und neue Editionen. In: Archiv für Rechts- und Sozialphilosophie Bd. 76 (1990), S. 227 ff.

Wenzel, Uwe Justus: »Metaphysik ohne Metaphysik«? Unsystematische Überlegungen zur Systematik der Kant-Interpretation Otfried Höffes. In: Wolfgang Kersting (Hrsg.): Gerechtigkeit als Tausch? Auseinandersetzungen mit der politischen Philosophie Otfried Höffes. Frankfurt a.M. 1997, S. 150 ff.

Westphal, Kenneth R.: Metaphysische und pragmatische Prinzipien in Kants Lehre von der Gehorsamspflicht gegen den Staat. In: Dieter Hüning / Burkhard Tuschling (Hrsg.): Recht, Staat und Völkerrecht bei Immanuel Kant. Marburger Tagung zu Kants ‚Metaphysischen Anfangsgründen der Rechtslehre'. Berlin 1998, S. 171 ff.

Wetzel, Margit: Kriterien politischer Gerechtigkeit. Zur Aktualität Kants. Hamburg 1987.

Wildt, Andreas: Zum Verhältnis von Recht und Moral bei Kant. In: Archiv für Rechts- und Sozialphilosophie Bd. 83 (1997), S. 159 ff.

Willaschek, Marcus: Why the *Doctrine of Right* does not belong in the *Metaphysics of Morals*. On some Basic Distinctions in Kant's Moral Philosophy. In: Jahrbuch für Recht und Ethik Bd. 5 (1997), S. 205 ff.

Williams, Howard: Kant's Political Philosophy. New York 1986.

Wood, Allen W.: Kant's Doctrine of Right: Introduction. In: Otfried Höffe (Hrsg.): Immanuel Kant. Metaphysische Anfangsgründe der Rechtslehre. Berlin 1999, S. 19 ff.

Zaczyk, Rainer: Über Begründung im Recht. In: Rainer Zaczyk / Michael Köhler / Michael Kahlo (Hrsg.): Festschrift für E.A. Wolff zum 70. Geburtstag am 1.10.1998. Berlin u.a. 1998, S. 509 ff.

Zotta, Franco: Kant und der Besitzindividualismus. In: Richard Saage: Eigentum, Staat und Gesellschaft bei Immanuel Kant. 2. Aufl. Baden-Baden 1994, S. 9 ff.

Zotta, Franco: Immanuel Kant. Legitimität und Recht: eine Kritik seiner Eigentumslehre, Staatslehre und seiner Geschichtsphilosophie. Freiburg, München 2000.